日语偏误与日语教学研究丛书 第12卷

主编 于 康 林 璋

日语被动句的偏误研究

任 霞 著

浙江工商大学出版社｜杭州
ZHEJIANG GONGSHANG UNIVERSITY PRESS

图书在版编目(CIP)数据

日语被动句的偏误研究 / 任霞著. —杭州:浙江
工商大学出版社,2024.3
(日语偏误与日语教学研究丛书 / 于康,林璋主编)
ISBN 978-7-5178-5507-1

Ⅰ.①日… Ⅱ.①任… Ⅲ.①日语—句型—研究
Ⅳ.①H364.3

中国国家版本馆 CIP 数据核字(2023)第103986号

日语被动句的偏误研究
RIYU BEIDONGJU DE PIANWU YANJIU
任 霞著

责任编辑	鲁燕青	
责任校对	董文娟	
封面设计	朱嘉怡	
责任印制	包建辉	
出版发行	浙江工商大学出版社	
	(杭州市教工路198号　邮政编码310012)	
	(E-mail:zjgsupress@163.com)	
	(网址:http://www.zjgsupress.com)	
	电话:0571-88904980,88831806(传真)	
排　版	杭州朝曦图文设计有限公司	
印　刷	浙江全能工艺美术印刷有限公司	
开　本	710mm×1000mm　1/16	
印　张	15.75	
字　数	298千	
版印次	2024年3月第1版　2024年3月第1次印刷	
书　号	ISBN 978-7-5178-5507-1	
定　价	68.00元	

　　本书是日本学术振兴会「2022年度研究活動スタート支援」科研项目「日本語受身文の誤用メカニズムの究明—中国語母語話者日本語学習者を対象に—」(项目编号：JP22K20011)的阶段性成果。在此谨对日本学术振兴会的资助表示衷心的感谢。

前　言

　　由于汉语、日语及英语等很多语言中都存在被动句,所以以汉语为母语的学习者往往就会认为,既然都是被动句,汉语、日语及英语之间的意思不会相差多少。也许正是这个原因,我们发现被动句的偏误极为常见,即使有10年以上教龄的日语专业教师,在使用被动句时也会出现误用。

　　从句式上看,汉语需要使用被动句的地方日语未必能够使用。同样,汉语无须使用被动句的地方日语可能需要使用。在表义功能上,虽然汉语和日语都可以使用被动句,但各自表达的意思未必完全相同,有的甚至完全不同。例如,"我的钱包被偷了",日语一般不使用「NP₁のNP₂が＋盗まれた」句式,而是使用「NP₁はNP₂を＋盗まれた」句式,即「(私は)財布を盗まれた」。当汉语表达警察抓小偷时,一般说成"警察抓了那个小偷",只有在一定语境下,才会说"那个小偷被警察抓了"。日语一般情况下不会说「警察はあの泥棒を逮捕した」,常用的是「あの泥棒は(警察に)捕まった」或「あの泥棒は(警察に)捕まえられた」,如果有语境支持,也可以使用「警察はあの泥棒を捕まえた」。汉语的动词如果改为"逮到"或"抓到",既可以说"那个小偷被警察逮到/抓到了",也可以说"警察逮到/抓到了那个小偷"。不过,汉语"那个小偷被警察抓了"和"那个小偷被警察逮到/抓到了"存在语义上的区别,日语则很难表达这种不同。

　　另外,汉语"我哭他哭了一夜"不能说成"他被我哭了一夜"。同样,"我被他哭了一夜,几乎没睡"也不能说成"他哭了我一夜,(我)几乎没睡"。也就是说,汉语的"哭"虽然可以带宾语,但仍然属于不及物动词,被动句虽然可以成立,但是要受到制约,而且不是由主动句转换而来的。日语中没有"我哭他哭了一夜"这种说法,即日语的「泣く」不能带宾语,不能说成「私は彼を一晩中泣いていた」,但可以使用被动句,说成「昨夜一晩中泣かれてしまって、一睡もできなかった」。日语把这类被动句称作"间接被动句",蕴含困惑、受害等义。日语的非作格不及物动词有的可以构成被动句,此时的被动句都没有相对应的主动句,而且除敬语用法之外,大多数蕴含负面意义。换句话说,如果无须表达负面意义,也无须使用敬语用法,日语就不能使用非作格不及物动词被动句。例如"我被那件事深深感动了"

用日语表达的话,只能用主动句「あのことにとても感動した」,不能用被动句「あのことにとても感動された」来表达。同样地,日语中的「赤ちゃんが電話のベルに驚いた」不能用被动句「電話のベルが赤ちゃんに驚かれた」来表达。而汉语正好相反,一般情况下需要使用被动句"婴儿被电话铃吓了一跳",而不会使用主动句"电话铃吓了婴儿一跳"。

　　本书的作者任霞本科毕业于湖南大学日语专业,之后到中山大学攻读硕士学位,硕士毕业后在中南林业科技大学外国语学院任教,之后于2019年来我这里攻读博士学位。任霞的博士研究课题是「日本語受身文の誤用研究——中国語母語話者日本語学習者を対象に——」,专门研究以汉语为母语的日语学习者在使用被动句时出现的偏误问题。任霞在攻读博士学位期间,克服各种困难,几乎阅读了所有与日语和汉语被动句研究有关的文献。有付出便有回报,随着研究逐渐深入,任霞的成果不断。除在国际研讨会上发表研究成果之外,她还向日语偏误与日语教学学会刊物投稿,投稿的论文被学会评选为优秀论文二等奖。此外,她还积极拓展研究领域,参与了《日语副词的偏误研究(下)》《日语名词的偏误研究(上)》的写作。在研究博士课题之余,为了解决日语学习者迫切需要阐明的被动句偏误问题,任霞于2021年开始执笔本书,夜以继日、废寝忘食。在本书中,任霞对被动句偏误用法进行了细致的分类,并根据日语学习者学习上的难点、重点有针对性地挑选了相关话题,基本包含了被动句的主要偏误类型。同时,任霞经过周密的论证,提出了可供学习者参考并切实可行的分析和解决方法。书中尽量避免晦涩的专业术语,行文通俗易懂。相信本书的问世,不仅对日语学习者有所帮助,也会为研究日语被动句或汉日被动句对比的学者提供极为有益的参考。

　　最后,特别感谢浙江工商大学出版社郑英龙社长、外语事业部(版贸部)主任姚媛女士、责任编辑鲁燕青女士和责任校对董文娟女士。我们衷心期望本书能得到广大读者的关注和支持。

于　康

2023年5月

目 录

第 1 章
及物动词 Λ 与及物动词 A 被动句的偏误研究

1.1　应该使用「失う」, 还是「失われる」?

小泉等编 (1989：61) 认为「失う」表示失去至今拥有的东西、错失机会等时, 既可以使用主动句, 又可以使用被动句。例如：

(1) a. 彼女らは、次第に世間の信用を失い、警戒されるようになる。(中島誠『宮部みゆきが読まれる理由』)

b. 信用が失われた。(小泉等编, 1989：61)

(2) a. 日本が近代社会になる機会を失った。(『筑波ウェブコーパス』)

b. チームのメンバーの責任感やケアに関する専門的意見の承認がなければ、変化させる努力は非常にそこなわれ、最適なケアへの改善の機会は失われるだろう。(多田敏子『精神障害者のためのヘルスケアシステム』)

例句 (1) a 和例句 (2) a 中的「彼女ら」和「日本」都作主语表施事, 构成主动句「NP (施事) が/は＋NP (受事) を＋失う」, 而例句 (1) b 和例句 (2) b 中的「信用」和「機会」都作主语表受事, 构成被动句「NP (受事) が/は＋失われる」。「失う」的主动句和被动句之间的对应关系并不复杂, 但是表义功能不同。这种不同对以汉语为母语的日语学习者 (以下简称 "日语学习者") 来说是一个难点, 我们在『YUKタグ付き中国語母語話者日本語学習者作文コーパス』中可以看到许多日语学习者用错的句子。例如：

(3) 「やっと大都会になっちゃた。」と皆そう思っていた。しかし、そのかわりに、もともと地味な夜〈を失った→が失われた〉。(学部2年生/学習歴1年半/滞日0/作文)[1]

(4) 日本の古書の中には、「つ」で修飾する名詞が多く存在した。しかし、時代が下るにつれて、「つ」の独立性〈を失い→が失われ〉つつある。(学部4年生/学習歴3年半/滞日0/卒論)

---

[1] 箭头的左侧为偏误用法, 箭头的右侧为正确用法。「学部」表示本科, M表示硕士研究生, D表示博士研究生。「学習歴」除了纯学习年限外, 有的时候还包括使用年限。M和D后面的数字表示年级。全书同。

（5）19世紀の末、戦争の影響で、母語であるハワイ語は急速に〈失って
いった→失われていった〉。1980年代から徐々にハワイ語が回復さ
れた。（M1/学習歴5年/滞日1年/作文）

（6）なぜこんなことになってしまったのか、多くの日本人の心の中に、昔
恥とされていた共同のモラル〈を失った→が失われた〉ということで
はなかろうかと思う。（M3/学習歴6年/滞日0/卒論）

例句（3）—（6）都应该使用被动句,却错误地使用了主动句。那么,什么时候
应该使用主动句,什么时候应该使用被动句呢?

井上（1976b:66）认为及物动词谓语句的主语可以分为3类:施事、原因、经验
者。例如:

（7）私は魚を焼いて、夕食の支度をした。（施事）

（8）父の死が花子の運命を変えた。（原因）

（9）私たちは、空襲で家財道具をみんな焼いてしまった。（経験者）

（以上例句来自井上,1976b:66）

例句（7）的主语「私」表施事,「夕食の支度をした」是施事「私」实施的动作行
为;例句（8）的主语「父の死」不表施事,而是用来表示「花子の運命を変えた」发生
的诱因;例句（9）的主语「私たち」不表施事,而是用来表示经历了「空襲で家財道
具が焼けた」这个事情的人。影山（1996:288）认为主语表经验者的及物动词主动
句一般要求主语和宾语之间存在所有关系,如例句（9）中的「私たち」与「家財道
具」之间存在所有和被所有的关系。

小泉等编（1989:61）认为「失う」用作谓语动词时要求人（包括组织机构）作主
语,有5种用法（见表1）。

表1　「失う」的用法

用法	例句	构成直接被动句
① 失去至今拥有的东西	（10）祖父はすべての財産を失った。	○
② 失去正常的精神状态	（11）乗客の一人が気を失った。	×
③ 迷失方向	（12）登山隊は深い霧の中で方向を失った。	×
④ 错失机会	（13）そのチームは優勝のチャンスを失った。	○
⑤ 失去重要的人	（14）彼はその事故で家族を失った。	×

例句（10）—（14）的主语分别是「祖父」「乗客の一人」「登山隊」「チーム」「彼」,

表施事或经验者,对动作行为或事件的发生负有责任。[①]也就是说,「失う」的主动句要求施事或经验者作主语,表述的是主语实施某动作行为引发事件或经历了某事件。

小泉等编(1989:61)认为当「失う」表示用法①"失去至今拥有的东西"、用法④"错失机会"时,能构成被动句。而且「失う」的被动句与主动句不同,志波(2015:176)认为「～が/は失われる」有时也能表达因外因影响而发生的事件,但是总的来说事件的发生不存在意志性施事,被动句几乎相当于不及物动词句,表达的是某事物的结果状态。例如:

（15）この温暖化で地球の平均海面は50年までに約20センチ、2100年には約50センチ上がり、バングラデシュでは<u>国土の約11%</u>が<u>失われ</u>、500万人以上が移住を余儀なくされる。

（16）西欧では極右・極左による暴力的政権掌握は見られなかったが、経済苦境や失業や内閣の不安定から、伝統的な議会民主制の<u>権威</u>は<u>失われ</u>ようとしていた。

（以上例句来自志波,2015:176）

例句(15)的主语「国土の約11%」和例句(16)的主语「権威」都表示受事,所在的被动句表示的是受事的变化结果,表达的意义跟非宾格不及物动词句「バングラデシュでは国土の約11%がなくなり」「議会民主制の権威がなくなる」几乎相同。

由此可见,「失う」的主动句与被动句的不同在于:

① 使用主动句时,作主语的名词表施事或经验者。

② 使用被动句时,除保留宾语被动句之外[②],作主语的名词表受事。

正因为存在上述不同,所以主动句与被动句可以共现在同一语段中,各表其义。例如:

（17）すべては解散を先延ばしするうちに、なすところなく持てるマナを使い果たした首相自らの迷走の結末だ。長たる者が霊力を<u>失えば</u>集団全体のマナも<u>失われる</u>のは、かつての部族社会も今日の政党もさして変わるまい。(『毎日新聞』2009)

（18）頭痛や吐き気や痛み、食欲不振、不眠、倦怠感、下痢、悪夢、そのような症状もまったく見られませんでした。ただ子どもたちの頭からは、山の中で意識を<u>失っていた</u>2時間分の記憶が<u>失われていました</u>。こ

---

① 参照天野(1987:108)。

② 保留宾语被动句中作主语的名词表受影响者。这不是本文讨论的重点,因此不展开论述。关于保留宾语被动句,可参照于(2013:8)或本章第1.25节。

れは全員に共通したことです。(村上春樹『海辺のカフカ』)

例句(17)中的「霊力を失えば」的主语是表施事或经验者的「長たる者」,而「失われる」的主语是表受事的「集団全体のマナ」,两者不能互换,否则句子不能成立。例句(18)中的「意識を失っていた」的主语是表经验者的「子どもたち」,而「失われていました」的主语是表受事的「2時間分の記憶」,两者也不能互换。

根据上述「失う」的主动句与被动句的使用条件,现在我们来分析一下例句(3)—(6)的偏误用法。例句(3)「しかし、そのかわりに、もともと地味な夜〈を失った→が失われた〉」需要表达的不是谁失去了「地味な夜」,而是「地味な夜」"(被)失去了"(消失没有了)这个结果状态,所以只能使用被动句,不能使用主动句。例句(4)「しかし、時代が下るにつれて、『つ』の独立性〈を失い→が失われ〉つつある」、例句(5)「19世紀の末、戦争の影響で、母語であるハワイ語は急速に〈失っていった→失われていった〉」、例句(6)「なぜこんなことになってしまったのか、多くの日本人の心の中に、昔恥とされていた共同のモラル〈を失った→が失われた〉ということではなかろうかと思う」也和例句(3)一样,句中需要表达的都是受事的结果状态,而不是主语施事实施某种动作行为或引发、经历了某事件,所以也只能使用被动句,不能使用主动句。

综上所述,应该使用「失う」,还是「失われる」,其使用条件基本如下:

① 当需要作主语的名词表施事或经验者,表述主语实施某动作行为或引发、经历了某事件,且无须敬语表达时,只能使用「失う」,不能使用「失われる」。

② 当需要作主语的名词表受事,表述受事变化的结果状态即"某事物或机会不再拥有、失去"时,只能使用「失われる」,不能使用「失う」。

1.2　应该使用「生み出す」，
还是「生み出される」?

在描述事物的产生时，日语及物动词「生み出す」的主动句和被动句表达的意义有何不同，对日语学习者来说是一个难点。我们在『YUKタグ付き中国語母語話者日本語学習者作文コーパス』中常常看到应该使用被动句的地方错用了主动句的现象。例如:

(1) 自動車の技術は日本から〈生み出さない→生み出されない〉ですが、現在、日本の車は最も経済的だと公認されます。(学部3年生/学習歴2年/滞日0/スピーチ)

(2) 両国の「鬼」に類似点が多いのは他のどのような原因があるのか。また、両国の相違点はどこから〈生み出す→生み出されている〉のかはまた解明されていない。(学部4年生/学習歴3年半/滞日0/卒論)

(3) ことわざは民間で口から口へ言い伝えられるものであり、人々の生活の経験から〈生み出す→生み出された〉のである。(M3/学習歴6年/滞日0/修論)

例句(1)—(3)都应该使用被动句，却错误地使用了主动句。例句(1)—(3)的偏误句式结构相同，都是「NP$_1$(受事)は＋NP$_2$(起点①)から＋生み出す」。但句式中的及物动词都必须使用被动句，即「NP$_1$(受事)は＋NP$_2$(起点)から＋生み出される」。那么，是不是当句中用「は」标记受事、「から」标记起点时，「生み出す」只能使用被动句，不能使用主动句呢? 对此我们使用语料库『国語研日本語ウェブコーパス』『筑波ウェブコーパス』进行验证，结果发现2个句式都是可以成立的。例如:

(4) a. (今週も代々木に来ていたハイフンさんからの一問一答)
　　「腰振りの技はどこから生み出したのか?」

---

① 日本語記述文法研究会編(2009a:6)认为「から」可以表起点、动作主体、事件起因或依据、经过地、手段。其中，起点包括移动的起点、方向的起点、范围的始点、变化前的状态等。

「あまり意識してなかったですけど。お父さんとお母さんが生ん
でくれた体から出てるんじゃないですかね。練習したこともない
し、自分の腰振りは見たことがない。リハでやってる時はあまり
振らない。お客さんがいて本能が出てくるんじゃないですか?!
あの技は両親がこの体に生んでくれたのと。」(『国語研日本語ウェ
ブコーパス』)

b. 21世紀を担う新しい<u>科学技術</u>はこの施設から<u>生み出される</u>。(『筑
波ウェブコーパス』)

(5) a. (コカコーラZEROを)飲んでみると、甘くないということはなく、
ただ、ダイエットコーラとそこまでの差は正直わかりませんでし
た。しいて言うなら後口すっきり……かな。成分を比べてもノー
カロリーコーラとの差はほぼないといってもいいくらい。味の<u>差</u>
<u>はどこから生み出している</u>のか不思議です。ただ、私はやっぱり
飲むなら普通のコーラがいいなって思ってしまいました。(『国語
研日本語ウェブコーパス』)

b. このような政策の<u>違いは</u>、<u>どこから生み出される</u>か。(『筑波ウェブ
コーパス』)

(6) a. まだ、1年経ってない。だから、今だけをみて結論を出したくは無
い。自分なりのデータを積みたい。一瞬の<u>判断</u>は、<u>長年の経験か</u>
<u>ら生み出したい</u>。(『国語研日本語ウェブコーパス』)

b. 弊社の<u>製品</u>はすべてリアルオフロードの<u>経験から生み出されてい</u>
<u>ます</u>。(『国語研日本語ウェブコーパス』)

在例句(4)—(6)中,a的句式是主动句「NP₁(受事)は＋NP₂(起点)から＋生
み出す」,b的句式是被动句「NP₁(受事)は＋NP₂(起点)から＋生み出される」,例
句(4)a—(6)a①与例句(1)—(3)的句式相同。既然如此,为什么例句(1)—(3)被
判断为偏误用法,而例句(4)a—(6)a却是成立的呢?

角田(2009:77)认为典型的及物动词句具有施事和受事2个论元。施事和受
事既可以是有生物,又可以是无生物,表示的是施事作用于受事致使受事产生变
化。我们在语料库中检索到以下使用「生み出す」的主动句,也同样具有以上
特征。

(7) 昔の人は一つの柄から、いろんな<u>デザイン</u>を生み出しています。(『筑
波ウェブコーパス』)

(8) その思いだけが、疲れた<u>体</u>からエネルギーを生み出し、気力で作業を

---

① 为便于表述,本书中的"例句(4)a—(6)b"仅指"例句(4)b、例句(5)b和例句(6)b",其余同理。

続けさせます。(『国語研日本語ウェブコーパス』)

例句(7)中的「昔の人」是有生物,用来表施事,句子表示施事所实施的动作行为。例句(8)中的「その思い」是无生物,用来表诱因(其功能类似施事),句子表示该诱因诱发出某种事物。

在主动句中,当受事置于句首并用「は」标记时,句中同样要求施事或诱因共现。施事或诱因有时不出现,但可以补全。例如:

（9）しかしソーシャルネットワークは人が自分たちから生み出そうとしているのではなく、人がいる場所には自然とソーシャルネットワークが生まれるということではないだろうかと感じた。(土屋将輝『「ソーシャルネットワーク」とは』)

（10）事業によっては、お金を稼げるものもあるし、まったくお金が入ってこないものもある。……限りある経営資源(ヒト、モノ、カネ)をどこに投じていったらいいのか？運営に必要なお金はどこから生み出していくのか？(『国語研日本語ウェブコーパス』)

例句(9)中的施事是「が」标记的「人」。例句(10)中施事没有出现,但是可以补全。例如,用于说话者自问时,施事指说话人自己,询问他人时指听话人。例句(10)中的施事指的是实施「お金を生み出す」这一行为的「事业者」或「经营者」。

由此可见,「NP$_1$(受事)は＋NP$_2$(起点)から＋生み出す」句式能否成立是有条件的:句中一般有施事或功能相当于施事的诱因共现,表达的是施事或诱因致使受事产生。

「NP$_1$(受事)は＋NP$_2$(起点)から＋生み出される」句式与「NP$_1$(受事)は＋NP$_2$(起点)から＋生み出す」句式不同,村木(1991:198)认为主动句在表示某一动作作用时,句子凸显的是施事的行为动作。而被动句会弱化这种行为动作性,将事件作为一个整体来把握,描述的是一种状态。金水(2020:551)认为在典型的及物动词主动句中,施事是动力源,(经由某工具或手段)将力传递给受事使其发生某种变化。与之相对,在一般不出现施事的降格被动句①中,受事作主语,关注的不再是施事的动作行为,而是事件的结果状态。及物动词「生み出す」的被动句也是如此。例如:

（11）人間の時代は終わり、最後の没落に直面する、と、ある人々は信じているが、光の上昇は、まったく新しいスタートをもたらすことになる。愛に基づく新しいタイプの人たちが危機から生み出される。こ

---

① 降格被动句一般由无生物作主语,施事通常不出现,需要表示施事时不能以「に」标记,只能以「によって」等形式出现。降格被动句不表利害关系,而是对事件进行中立叙述。关于降格被动句,详见益岡(1987)。益岡(2019)则称之为"中立被动句"。

れが、あなた方が今日生きている理由なのである。(『筑波ウェブコーパス』)

（12）バラエティーに富んだ魅力的な<u>商品</u>は、どんな<u>環境から生み出され</u><u>ている</u>のでしょうか?(『筑波ウェブコーパス』)

例句（11）和例句（12）中的「人たち」「商品」是「生み出す」的受事,句中不要求施事共现,句子表达的是「人たち」「商品」从「危機」「環境」中产生,凸显的是客观的事件结果,而不是施事创造「人たち」「商品」的行为,所以只能用被动句「NP₁（受事）は＋NP₂（起点）から＋生み出される」,不能用主动句「NP₁（受事）は＋NP₂（起点）から＋生み出す」。

据此,我们再来分析一下例句（4）—（6）。例句（4）a「腰振りの<u>技はどこから</u><u>生み出した</u>のか」中隐去了第二人称施事,「技を生み出した」是施事「腰振りのダンサーである佐々木」的意志性行为,需要使用主动句「NP₁（受事）は＋NP₂（起点）から＋生み出す」来表达。例句（4）b与例句（4）a不同,例句（4）b「21世纪を担う新しい<u>科学技術はこの施設から生み出される</u>」表达的是「科学技術」从「この施設」中产生,表述客观的事件结果,不要求施事共现,这是因为表达的不是某人创造科学技术,也不是某事物引发科学技术的产生,所以句子需要使用被动句「NP₁（受事）は＋NP₂（起点）から＋生み出される」来表达。

例句（5）a「<u>味の差はどこから生み出している</u>のか」与例句（5）b「このような政策の<u>違い</u>は、<u>どこから生み出される</u>か」的不同也一样。例句（5）a表示的是施事「コカコーラZEROのメーカー」使味道出现不同,所以需要使用主动句。例句（5）b需要表达的是一个客观的事实,无须施事共现,所以需要使用被动句。

例句（6）a「自分なりのデータを積みたい。一瞬の<u>判断</u>は、長年の<u>経験から</u><u>生み出したい</u>」中隐去了施事,要表达的是"想通过自己长年积累的经验做出瞬间判断",即说话者自己的意志性行为,所以需要使用主动句。例句（6）b「弊社の<u>製</u><u>品</u>はすべてリアルオフロードの<u>経験から生み出されています</u>」要表达的是"本公司的产品全部都是基于越野实操经验生产出来的",凸显的是产品的形成这一客观结果,而不是施事的动作行为,所以需要使用被动句。

根据上述「NP₁（受事）は＋NP₂（起点）から＋生み出す」与「NP₁（受事）は＋NP₂（起点）から＋生み出される」的使用条件,现在我们来分析一下例句（1）—（3）的偏误用法。例句（1）「自動車の技術は日本から〈<u>生み出さない→生み出されない</u>〉ですが」需要表达的是受事「自動車の技術」的结果状态,即"汽车制造技术不是源于日本",而不是要表达施事（不）实施「生み出す」这个行为,所以这里只能使用被动句「NP₁（受事）は＋NP₂（起点）から＋生み出される」,不能使用主动句「NP₁（受事）は＋NP₂（起点）から＋生み出す」。

例句（2）「両国の相違点はどこから〈<u>生み出す→生み出されている</u>〉のかは

また解明されていない」需要表达的是"两国的差异是从何处产生的",描述的是事件的客观结果,而不是主语名词表达的施事或诱因导致两国之间的差异,所以这里也只能使用被动句,不能使用主动句。

例句(3)也一样,「ことわざは民間で口から口へ言い伝えられるものであり、人々の生活の経験から〈生み出す→生み出された〉のである」需要表达的是"谚语是从人们的生活经验中产生的",也是表达事件的客观结果,而不是施事从人们的生活经验中创造谚语的意志性行为,所以不能使用主动句,只能使用被动句。

综上所述,应该使用「生み出す」,还是「生み出される」,其使用条件基本如下:

① 当需要表达有生物施事或无生物诱因致使受事产生,句中施事/诱因共现或能补全时,只能使用「生み出す」,不能使用「生み出される」。

② 当需要表达某客观结果的形成,句中无须施事共现时,只能使用「生み出される」,不能使用「生み出す」。

1.3　应该使用「行う」,还是「行われる」?

使用「行う」表达举行或进行某一活动时,什么情况下应该使用主动句,什么情况下应该使用被动句,对日语学习者来说不太容易掌握。我们在『YUKタグ付き中国語母語話者日本語学習者作文コーパス』中可以看到许多偏误用法。例如:

(1) 北京では2008年の夏オリンピック〈を行いました→が行われました〉。(学部2年生/学習歴1年半/滞日0/作文)

(2) 2013年5月5日に浙江省アフレコ大会はうちの学校で〈行った→行われた〉。(学部2年生/学習歴2年/滞日0/作文)

(3) 社会言語学の論文を読んだ。その中で、場面ごとに、関西方言「ヨル」を使うかどうかに関するアンケート調査〈を行った→が行われていた〉。(M1/学習歴5年/滞日1年/作文)

(4) 新年の最初の満月の日だ。春節は終わりを迎え、春が来たという意味もある。中国人は元宵節に獅子舞など〈が行われている→を行う〉習慣がある。(学部3年生/学習歴2年半/滞日0/作文)

(5) また、戴氏は『也谈意志动词和无意志动词』で意志動詞の判明についての検討も〈行われた→行った〉。(学部4年生/学習歴3年半/滞日0/卒論)

(6) なぜ現代の中日両言語における「青」の使用実態がこのように違うのか。これについて調査〈が行われた→を行った〉。(学部4年生/学習歴3年半/滞日0/卒論)

例句(1)—(3)只能使用被动句,不能使用主动句。相反,例句(4)—(6)需要使用主动句,不能使用被动句。那么,「行う」的主动句与被动句之间有什么不同呢?

小泉等編(1989:89)认为及物动词「行う」表示举行、进行,主动句的基本句式是「人が/は事を行う」,「人」还包括组织、集团等。例如:

(7) 担当者が打ち合わせを行う。

(8) 委員会は4時から会議を行った。

（以上例句来自小泉等編,1989:89）

　　例句(7)和例句(8)的主语分别是「担当者」和「委员会」,表施事,而且是有生物,此时需要使用主动句。也就是说,「行う」用作主动形式时,需要满足如下使用条件:有生物施事作主语,句子表示施事实施的动作行为,即某人或某组织举行、进行某种活动。

　　被动句与主动句不同。日本语教育学会编(1982:202)认为当施事是无法特定的某人时,施事在句中是否共现并不重要。当句子注重的是发生的事件时,通常需要事物作主语,并使用被动句,例如「卒業試験は2月末日に行われます」。

　　益岡(1987:191-192)认为与施事有关的句子中,主动句表达的是施事引发了某事件。当需要关注事件的发生而不关心引发事件的施事是谁时,主动句中的施事就不再居于「が」格的位置,其他名词(通常为受事名词)取而代之升至「が」格的位置,施事退居幕后。这样的被动句中,只是蕴含施事的存在,但一般无须施事共现。需要施事共现时,一般使用「によって」标记。因此,「行う」被动句的使用条件可以归纳如下:无生物受事作主语,句子需要凸显事件的发生,而并非表达谁实施了何事时,需要使用被动句「NP(无生物受事)が/は＋行われる」。

　　我们来看以下的例句:

(9) タイ政府は七十四年十月,わが国に対し応分の円借款の供与方要請を行った。わが国はタイ側要請を検討の結果七十五年四月総額百六十八.四億円の第三次円借款を供与する旨タイ側に意図表明を行い十月これに関する公文交換が行われた。(外務省『わが外交の近況』)

(10) かつてそこでは真言の僧、空海が祈雨の修法を行い、以来、雨の降らない年には活発に儀式が行われていたが—今夏もどうやら、近いうちにその儀式が行われそうな気配が濃厚である。(渡瀬草一『陰陽ノ京』)

　　在例句(9)和例句(10)中,主动句与被动句出现在同一语段中,各表其义。句中有2个主要的内容:一个是谁实施了什么事,另一个是事情的结果如何。在例句(9)中,「タイ政府」实施「供与方要請」,「わが国」进行「意図表明」,作主语的「タイ政府」「わが国」都是施事,「供与方要請」「意図表明」都是受事,使用主动句表达。句中的「公文交換が行われた」指的是某事的结果,而不是谁进行公文交换的动作行为,无须也无法表明施事,所以使用被动句。例句(10)也是如此,施事「空海」实施受事「祈雨の修法」,所以使用主动句。相反,「儀式が行われていた」「その儀式が行われそう」表述事情的结果如何,无须也不能要求施事共现,所以使用被动句。这种表述方式与汉语不同,汉语不能使用被动句,不能说成"10月关于此事宜的公文交换被进行",也不能说成"只要不下雨,法会就会被大力举办,今年夏天,好像就在近期,也极有可能法会被举办",只能使用主动句,说成"10月份(双方)就此事宜交换了公文""空海实施祈雨的法会后,只要不下雨就会大力举办

法会,今年夏天,好像就在近期,也极有可能举办法会"。

由此可见,及物动词「行う」的主动句和被动句的不同在于:

① 主动句中有生物施事作主语或话题,表示的是施事举办或进行某种活动。

② 被动句中无生物受事作主语或话题,无须也不能要求施事共现,凸显的是客观事件的发生和结果。

根据上述「行う」的主动句和被动句的使用条件,现在我们来分析一下例句(1)—(6)的偏误问题。例句(1)「北京では2008年の夏オリンピック〈を行いました→が行われました〉」需要表达的是夏季奥运会举办了这一客观事实,无须表达是由谁举办的,所以只能使用被动句,不能使用主动句。例句(2)「2013年5月5日に浙江省アフレコ大会はうちの学校で〈行った→行われた〉」、例句(3)「その中で、場面ごとに、関西方言『ヨル』を使うかどうかに関するアンケート調査〈を行った→が行われていた〉」也一样,句子表达的都是一个客观的事实或某种结果,而不是施事实施了某事,所以也只能使用被动句,不能使用主动句。

例句(4)—(6)与例句(1)—(3)不同。例句(4)「中国人は元宵節に獅子舞など〈が行われている→を行う〉習慣がある」中的「中国人」表施事,「獅子舞など」表受事,表达的是"中国人有在元宵节舞狮子的习惯",而不是「獅子舞などが行われている」这个客观事实或结果,所以需要使用主动句,不能使用被动句。例句(5)「また、戴氏は『也谈意志动词和无意志动词』で意志動詞の判明についての検討も〈行われた→行った〉」中的「戴氏」是施事,如果「意志動詞の判明についての検討も行われた」是敬语的用法,这个句子也是可以成立的。但是在学术论文写作中,为了保持中立,通常不使用敬语,所以这里也只能使用主动句,不能使用表敬语的「(ら)れる」形式。在例句(6)「なぜ現代の中日両言語における『青』の使用実態がこのように違うのか。これについて調査〈が行われた→を行った〉」中,如果调查是别人实施的,可以使用被动句,如果调查不是别人实施的,而是作者本人实施的,就不能使用被动句,而需要使用主动句。从这个句子的前后语境来看,显然是作者本人自己实施的调查,而不是他人实施的,所以只能使用主动句。

与例句(1)—(6)相似的偏误用法还有:

(11) クラスは小さい夏祭り〈が開かれました→を開きました〉。劉先生から和服を借りました。(学部1年生/学習歴1年/滞日0/作文)

(12) 今年の夏休みは、彼女とともに舟山へ音楽祭を見に行きました。この音楽祭は毎年の夏休みに舟山で〈催しています→催されています〉。(学部1年生/学習歴1年/滞日0/作文)

(13) それに続く国連婦人の10年(1976年～1985年)など婦人の権利を勝ち得ることを主旨とする婦人運動〈を開催した→が開催された〉。(学

部4年生/学習歴3年半/滞日1年/卒論）

　　综上所述，在叙述举行或进行某一活动时，应该使用「行う」，还是「行われる」，其使用条件基本如下：

① 当需要有生物施事作主语或话题，焦点在施事举办活动等动作行为时，只能使用「行う」，不能使用「行われる」。

② 当需要无生物受事作主语或话题，焦点在客观事件的发生或结果时，只能使用「行われる」，不能使用「行う」。

1.4 应该使用「書く」，
还是「書かれている」?

　　「書く」和「書かれている」受到十分严格的使用条件的限制。日语学习者往往不太理解这种限制，所以常常出错，在应该使用被动句的地方使用主动句表达。例如：

(1) 驚いたことに、数分後田ちゃんは戻ってきました！顔に疲労〈を書きました→が書かれていました〉。暑さと仕事の多さで、みなが疲れました。(学部1年生/学習歴1年/滞日0/作文)

(2) 12月31日、札幌の街にあるそば屋「北海亭」での出来事から始まる。物語には2人の子どもを連れた女性〈を書きます→が書かれています〉。(学部1年生/学習歴半年/滞日0/作文)

(3) 日本やドイツなどでは、次世代のために、憲法に環境を守ること〈を書いている→が書かれている〉のです。(M1/学習歴4年/滞日0/感想文)

　　例句(1)—(3)都应该使用被动句，不能使用主动句。例句(1)—(3)偏误的句式都是「NP₁（处所）に＋NP₂（受事）を＋及物动词」。在这个句式中，及物动词都必须使用被动形式，即「NP₁（处所）に＋NP₂（受事）が＋及物动词被动形式ている」。那么，是不是当句中「に」标记处所时，及物动词谓语句只能使用被动形式，不能使用主动形式呢？对此我们使用语料库『中納言KOTONOHA「現代日本語書き言葉均衡コーパス」』『国語研日本語ウェブコーパス』进行了检索，结果发现2个句式都是可以成立的。例如：

(4) a. あれこれみてたら、懲戒解雇された男がブログに経緯を書いていたりする。(『国語研日本語ウェブコーパス』)

　　 b. いろいろ調べてみると、昭和三十三年十月号の「玉藻」の「立子へ」という虚子の文章に歯塚建立の経緯が書かれていることが分かった。(小林恭二『俳句研究』)

(5) a. 社員は自分の姓名の上に「出」という字を書く。(佐々木邦『ガラマサどん』)

b. 左の四扇目の中央に出てくる「大幅帳」には「元和七年正月一日」という文字が書かれています。（安田富貴子『天下人の時代』）

（6）a. 先日、父からの手紙がきた。中にはつぎのことを書いていた。（井沢宣子『日本語教師が見た中国』）

b. 佐伯有清氏の『牛と古代人の生活』という本には、牛もまた水の神であったことが書かれている。（戸井田道三『狂言』）

在例句（4）—（6）中，a 使用的是主动句，b 使用的是被动句。既然如此，为什么例句（1）—（3）被判断为偏误，而例句（4）a—（6）a 却是对的呢？

日本語記述文法研究会編（2009a：22）认为典型的及物动词使用［が，を］句式，「が」表示施事，「を」表示受事，例如「賢い人は岩の上に家を建てたのに対して、愚かな人は砂の上に家を建てた」。该句是对比句，句中的「賢い人」和「愚かな人」都用作施事，所以需要用「は」标记，句中的「岩の上」和「砂の上」都用作处所，所以需要用「に」标记，句中的「家」都用作受事，所以需要用「を」标记，表示某人把家建在某处。「（NPは/が＋）NP₁（处所）に＋NP₂（受事）を＋及物动词」句式可否成立是有条件的：句中必须有施事共现，这个施事不出现时也是可以补出来的，及物动词表示施事的动作行为，NP₂表示动作直接作用的受事，NP₁表示动作结果留存的处所。这个句式与「（NPは/が＋）NP₁（处所）で＋NP₂（受事）を＋及物动词」不同。例如：

（7）a. 僕は台所のテーブルで返事を書いた。（村上春樹『ねじまき鳥クロニクル』）

b. 電話予約するとテーブルに名前を書いてくれるんですよ。（『国語研日本語ウェブコーパス』）

（8）a. 二階の二間つづきの座敷が青楓氏の画室になっていた。二人はそこで絵を描いたり字を書いたりして見た。（河上肇『御萩と七種粥』）

b. 次に白い紙を二つ折りにして小さなカードを作り、私に、そこに字を書いて、と言いました。（『国語研日本語ウェブコーパス』）

例句（7）a 表达的是在桌子上（往纸上）写回信，而不是把回信写在桌子上，句中的桌子是动作实施的处所。例句（7）b 就不同了，表达的不是在桌子上（往纸上）写名字，而是把名字写在桌子上。也就是说，例句（7）b 中的桌子不是动作实施的处所，而是动作结果留存的处所。例句（8）a 与例句（8）b 的不同也是如此。例句（8）a 中的「そこ」指的是动作实施的处所，而不是字写完后留存的处所。相反，例句（8）b 中的「そこ」指的不是动作实施的处所，而是字写完后留存的处所。也就是说，当需要表达某人在某处实施某动作，某处指动作实施的处所时，只能使用句式「（NPは/が＋）NP₁（处所）で＋NP₂（受事）を＋及物动词」；当需要表达某人

实施某动作后,动作的结果留存在某处,某处指结果留存的处所时,只能使用句式「(NPは/が＋)NP₁(处所)に＋NP₂(受事)を＋及物动词」。

　　与「(NPは/が＋)NP₁(处所)に＋NP₂(受事)を＋及物动词」不同,在句式「NP₁(处所)に＋NP₂(受事)が＋及物动词被动形式ている」中,用「が」标记的不是施事,而是受事。于(2007:2-5)认为日语的存在句有4种基本句式:「Lに＋NPが＋V(自動詞)ている」「Lに＋NPが＋V(他動詞受身)ている」「Lに＋NPが＋V(他動詞)てある」「Lに＋NPが＋V(他動詞受身)てある」。例句(4)b—(6)b的「NP₁(处所)に＋NP₂(受事)が＋及物动词被动形式ている」属于存在句,即某处存在某人或某物。句式成立的条件为:句中不存在施事,「が」标记的是受事,不是施事,及物动词被动形式使用「ている」形式。例如:

(9) <u>カードの裏には</u>プロフィールや<u>記録が</u>小さな字で<u>書かれている</u>。

(10) 写真に付された<u>検査票には</u>、「胃の粘膜正常」と検査の<u>結果が記されていたが</u>。

(11) <u>待合室には</u>、何本かの<u>人の列が作られていた</u>。

(以上例句来自于,2007:5)

　　由此可见,「(NPは/が＋)NP₁(处所)に＋NP₂(受事)を＋及物动词」与「NP₁(处所)に＋NP₂(受事)が＋及物动词被动形式ている」是2个完全不同的句式,「(NPは/が＋)NP₁(处所)に＋NP₂(受事)を＋及物动词」表达的是施事在某处(动作结果的留存处所)实施某种动作行为,「NP₁(处所)に＋NP₂(受事)が＋及物动词被动形式ている」表达的不是施事在某处实施某种动作行为,而是某处存在某人或某物。

　　据此,我们再来分析一下例句(4)—(6)。例句(4)a「懲戒解雇された男が<u>ブログに経緯を書いていたりする</u>」需要表达的是「懲戒解雇された男」在「ブログ」上「経緯を書いていたりする」。「懲戒解雇された男」是施事,「ブログ」是处所,「経緯」是受事,「書いていたりする」是施事实施的动作,所以施事需要用「が」,处所需要用「に」,受事需要用「を」标记,整个句子需要使用句式「(NPは/が＋)NP₁(处所)に＋NP₂(受事)を＋及物动词」来表达。例句(4)b与例句(4)a不同。在例句(4)b「虚子の<u>文章に</u>歯塚建立の<u>経緯が書かれている</u>」中,「虚子の文章」表存在的处所,「歯塚建立の経緯」表存在物,在句中作主语表受事,「書かれている」表存在的方式,句子用来表达某处存在某物,所以整个句子需要使用句式「NP₁(处所)に＋NP₂(受事)が＋及物动词被动形式ている」来表达。

　　例句(5)a「社員は自分の姓名の<u>上に</u>『<u>出</u>』という<u>字を書く</u>」与例句(5)b「左の四扇目の中央に出てくる『大幅帳』には『元和七年正月一日』という<u>文字が書かれています</u>」的不同、例句(6)a「先日、父からの手紙がきた。<u>中にはつぎのことを書いていた</u>」与例句(6)b「<u>本には</u>、牛もまた水の神であった<u>ことが書かれてい</u>

— 18 —

る」的不同也与例句（4）a和例句（4）b的不同一样。a表达的是某人把某内容写在某处，b表达的是某处存在某种书写的内容。换句话说，当需要表达某人把某内容写在某处时，必须使用句式「（NPは/が＋）NP₁（処所）に＋NP₂（受事）を＋書く」，不能使用句式「NP₁（処所）に＋NP₂（受事）が＋書かれている」；当需要表达某处存在某种书写的内容时，必须使用句式「NP₁（処所）に＋NP₂（受事）が＋書かれている」，不能使用句式「（NPは/が＋）NP₁（処所）に＋NP₂（受事）を＋書く」。

根据上述「（NPは/が＋）NP₁（処所）に＋NP₂（受事）を＋書く」与「NP₁（処所）に＋NP₂（受事）が＋書かれている」的使用条件，现在我们来分析一下例句（1）—（3）的偏误用法。例句（1）「顔に疲労〈を書きました→が書かれていました〉」需要表达的是「田ちゃん」的脸上存在疲惫的神色，而不是「田ちゃん」把疲惫写到脸上，所以只能使用被动句，不能使用主动句。

例句（2）「物語には2人の子どもを連れた女性〈を書きます→が書かれています〉」需要表达的是"故事"里描写的是一个女人带着2个孩子的事情，所以只能使用存在句「NP₁（処所）に＋NP₂（受事）が＋書かれている」，表达某处存在某物。例句（3）也一样，例句（3）「日本やドイツなどでは、次世代のために、憲法に環境を守ること〈を書いている→が書かれている〉のです」需要表达的是宪法里写着保护环境的内容，即某处存在某种内容，所以同样也只能使用被动句，不能使用主动句。

与例句（1）—（3）相似的偏误用法还有：

（12）古道をゆっくりと歩いていくと、一目で破損した部屋がいくつもあって、水上家屋が揺らいで、風雨浸食の印〈を刻みます→が刻まれている〉のが見えます。（学部2年生/学習歴2年/滞日0/作文）

（13）『東京夢華録・元宵』には数十丈もある二本の長竿が繪綵で結ばれ、その上に紙で作った百劇の人物〈を置き→が置かれており〉、風に吹かれるとまるで神様のように見える。（学部4年生/学習歴3年半/滞日0/レポート）

（14）シャヴァンヌの『泰山』（菊池章太訳）にもこういう場面〈を描いた→が描かれている〉。（M3/学習歴6年/滞日0/修論）

（15）『日本書紀』にも、「新羅王は白旗を掲げ、失敗を承認した」ということ〈を記載する→が記載されている〉。（学部4年生/学習歴3年半/滞日0/卒論）

（16）東北地方のゴミや瓦礫には多かれ少なかれ放射性物質〈を含んでいる→が含まれている〉。（学部2年生/学習歴1年/滞日0/作文）

（17）政策方針や規範を制定するだけではなく、政策実施を行うところである。文部科学省高等教育局には学生課〈を設立している→が設立

　　<u>されている</u>〉。(学部4年生/学習歴3年半/滞日0/卒論)

　　例句(12)—(17)需要表达的都是某处存在某物,而不是施事实施某种动作使受事留存于某处,所以与例句(1)—(3)一样,这些句子中也只能使用「NP$_1$(处所)に＋NP$_2$(受事)が＋及物动词被动形式ている」句式,否则句子不能成立。这是因为句中无须也补不出施事。

　　综上所述,应该使用「書く」,还是「書かれている」,其使用条件基本如下:

①　当需要表达某处写有某种内容,且句中无须也补不出施事时,只能使用「書かれている」,不能使用「書く」。

②　当需要表达施事在某处书写某种内容或把某种内容写在某处时,只能使用「書く」,不能使用「書かれている」。

1.5 应该使用「感じる」,
还是「感じられる」?

「(ら)れる」是日语被动句的语法标记,该语法标记不仅可以表示被动,还可以表示尊敬、自发、可能。「感じる」是心理动词,所以「感じられる」不仅可以表示被动,在很多情况下,还可以表示自发或可能,即"不由得感到",由此派生出"能够感到"的意思。「感じる」除了表示有意识的动作行为外,还可以表示无意识即自发的动作行为。什么情况下需要使用「感じる」,什么情况下需要使用「感じられる」,对日语学习者来说是一个难点,所以我们常常可以看到日语学习者用错的句子。例如:

(1)「億劫」は「時間が長くかかるためやりきれない」という意味や、計り知れない時間がかかることは容易ではなく面倒に〈感じる→感じられる〉ことから、「面倒臭い」の意味で用いられるようになった。(学部4年生/学習歴3年半/滞日0/作文)

(2)登り始めた時は、興奮していて、私はずいぶん元気だった。しかし、大体30分経って、私は暑さと疲れを〈感じられた→感じた〉。(学部4年生/学習歴3年半/滞日0/作文)

(3)「大齢剰女」というグループに入ります。だから、両親と周りの人に対して大変なストレスを〈感じられます→感じます〉。「なぜ恋人いないの」とか「なぜ結婚しない」とかたくさんの「なぜ」で私が埋められます。(D2/学習歴10年/滞日2年半/作文)

例句(1)中只能使用「感じられる」,不能使用「感じる」;例句(2)和例句(3)正好相反,只能使用「感じる」,不能使用「感じられる」。那么,使用「感じる」和「感じられる」有什么不同呢?

小泉等編(1989:153-154)认为「感じる」有如下3种用法:

① 由于受到外部刺激而产生某种感觉。

② 对某人或某事内心有某种感受。

③ 被他人的言行感动。

（4）順子は横腹に激しい痛みを感じた。（用法①）

（5）彼女は婚約者に不安を感じている。（用法②）

（6）私は彼のその言葉に感じて協力する気になった。（用法③）

（以上例句来自小泉等编，1989：153-154）

例句（4）—（6）都是使用「感じる」的主动句，句中的主语分别是「順子」「彼女」「私」，都是感受到某种知觉、心理和情感等的主体，可以称之为"经验者"①，句子表述的都是作主语的经验者的感知行为。由此可见，需要表达作主语的经验者自身的感知行为时，使用「感じる」。

小泉等编（1989：154）认为「感じる」在表示用法①"由于受到外部刺激而产生某种感觉"时，很少以被动形式出现，使用被动形式会令人觉得不自然。在表示用法②"对某人或某事内心有某种感受"时可以构成被动句。例如：

（7）私は彼の話を楽しく感じた。（用法②）

（8）彼の話はとても楽しく感じられた。（用法②）

（以上例句来自小泉等编，1989：154）

例句（8）表示自然而然地产生某种情感或心理，即"他的话不禁让我感到开心"。小泉等编（1989：154）将这种被动句称为"自发性被动"（「自発的受身」）。也就是说，此句的「感じられる」的前景义是自发，背景义为被动，通常被动义不会被激活，即不会用作前景义。仁田（1989：xxiv）认为这样的被动句与典型的被动句（如「洋子は弘に殴られた」）一样，都是主动句中的非主语的成分在被动句中作主语。但是，表自发义的被动句通常无须明示感知的主体（即经验者，且多为第一人称）；当需要明示时，通常用「には」标记并置于句首。日本語記述文法研究会编（2009a：285-286）也认为表自发时可以使用「NP（经验者）にNP（受事）がV（ら）れる」句式，而不能使用「NP（经验者）がNP（受事）をV（ら）れる」句式；当需要凸显经验者时，可以使用「には」或「は」标记。句子表达的事件与主体意志无关，是自然而然发生的事件。由此可见，「感じられる」表被动和自发时，受事都不能作宾语，只能作主语。

「感じられる」不仅可以表示被动和自发，还可以表示尊敬、可能。例如：

（9）天皇はかねがね戦局の推移を深く憂慮し、とりわけ中小都市が空襲によってつぎつぎに灰燼に帰し、多数の無辜の国民が衣食住を奪われて困窮になやむ状況について、もっとも心を痛められていた。また前日（八日）の御前会議で決定された基本政策についても、大きな疑問を感じられていたので、木戸試案にたいして満足の意をしめし、速やかに対策に着手するようのべられた。（実松譲『米内光政』）

---

① 「感じる」的主语表"经验者"参照井上（1976b：140）。

（10）長官は事の重大性を本当に認識しているのか。国務大臣としての責
任感がどうしても感じられないのであります。（『国会会議録』1998）

日本語記述文法研究会編（2009b：242）认为当需要表达说话者对话题中的人物及其行为状态表示尊敬时，可以使用「（ら）れる」形式。在例句（9）中，「感じられていた」的主语是「天皇」，表示感知行为的主体即经验者，「疑問」作宾语表受事，「感じられる」不是表被动，也不是表自发，而是表尊敬。

当「感じられる」的主语是受事时，除了可以表示被动和自发外，还可以表示可能。在例句（10）中，「国務大臣としての責任感」作主语，表受事，「国務大臣としての責任感がどうしても感じられないのであります」表示"我（们）怎么也感受不到您身为国务大臣的责任感"。日本語記述文法研究会編（2009a：279，281）认为可能句式表达的是动作行为的主体（包括施事、经验者等）意欲进行某动作行为时，是否有能力或有条件实现该动作行为，表达的是一种状态，动作行为的主体可以使用「が」或「に」标记，能力所涉及的对象例如受事也可以用「が」或「を」标记，但是不能使用[に，を]句式，例如「×佐藤さんに英語を話せることはみんな知っている」。

由此可见，「感じる」和「感じられる」的使用条件是不同的：

① 「感じられる」可以用来表示敬意，但是「感じる」没有这种用法。

② 「感じる」要求感知行为的主体即经验者作主语，不能要求受事作主语。「感じられる」表示被动和自发时，要求受事作主语；表示可能时，受事既可作主语，也可以作宾语。

正因为「感じる」与「感じられる」的表义功能不同，所以两者可以共现在同一语段中，各表其义。例如：

（11）5月2日、家族に見守られながら、美和子さんは旅立った。前夜、「これからずっと眠るのだから、眠りたくないの」と、一晩中チェロや古楽などの話をした。「細胞が一つずつ壊れていくのを感じる」。言葉の端に、死を受け入れている様子が感じられた。（『朝日新聞』2020）

（12）これまで、林さんの作品を見る機会があるたびに、いつも感じていたのであるが、描かれた一点一点に物語が感じられ、じっと見つめていると何かを語りかけてくるような、ドロッとした情念がみえるような、不思議な趣がある。（『新潟日報』2004）

例句（11）中的「感じる」表示的是「美和子さん」自己直接体会到的感受，不是自发的感受和可能感觉到的感受。句中的「感じられた」表示的不是「美和子さん」的感受，而是说话人不由自主地能够感受到的感觉，也就是说这种不由自主的感受中蕴含可能义，即表示不由自主地可以感受到的意思。因此，句中的「感じる」与「感じられた」不能互换，否则意思发生变化，表达不能成立。例句（12）也是

如此,「感じていた」表示的是说话人自己直接体会到的感受,不蕴含自发和可能义,而句中的「感じられた」是说话人不由自主地可以体会到的感受,自发中蕴含可能义。实际上,无论是「感じる」,还是「感じられる」,指的都是"行为主体自己直接体会到的感受"。所不同的是,前者不蕴含自发和可能义,而后者主要表示自发的同时蕴含可能义。

根据上述「感じる」和「感じられる」的使用条件,现在我们来分析一下例句(1)—(3)的偏误用法。例句(1)「計り知れない時間がかかることは容易ではなく面倒に〈感じる→感じられる〉ことから、『面倒臭い』の意味で用いられるようになった」需要表达的不是说话人自身的主观感知行为,而是不由自主能够感觉到的感受,所以句中不能使用「感じる」,只能使用「感じられる」。

例句(2)、例句(3)与例句(1)正好相反。例句(2)「大体30分経って、私は暑さと疲れを〈感じられた→感じた〉」需要表达的并不是说话人不由自主能够感觉到的感受,而是说话人自己自身的主观感知行为。换句话说,如果需要表达自发并蕴含可能的感受时,就可以说成「(私は)暑さと疲れが感じられた」。例句(3)「『大齢剩女』というグループに入ります。だから、両親と周りの人に対して大変なストレスを〈感じられます→感じます〉」和例句(2)一样,需要表达的也是说话人自身的主观感知行为,而不是说话人不由自主能够感觉到的感受,所以这2个句子不能使用「感じられる」,只能使用「感じる」。

综上所述,应该使用「感じる」,还是「感じられる」,其使用条件基本如下:

① 当需要表达作主语的行为主体自身的主观感知行为,无须蕴含自发和可能义时,只能使用「感じる」,不能使用「感じられる」。

② 当需要对作主语的行为主体表示敬意时,只能使用「感じられる」,不能使用「感じる」。

③ 当受事作主语,需要表达行为主体自发产生的感觉并蕴含可能义时,只能使用「感じられる」,不能使用「感じる」。

1.6　应该使用「形成する」，
还是「形成される」?

北原编（2021：498）认为「形成する」是一个及物动词，如「人格を形成する」。什么时候使用「形成する」的主动句，什么时候使用被动句，是一个学习难点，日语学习者不太容易掌握，所以常常用错。在『YUKタグ付き中国語母語話者日本語学習者作文コーパス』中我们可以看到如下偏误用法：

（1）普通の女の子より、簡愛の方がすこし粘り強くて独立心を持っていました。大変な生活だったので、だんだんその性格〈を形成しました→が形成されました〉。(学部1年生/学習歴半年/滞日0/作文)

（2）谷崎の作品には大量の句読点が使用され、長いセンテンス〈を形成し→が形成され〉、ゆっくりとした創作スタイルで読者が知らず知らずのうちに静かな感情の世界に溶け込んでいく効果がある。(学部4年生/学習歴3年半/滞日0/卒論)

（3）そこで、徐々に日本人の基本信念——共同体意識〈を形成した→が形成された〉。(学部4年生/学習歴3年半/滞日0/卒論)

（4）日本も唐と通交して漢字・儒教・漢訳仏教などの諸文化を共有し、唐の周辺諸国とともに東アジア文化圏〈が形成された→を形成した〉。
　　　(学部4年生/学習歴3年半/滞日0/卒論)

例句（1）—（3）应该使用被动句，不能使用主动句；例句（4）正好相反，应该使用主动句，不能使用被动句。这是为什么呢？

村木（1991：187，198）认为生成直接被动句的及物动词主动句「NPがNPをV—Ru」大致可分为表示"运动"和表示"状态"2类。其中，表运动的主动句凸显的是施事的动作行为；而被动句会弱化这种行为动作性，将事件作为一个整体来把握，描述的是一种状态。金水（2020：551）认为在典型的及物动词主动句中，施事是动力源，(经由某工具或手段)将力传递给受事使其发生某种变化。与之相对，在一般不出现施事的降格被动句中，受事作主语，关注的不再是施事的动作行为，而是事件的结果状态。我们在语料库『中納言KOTONOHA「現代日本語書き言

葉均衡コーパス」『国語研日本語ウェブコーパス』中検索「形成する」及物动词
的用例,结果发现「形成する」既可以使用主动句,又可以使用被动句,但各自的用
法有不同。例如:

(5) a. 江戸・東京は、地勢的には、利根川デルタの低地と、武蔵野台地の
突端の台地という、二つの対立する地域の結合によって形成され
てきた。それが下町・山の手という東京の二つの性格を形成す
る。(田村明『江戸東京まちづくり物語』)

b. ワンコだって犬種のよっての個性がそれぞれあるけど、でもどん
な子でも先天的でなく後天的なものって大きいと思う……それな
りのしつけとか、環境でいろいろな性格が形成される。(『国語研日
本語ウェブコーパス』)

(6) a. ところが、チームスポーツとは不思議なもので、いとも簡単に人と
人との距離を縮めてしまう。練習試合や大会に備え、一緒に汗を
流し、チームプレーに一喜一憂する共同体験が仲間意識を形成し、
自然と親近感を作り出す。(『国語研日本語ウェブコーパス』)

b. 鉄道ができたことによってものでも人でも交流が盛んになり、日
本国民という意識が形成された。(『国語研日本語ウェブコー
パス』)

(7) a. 日本は、アメリカへと回帰し、シェールガス革命の恩恵を受け、さ
らにTPPに加入して、巨大貿易圏を形成しようとしている。(『国語
研日本語ウェブコーパス』)

b. 明治日本は、新しい貨幣単位「圓」を導入した(明治3通貨条例)。当
時は中国を中心とした東アジア貿易圏が形成され、そこで共通(重
量＝秤量)通貨(貿易のための銀本位制による各国秤量通貨)が使
われ交易された。(『国語研日本語ウェブコーパス』)

　　例句(5)a—(7)a使用的是主动句,「それ」「共同体験」「日本」在句中作主语表
施事(或相当于施事),分别表示「それ」形成「東京の二つの性格」、「共同体験」形
成「仲間意識」,「日本」致力于形成「巨大貿易圏」。即施事「それ」「共同体験」「日
本」是动作行为的发动者,「東京の二つの性格」「仲間意識」「巨大貿易圏」是动作
行为涉及的受事。句式可以归纳为「NP(施事)が/は＋NP(受事)を＋形成する」。

　　与之相对,在被动句(5)b—(7)b中,「性格」「意識」「貿易圏」作主语,但不是
施事,而是受事。由于「形成する」在句中作及物动词,句中无须也无法补全施事,
按照成句规则,此时不能使用主动句,而必须使用「NP(受事)が/は＋形成され
る」句式,以此表述客观的事件结果。

　　由此可见,「形成する」作及物动词时,主动句和被动句的句式和意义都不同。

当需要作主语的成分表施事，以此凸显施事主动实施某种动作行为时，只能使用主动句，不能使用被动句；相反，当需要作主语的成分表受事，以此凸显某种客观结果时，只能使用被动句，不能使用主动句。

根据上述「形成する」用作及物动词时主动句和被动句的使用条件，现在我们来分析一下例句(1)—(4)的偏误用法。例句(1)「簡愛の方がすこし粘り強くて独立心を持っていました。大変な生活だったので、だんだんその性格〈を形成しました→が形成されました〉」需要表达的是客观的结果，即简爱在艰难的生活中逐渐形成了这种性格，而不是简爱作施事，自己主动形成了某种性格。因此，例句(1)只能使用被动句，不能使用主动句。

例句(2)「谷崎の作品には大量の句読点が使用され、長いセンテンス〈を形成し→が形成され〉……」、例句(3)「そこで、徐々に日本人の基本信念——共同体意識〈を形成した→が形成された〉」和例句(1)一样，句子要表达的都是某种客观的结果，而不是施事主动实施的某种动作行为，所以也都需要使用被动句，不能使用主动句。

例句(4)与例句(1)—(3)不同，在例句(4)「日本も唐と通交して漢字・儒教・漢訳仏教などの諸文化を共有し、唐の周辺諸国とともに東アジア文化圏〈が形成された→を形成した〉」中，「日本」作主语表施事，句子需要表达的是施事「日本」实施的动作行为，即日本不仅「唐と通交して漢字・儒教・漢訳仏教などの諸文化諸文化を共有し」，同时还与「唐の周辺諸国」一起建立了「東アジア文化圏」，所以只能使用主动句，不能使用被动句。

综上所述，应该使用「形成する」，还是「形成される」，其使用条件基本如下：

① 当作主语或话题的成分表施事，需要表达施事实施的动作行为时，只能使用「形成する」，不能使用「形成される」。

② 当作主语或话题的成分表受事，需要表达某种客观的结果时，只能使用「形成される」，不能使用「形成する」。

1.7 应该使用「構成する」,
还是「構成される」?

　　我们在日常日语教学和日语语料库中常常看到日语学习者使用「構成する」时,在应该使用被动句的地方错用了主动句。例如:

(1) 保険制度は町の労働者の基本的医療保険制度、町の住民の基本的な医療保険制度と新型の農村の医療保険制度で〈構成する→構成されている〉。(学部 4 年生/学習歴 3 年半/滞日 0/卒論)

(2) 次に資料の収集と分析方法を述べる。本研究の資料は二つの部分で〈構成する→構成される〉。一つは先行研究の中にまとめられた「もう」と「まだ」の相違点で、もう一つは誤用と正用の実例である。(学部 4 年生/学習歴 3 年半/滞日 0/卒論)

(3) ほとんどの複合詞は二つの語基で〈構成する→構成されている〉。(M3/学習歴 6 年/滞日 0/修論)

(4) この本はたくさんの生活の中の小さいストーリから〈構成して→構成されていて〉、意味深長です。(学部 1 年生/学習歴半年/滞日 0/作文)

(5) 日本の自然環境の大部分は山と水から〈構成しました→構成されている〉。(学部 4 年生/学習歴 3 年半/滞日 0/卒論)

(6) 本論は五つの部分から〈構成している→構成されている〉が、各部分はまた中日対照比較の立場から、中国と日本の二節に分かれている。(M3/学習歴 6 年/滞日 0/修論)

　　例句(1)—(6)都应该使用被动句,而不应该使用主动句。例句(1)—(3)的偏误句式是「NP$_1$は＋NP$_2$で＋構成する」,例句(4)—(6)的偏误句式是「NP$_1$は＋NP$_2$から＋構成する」,句式中的「で」「から」都表示构成要素。那么,是不是当句中有「で」「から」标记的构成要素时,只能使用被动句,不能使用主动句呢?对此我们使用语料库『中納言 KOTONOHA「現代日本語書き言葉均衡コーパス」』『国語研日本語ウェブコーパス』进行了检索,结果发现「NP$_1$は＋NP$_2$で/から＋構成する」和「NP$_1$は＋NP$_2$で/から＋構成される」都可以成立。例如:

（7）a. また、地元の建築士の協力を仰いで「竹田根崎まち並み委員会」（以
下：まち並み委員会）を発足しました。これは地元の建築士3名と
学識経験者1名、協定締結者の代表4名の計8名で構成しています。
（志村秀明『まちづくりデザインゲーム』）

　　　b. 日本国有鉄道幹線調査会は，運輸大臣が委嘱した学識経験者およ
び関係機関の職員三十五名で構成され、会長は委員の互選によっ
て，元満鉄理事大蔵公望が選出された。（高速鉄道研究会編『新
幹線』）

（8）a. エージェントは会社組織のように色々な機能を持つ部署に分か
れ、各部署が互いに信号をやり取りし、全体として事故対応を自動
化する。具体的には三つの大きなパートに分かれ、①プラントの
重要なパラメータや安全機器の動作状況を監視し、それらのデー
タの管理を行う「認識部」、②将来予測により操作の許容時間を評
価し、さらに考え得る有効な操作をデータベースとして持つ「資源
管理部」、③これらの情報からその状況に最も有効と考えられる操
作を提案する「意思決定部」から構成される。なお「資源管理部」は
将来予測の結果から許容時間を評価するために、さらに二つに別
れて一種のシミュレータである「時間資源管理部」と操作データ
ベースの「安全資源管理部」から構成する。（丹羽雄二『京都からの
提言—明日のエネルギーと環境—』）

　　　b. 特別総会において採択された最終文書は，「序文」「宣言」「行動計
画」「機構」の4部から構成される。（外務省『わが外交の近況』）

　　在例句（7）—（8）中，a的句式是「NP$_1$は＋NP$_2$で/から＋構成する」，b的句式
是「NP$_1$は＋NP$_2$で/から＋構成される」。既然如此，为什么例句（1）—（6）被判断
为偏误用法，而例句（7）a—（8）a却是对的呢？

　　村木（1991：187,198）认为生成直接被动句的及物动词主动句「NPがNPを
V—Ru」大致可分为表示"运动"和表示"状态"2类。其中，表示运动的主动句凸显
的是施事的动作行为；表示状态的主动句描述的是两者的关系。例如：

（9）太郎は次郎をなぐった。

（10）みかんはビタミンCをふくんでいる。

（以上例句来自村木，1991：187-189）

　　例句（9）表示施事「太郎」对受事「次郎」实施「なぐる」的行为，表示的是一种
运动。在例句（10）中，「みかん」与「ビタミンC」不是施事与受事的关系，句子表
示的是两者之间的包含关系。

　　影山（2006：219-221）认为及物动词「構成する」是状态性动词，由它构成的被

动句也表示一种状态。例如：

(11) 水素と酸素が水を構成している/構成する。

(12) 水は水素と酸素で構成されている。

（以上例句来自影山，2006：220）

例句(11)的主动句和例句(12)的被动句都表示状态。由此可见，「構成する」在表示某物由某要素构成这类恒常性状态时，可以使用主动句「NP（构成要素）が＋NP（整体）を＋構成する」，也可以使用被动句「NP（整体）が/は＋NP（构成要素）で/から＋構成される」。

除了表示状态，「構成する」还可以表示运动。例如：

(13) 元々、小田はこの曲を「みんなが歌えるよう」低いキーで構成しようと思っていたが、結果的には小田らしくハイトーンも登場するメロディとなっている。(『国語研日本語ウェブコーパス』)

(14) 私の手許に、続け様に、岩国市長選の井原勝介（前岩国市長）応援メッセイジが届いています。是非、身近な問題として読んでください。そして、周りに広げてください。ここに掲載する文章はすべて「平和省 JUMP」（きくちゆみ代表）の会員内部に伝えられているメールから構成しました。(『国語研日本語ウェブコーパス』)

在例句(13)中，「小田」表示施事，「低いキーでこの曲を構成しよう」表示施事的行为。例句(14)隐去了施事，施事是作者本人，受事是「文章」，「文章をメールから構成しました」是作者的行为。而且，例句(14)中的「構成しました」也说明这种行为是具有时间性的，有别于表示恒常性状态的例句(11)中的「構成する」。也就是说，当有生物作施事时，「構成する」才可以表示运动，表示施事的行为。

当需要客观地表述某事物由某要素构成时，需要使用被动句。例如：

(15) 最高裁判所の長たる裁判官（最高裁判所長官）以外の裁判官（最高裁判所判事）の員数として、裁判所法は十四人と定めている（五条）から、最高裁判所は、計十五人の裁判官で構成される。(大石眞『憲法概観』)

(16) （最近見た映画について）この作品は6つの物語から構成されている。最初は1849年アダム・ユーイングの物語。(『国語研日本語ウェブコーパス』)

例句(15)需要客观地表述"最高法院由法官15人组成"，例句(16)需要客观地表述"这部作品由6个故事构成"，所以2个句子使用的都是被动形式。不过，例句(15)「最高裁判所は、計十五人の裁判官で構成される」也可以说成「最高裁判所は、計十五人の裁判官で構成している」。例句(16)「この作品は6つの物語か

ら構成されている」也可以说成「この作品は6つの物語から構成している」,但是两者的表义功能不同。村木(1991:198)认为主动句在表示某一动作作用时,句子凸显的是施事的行为动作。而被动句会弱化这种行为动作性,将事件作为一个整体来把握,描述的是一种状态。也就是说,被动句用来客观地表述某个事实,而主动句表述施事的行为。

由此可见,当「構成する」不表示恒常性状态而是表示运动时,「NP$_1$は＋NP$_2$で/から＋構成する」与「NP$_1$は＋NP$_2$で/から＋構成される」是2个完全不同的句式。「NP$_1$は＋NP$_2$で/から＋構成する」句式中要求施事作主语,施事可以不出现但可以补全,表示施事用某要素构建某事物的行为。「NP$_1$は＋NP$_2$で/から＋構成される」句式表示某事物由某要素构成的状态,施事不能作主语。

据此,我们再来分析一下例句(7)和例句(8)。例句(7)a「<u>これは地元の建築士3名と学識経験者1名、協定締結者の代表4名の計8名で</u>構成しています」表示的是作者自己组建「これ」(竹田根崎まち並み委員会)的行为,需要使用主动句。例句(7)b与例句(7)a不同,例句(7)b「<u>日本国有鉄道幹線調査会は</u>,運輸大臣が委嘱した<u>学識経験者および関係機関の職員三十五名で</u>構成され……」表示的是客观的事件结果,即「日本国有鉄道幹線調査会」的构成状态,所以需要使用被动句。

例句(8)a「<u>『資源管理部』は</u>将来予測の結果から許容時間を評価するために、さらに二つに別れて一種のシミュレータである『時間資源管理部』と操作データベースの『安全資源管理部』から構成する」与例句(8)b「特別総会において採択された<u>最終文書は</u>,『序文』『宣言』『行動計画』『機構』の<u>4部から</u>構成される」的不同也与例句(7)a和例句(7)b的不同一样。a表达的是作者所属的「エージェント」将「時間資源管理部」和「安全資源管理部」组建成「資源管理部」这一行为,需要使用主动句。b表达的是「最終文書」由4个部分构成这一状态,所以需要使用被动句。

根据上述「NP$_1$は＋NP$_2$で/から＋構成する」和「NP$_1$は＋NP$_2$で/から＋構成される」的使用条件,现在我们来分析一下例句(1)—(6)的偏误用法。例句(1)「保険制度は町の労働者の基本的医療保険制度、町の住民の基本的な医療保険制度と新型の農村の医療保険制度で〈<u>構成する→構成されている</u>〉」需要表达的是保険制度的组成状态,不是要表达施事构建保険制度的行为,所以只能使用被动句,不能使用主动句。例句(2)「本研究の資料は二つの部分で〈<u>構成する→構成される</u>〉……」、例句(4)「この本はたくさんの生活の中の小さいストーリから〈<u>構成して→構成されていて</u>〉……〉」、例句(6)「本論は五つの部分から〈<u>構成している→構成されている</u>〉が……」也一样,分别需要表达的是资料、书、本论(论文的主体部分)由某要素构成这一状态,而不是要表达作者组建资料、书、本论这一行为,

所以也都只能使用被动句,不能使用主动句。

　　例句(3)「ほとんどの複合詞は二つの語基で〈構成する→構成されている〉」和例句(5)「日本の自然環境の大部分は山と水から〈構成しました→構成されている〉」需要表达的是「ほとんどの複合詞」「日本の自然環境の大部分」的恒常性状态,与施事的行为无关,所以只能使用被动句,不能使用主动句。

　　综上所述,应该使用「構成する」,还是「構成される」,其使用条件基本如下:

①　当需要构成的整体作主语或话题,以「で/から」标记构成要素,客观表达某事物由某要素构成这一状态时,只能使用「構成される」,不能使用「構成する」。

②　当需要构成要素作主语,构成的整体作宾语时,只能使用「構成する」,不能使用「構成される」。

③　当需要施事作主语或话题,表达施事用某要素组建某事物这一行为时,只能使用「構成する」,不能使用「構成される」。

1.8　应该使用「示す」,还是「示される」?

　　小泉等编(1989:237)认为「示す」在表示向对方出示或展示某物、将某种情感显露于表情或态度上、以可视方式显示某信息等意义时,既可以使用主动句,又可以使用被动句。例如:

(1) a. 屋根の十字架は教会を示している。(小泉等編,1989:237)

　　 b. 教会は十字のマークで示されている。(小泉等編,1989:237)

(2) a. 芦田小委員長が自分のところへ来てこの修正案を示した。(『国語研日本語ウェブコーパス』)

　　 b. 修正案が議長によって全員に示された。(小泉等編,1989:237)

　　在例句(1)a和例句(2)a中,「屋根の十字架」「芦田小委員長」作主语表施事[1],句子为主动句句式「NP(施事)が/は＋NP(受事)を＋示す」。在例句(1)b和例句(2)b中,「教会」「修正案」作主语表受事,句子为被动句句式「NP(受事)が/は＋示される」。当被动句中的主语是无生物时,通常需要用「によって」标记施事。

　　什么情况下使用主动句,什么情况下使用被动句,对日语学习者来说是一个难点,因而我们在『YUKタグ付き中国語母語話者日本語学習者作文コーパス』中常常看到日语学习者用错的句子。例如:

(3) 読み時間をそれぞれ関係節文のタイプに分けてグラフ化すると、以下のような結果〈を示す→が示された〉。(M1/女/学習歴5年/滞日1年/作文)

(4) 在学率と進学率からみると、日本は、高校の普及により、女性の大学への進学率がかなり高い。女子と男子の間にある進学率格差が縮小していること〈を示した→が示された〉。(M3/学習歴6年/滞日0/修論)

(5) その調査によって、「うまく使える」の割合を地域別に見ると、蘇州、寧波、温州、杭州、南寧、厦門、上海、深センなどの出身の対象者は方言が

___

[1] 这里的施事包括"主事",这里一并用"施事"表示,下同。

使えなくなっている傾向〈を示した→が示された〉。(日本語教員/学習
歴8年/滞日2年/作文)

例句(3)—(5)都不能使用主动句，只能使用被动句。我们使用语料库
『YUKANG日本語コーパス』『中納言KOTONOHA「現代日本語書き言葉均衡
コーパス」』进行了检索，结果发现「示す」与例句(3)—(5)中的受事「結果」「こと」
「傾向」共现时既可以使用主动句，又可以使用被动句。例如：

(6) a. 議長は進展しない交渉のために、和平の<u>結果を示す</u>ことができま
す。(『毎日新聞』1995)

b. 海外留学生関係では、明治六年のいくつかの号に、帰国後の開成学
校における学力検査の結果が公告されている。そこには、例えば、
次のような<u>結果が示されており</u>、当時の留学生の学力程度の一端
をうかがうことができる。(佐藤秀夫『史実の検証』)

(7) a. 表2-1は和歌山県における部門別農業粗生産額構成比の推移を示
している。……野菜生産がこの間に縮小している<u>ことを示してい
る</u>。(光定伸晃『園芸産地の展開と再編』)

b. 筆者は，サポート校に所属する不登校体験者五百八十八名を対象
に，自己概念とサポート校教師による適応状態評価との関連を継
続的に調査した(小林・霜村，二千)。その結果，自己概念の変動
が，子どもの示す適応状態の変動と密接に関連する<u>ことが示され
た</u>。(小林正幸『不登校児の理解と援助』)

(8) a. 泉谷は、そうはいったものの、断るわけにもいかない。九月に東京
支社長として赴任した。それから、営業成績はゆるやかながら上
向きの<u>傾向を示した</u>。(大下英治『アサヒビール大逆転男たちの
決断』)

b. その一つは，欠席日数に関する分析である。これは，中学3年生時
での不登校者に，小学生のときからの欠席日数を尋ねた調査項目
を基に分析したものである。そこでは，次の<u>傾向が示されていた</u>。
(小林正幸『不登校児の理解と援助』)

在例句(6)—(8)中，a使用的是主动句，b使用的是被动句。那么，为什么例
句(3)—(5)使用主动句会被判断为偏误用法呢？

村木(1991:187,198)认为表动作作用的动词构成的主动句凸显的是施事的
行为动作，而被动句会弱化这种行为动作性，将事件作为一个整体来把握，描述的
是一种状态。金水(2020:551)认为在典型的及物动词主动句中，施事是动力源，
(经由某工具或手段)将力传递给受事使其发生某种变化。与之相对，在一般不出
现施事的降格被动句中，受事作主语，关注的不再是施事的动作行为，而是事件的

结果状态。

「示す」的主动句与被动句的不同也是如此，例句(6)a「議長は進展しない交渉のために、和平の結果を示すことができます」中作主语表施事的是「議長」，「議長」是「和平の結果を示す」这一动作行为的实施者，句中的宾语「和平の結果」表受事；而例句(6)b「そこには、例えば、次のような結果が示されており」中作主语的「結果」不是施事，而是受事，句子表示某种结果状态。

例句(7)—(8)中a与b的不同也和例句(6)一样。a中作主语的成分表施事，表受事的成分作宾语，「示す」表示主语的动作行为；与之相对，b中作主语的成分不表施事，而是表受事，「示される」表示的是客观的结果状态，而不是施事的动作行为。

由此可见，「示す」的主动句和被动句的句式和意义都不同。当需要作主语的成分表施事，以此凸显施事实施「示す」这一动作行为时，只能使用主动句式「NP(施事)が/は＋NP(受事)を＋示す」，不能使用被动句；当需要作主语的成分表受事，以此凸显某种客观结果状态时，只能使用被动句式「NP(受事)が/は＋示される」，不能使用主动句。

「示す」和「示される」各自表示的意思不同，所以可以共现在同一语段中，各表其义。例如：

(9) 府幹部は「羽田の整備を先行させる『時間差』論なら分からないでもないが、関空の強化は当然必要だ」と指摘。航空行政の<u>全体像</u>が<u>示されない</u>中での「東京一極集中」に強く反対する<u>考えを示した</u>。(『毎日新聞』2009)

在例句(9)中，「示されない」的主语是「航空行政の全体像」，表示"航空行政的整体构架没有被显示出来"；而「反対する考えを示した」的主语是「府幹部」，表示"大阪府的领导表示强烈反对"。即「示す」的主动句表示大阪府领导实施的动作行为，被动句表示结果状态。

根据上述「示す」的主动句和被动句的使用条件，现在我们来分析一下例句(3)—(5)的偏误用法。例句(3)「グラフ化すると、以下のような結果〈<u>を示す→が示された</u>〉」需要表达的并不是施事显示了某个结果，而是某个结果得到了显示，即图表化后呈现的客观结果，所以只能使用被动句，不能使用主动句。

例句(4)「女子と男子の間にある進学率格差が縮小していること〈<u>を示した→が示された</u>〉」、例句(5)「その調査によって、『うまく使える』の割合を地域別に見ると、蘇州、寧波、温州、杭州、南寧、厦門、上海、深センなどの出身の対象者は方言が使えなくなっている傾向〈<u>を示した→が示された</u>〉」和例句(3)一样，句子需要表达的都不是施事的动作行为，而是呈现出的某种客观结果，所以也都需要使用被动句，不能使用主动句。

综上所述，应该使用「示す」，还是「示される」，其使用条件基本如下：

① 当作主语或话题的成分表施事，需要凸显施事显示或展示某事物等的动作行为时，只能使用「示す」，不能使用「示される」。

② 当作主语或话题的成分表受事，需要凸显呈现或展示出来的某种客观结果时，只能使用「示される」，不能使用「示す」。

1.9　应该使用「する」,还是「される」?

日语中「する」这个动词表示的意义比较广泛,什么时候使用主动形式,什么时候使用被动形式,对日语学习者来说不太容易理解,所以我们在『YUKタグ付き中国語母語話者日本語学習者作文コーパス』中常常可以看到日语学习者用错的句子。例如:

(1) また、「草食男子」に対する男性からの批判の言葉が多く聞かれると指摘した。「草食男子」たちが男らしさを失い、弱くなったせいで、日本は大和民族の武士の魂を失ってしまったという言論はよく耳に〈した→される〉。(学部4年生/学習歴3年半/滞日0/卒論)

(2) 統語プライミングが予測エラーに基づく潜在学習を反映しているということは最近の研究によって明らかに〈した→された〉が、研究対象は成人した母語話者であって、既に獲得した統語知識の変化である。(M1/学習歴5年/滞日1年/滞日0/作文)

在例句(1)和例句(2)中,用「は」标记的「……という言論」「……ということ」表受事。这2个句子都不能使用主动句,必须使用被动句。这是为什么呢?

小泉等編(1989:264-266)认为「する」有17种用法:

① 按自己的意志实施某种动作行为。

② 对他人他物实施某种动作行为(可以使用被动句)。

③ 一起实施某种动作行为。

④ 出现咳嗽、打喷嚏等生理现象,或表示生病、受伤等。

⑤ 身上或手上佩戴某物。

⑥ 从事某种职业或担任某种职务。

⑦ 让某人从事某种职业或担任某种职务(可以使用被动句)。

⑧ 决定某事或关照某事。

⑨ 将某物或某人变成他物或他人(可以使用被动句)。

⑩ 将某物从某种状态改为别的状态(可以使用被动句)。

⑪ 感知或感觉到某种声音、气味、疼痛等(不能使用被动句)。

⑫ 具有某种样子或性质,或者成为某种样子或性质(不能使用被动句)。

⑬ 某物为某种价格或经过某个时间(不能使用被动句)。

⑭ (形式动词)出现某事或处于发生某事之前的状态。

⑮ (形式动词)实际上并非如此,但当作如此。

⑯ (形式动词)将自己处于下位向对方表示敬意。

⑰ (形式动词)假定某事。

例如:

(3) 先生は化学の実験をした。(用法①)

(4) 彼は同級生にいたずらをした。(用法②)

(5) 彼らは重要な会議をした。(用法③)

(6) 先生が大きなくしゃみをした。(用法④)

(7) 彼女はマフラーをしている。(用法⑤)

(8) 息子は医者をしている。(用法⑥)

(9) 会社は彼を重役にした。(用法⑦)

(10) 彼らは昼食をカレーライスにした。(用法⑧)

(11) 警察は関係者以外の人が入ってこないようにした。(用法⑧)

(12) この工場はパルプを紙にする。(用法⑨)

(13) 事態を複雑にする。(用法⑩)

(14) このケーキはいい味がする。(用法⑪)

(15) 彼女は白い歯をしている。(用法⑫)

(16) この車は300万円もする。(用法⑬)

(17) 一時間すれば帰って来るでしょう。(用法⑬)

(18) 日が暮れようとしている。(用法⑭)

(19) 約束を果たしたことにする。(用法⑮)

(20) 私たちは先生を同窓会にお招きした。(用法⑯)

(21) もし雨がまだ降り続くとすると、川の堤防が危ない。(用法⑰)

(以上的例句来自小泉等编,1989:264-266)

由此可见,「する」是否用被动形式受到语义的制约。如小泉等编(1989:264-266)所示,只有在用法②"对他人他物实施某种动作行为"、用法⑦"让某人从事某种职业或担任某种职务"、用法⑨"将某物或某人变成他物或他人"、用法⑩"将某物从某种状态改为别的状态"这4种情况下才能够使用被动句,其他不能使用被动句或者使用被动句后并不能表被动。

工藤(1990:81)认为及物动词被动句具有3个功能:①受事作主语或话题,②施事退居幕后,③凸显变化结果。村木(1991:187-188)认为表动作作用的动词谓语句,使用主动句还是被动句与说话者的视点有关。当施事不明,或不愿意明示

施事,或施事不言自明,句子以受事为中心展开描述时,使用被动句。主动句凸显的是施事的行为动作,而被动句会弱化这种行为动作性,将事件作为一个整体来把握,描述的是一种状态。我们来看以下例句:

（22）婚礼の時には他にも様々ないたずらがされていた。尾張地方の西部では、披露宴が無事に済み、みんなが寝静まった後、ムラの若い衆が新婚の家に様々なものを持ち込む悪さをした。(『朝日新聞』2008)

（23）人形のサイズがばらばらのわりには、服が着まわせて便利なコたちです。実はチー・ケー姉妹は悪役にされていました。(『国語研日本語ウェブコーパス』)

（24）あんなことしてる人がたくさんいると、せっかく山Pがみんなと触れ合おうって思ってくれてるのに、どんどんトロッコが少なくなったり、柵が頑丈にされたりとガードが厳しくなるのは残念ですよね。(『国語研日本語ウェブコーパス』)

例句(22)—(24)中分别是「いたずら」「チー・ケー姉妹」「柵」作主语,表示受事,句中都没有施事共现,句子表述的焦点是「いたずら」「チー・ケー姉妹」「柵」的结果状态,即“婚礼时还发生了其他各种恶作剧”“「チー・ケー姉妹」被演绎成坏人角色”“栅栏被加固”,不是要表述谁实施了什么行为,所以使用被动句。

由此可见,「する」用作被动句时必须满足如下使用条件:受事作主语或话题,施事退居幕后或无须共现,句子表示的是受事的结果状态。

正因为「する」构成的主动句和被动句表示的意义不同,所以根据表达的需要,两者可以共现在同一语段中。例如:

（25）あなたが一枚の葉、一個の貝殻、一匹の小さなペットを大事にするのと同じように、まさにあなた自身も大事にされることになるのである。(ダン・カイリー著/加藤諦三訳『ピーター・パン・コンプレックス』)

（26）告訴断念を日本郵便が明らかにした記者会見では、こうした事実は明らかにされなかった。(『毎日新聞』2021)

（27）では、なぜ被曝があまり口にされなくなったのでしょうか?「自分の被曝への対応が他の人と違うと、変な人だと思われないか、という不安が一因です。被曝を口にするだけで、いまだに被曝を気にする神経質な人だと思われるんじゃないかと、心配する人もいます。」(『朝日新聞』2014)

在例句(25)中,视点置于「あなた」,当表示「あなた」珍惜某物时,「あなた」作主语,使用主动句「あなたが……を大事にする」;当不表示「あなた」的动作行为,而是表示对象「あなた自身」受到珍惜时,使用被动句「あなた自身が大事にされ

る」。在例句(26)中,定语小句中的「日本郵便」作主语表施事,所以需要使用主动句;「事実」作主语表受事,所以需要使用被动句。例句(27)也一样,表示"核辐射事件不怎么被人们提及了"这样的客观事件结果时,使用被动句;而表示"仅仅因为自己提到了核辐射事件"时,即施事主动提到某事时,使用主动句。

根据上述「する」的主动句与被动句的使用条件,现在我们来分析一下例句(1)和例句(2)的偏误用法。例句(1)「『草食男子』たちが男らしさを失い、弱くなったせいで、日本は大和民族の武士の魂を失ってしまったという言論はよく耳に〈した→される〉」凸显的是客观事件结果,需要表达的不是自己听到什么,而是别人的话被传到耳朵里,所以不能使用主动句,需要使用被动句。例句(2)「統語プライミングが予測エラーに基づく潜在学習を反映しているということは最近の研究によって明らかに〈した→された〉が……」需要表达的并不是施事自己通过研究阐明了某事,而是某事经过别人的研究得到了阐明,所以也只能使用被动句,不能使用主动句。

综上所述,「する」用作及物动词时,应该使用「する」,还是「される」,其使用条件基本如下:

① 当视点置于施事,施事作主语或话题,需要表达施事实施某动作行为或发挥作用使某状态成立时,只能使用「する」,不能使用「される」。

② 当视点置于受事,受事作主语或话题,需要表达客观事件结果,施事退居幕后或无须施事共现时,只能使用「される」,不能使用「する」。

1.10　应该使用「説明する」，
还是「説明される」？

　　小泉等編(1989:269)认为「説明する」表示就某事物向对方进行解释说明，既可以用于主动句，又可以用于被动句。例如：
　　(1) a. 弘は妻に事情を<u>説明した</u>。(小泉等編，1989:269)
　　　　 b. 事情が<u>説明された</u>。(小泉等編，1989:270)
　　(2) a. 医者が、神経症の治療法について<u>説明した</u>。(『国語研日本語ウェブコーパス』)
　　　　 b. 各治療法については、それぞれの節で詳細に<u>説明されている</u>ので参照されたい。(中井吉英『ストレスの事典』)
　　在例句(1)a和例句(2)a中，「弘」「医者」作主语或话题表施事，「事情」「治療法」表受事[①]，构成主动句「NP(施事)が/は＋NP(受事)を/について＋説明する」。在例句(1)b和例句(2)b中，「事情」「各治療法」作主语或话题表受事，构成被动句「NP(受事)が/について＋説明される」。被动句中的主语为无生物，句中需要施事共现时，通常使用「によって」标记。
　　「説明する」在什么情况下使用主动句，在什么情况下使用被动句，对日语学习者来说是一个难点。我们在『YUKタグ付き中国語母語話者日本語学習者作文コーパス』中常常可以看到日语学习者用错的句子。例如：
　　(3) 先行研究を纏めてみたら、いくつかの疑問が残った。一つは土俵が出現した具体的な時代と中国式の相撲との関係〈を説明しなかった→が説明されていない〉。(学部4年生/学習歴4年/滞日0/卒論)
　　(4) 日本歴史上、非常に有名な八岐大蛇について、広辞苑で以下のように〈説明している→説明されている〉。(M3/学習歴6年/滞日0/修論)
　　(5) 『日本人のタブーもう一つの日本文化の構造』で、日本人が忌み詞を使う理由について、次のように〈説明した→説明されている〉。(M3/学習

---

① 「について」表受事参照日本語記述文法研究会編(2009a:45)。

歴6年/滞日0/修論）

例句（3）—（5）都不能使用主动句，只能使用被动句。那么，「説明する」的主动句与被动句究竟有什么不同呢？

村木（1991：187-188）认为表动作作用的动词谓语句使用主动句还是被动句与说话者的视点有关。如下面的公式所示，描述的视点一般置于靠左侧的名词时句子会更自然，越靠左侧的名词越容易成为句子的主语。

人 ＞ 生物（除人之外） ＞ 物 ＞ 事件 ＞ 场所[①]

当施事不明，或不愿意明示施事，或施事不言自明，句子以受事为中心展开描述时，使用被动句。主动句凸显的是施事的行为动作，而被动句会弱化这种行为动作性，将事件作为一个整体来把握，描述的是一种状态。「説明する」的主动句和被动句的使用条件也是如此。例如例句（1）a「弘は妻に事情を説明した」和例句（2）a「医者が、神経症の治療法について説明した」需要表明的是谁实施了什么动作行为，即需要明确实施动作行为的施事，而不是什么动作行为得到了实施，现在处于什么结果状态，所以2个句子用的都是主动句。相反，例句（1）b「事情が説明された」和例句（2）b「各治療法については、それぞれの節で詳細に説明されているので参照されたい」需要表明的不是谁实施了什么动作行为，无须明确实施动作行为的施事，而是表达动作行为得到了实施，现在处于什么结果状态，所以2个句子用的都是被动句。也就是说，当视点置于施事并将施事作主语，需要凸显施事实施某种动作或行为时，使用主动句；当视点置于受事并将受事作主语或话题，需要凸显某事件的客观结果时，使用被动句。

正因为主动句和被动句的表义功能不同，所以2个句式可以共现在同一语段中，各表其义。例如：

（6）その重要な点の一つは、管轄権、李ライン、竹島等の問題について、韓国の国会で<u>説明されている</u>ことと、日本の国会で政府が<u>説明している</u>ことと、全く反対になっていることであります。(『参議院第050回本会議』)

（7）「仕事のことはリゲット氏からお聞きになったと思いますが、ここの仕事は肉体労働で、カラーに捺印することなのです。ちょっとこちらへいらっしゃい、説明しましょう」彼はそう言って彼女を一番近い作業台のところへつれて行った。そして、女工がカラーに捺印しているのを見せてから、トッド嬢を呼ばずに、以前彼自身が<u>説明された</u>とおりに<u>説明した</u>。(ドライザー著/大久保康雄訳『アメリカの悲劇』)

例句（6）中有2个"说明"的动作行为，一个是韩国国会上某人做的说明，一个

---

① 原文表述为大于号，表示成为主语的可能性大小。后同。

是日本国会上日本政府做的说明。这段话的视点放在日本政府上,以日本政府为中心展开表述,所以句中属于日本政府的动作行为的,需要将日本政府作主语表施事,使用主动句表达,而不属于日本政府的动作行为的,需要将受事用作话题,使用被动句表达。也就是说,「説明されている」指的是韩国方面的动作行为,表述的重点在客观结果;「説明している」指的是日本政府的动作行为,表述的重点在日本政府。例句(7)中「説明された」与「説明した」的不同也是如此。「説明された」指的是别人对「彼」做的说明,「説明した」指的是「彼」对「女工」做的说明,即"他把别人给他做的说明照葫芦画瓢地给女工说了一遍"。

根据上述「説明する」的主动句与被动句的使用条件,现在我们来分析一下例句(3)—(5)的偏误用法。例句(3)「先行研究を纏めてみたら、いくつかの疑問が残った。一つは土俵が出現した具体的な時代と中国式の相撲との関係〈を説明しなかった→が説明されていなかった〉」需要表达的不是谁没有说明"相扑台出现的具体时代与中国式相扑的关系",而是"相扑台出现的具体时代与中国式相扑的关系"没有得到说明,即需要表达的是一个客观的结果,所以只能使用被动句,而不能使用主动句。例句(4)「日本歴史上、非常に有名な八岐大蛇について、広辞苑で以下のように〈説明している→説明されている〉」、例句(5)「『日本人のタブーもう一つの日本文化の構造』で、日本人が忌み詞を使う理由について、次のように〈説明した→説明されている〉」也和例句(3)一样,例句(4)和例句(5)需要表达的都不是谁在书中关于某话题进行了说明,而是某话题在书中被如此说明,凸显的是客观结果,而不是施事及施事的动作行为,所以2个句子只能使用被动句,不能使用主动句。

综上所述,当「説明する」作谓语动词时,应该使用「説明する」,还是「説明される」,其使用条件基本如下:

① 当需要突出施事,将施事作主语或话题,明确表明动作行为是施事实施的时候,只能使用「説明する」,不能使用「説明される」。

② 当无须突出施事,或需要隐去施事,将受事作主语或话题,表达某事物的客观结果时,只能使用「説明される」,不能使用「説明する」。

1.11 应该使用「使う＋NP」，
还是「使われる＋NP」？

「使う」作定语时，在什么情况下使用主动句，什么情况下使用被动句，对日语学习者来说是一个难点。我们在『YUKタグ付き中国語母語話者日本語学習者作文コーパス』中经常看到日语学习者用错的句子。例如：

(1) 中国語は長い間〈使っている→使われている〉言葉だ。やく二千年の時間を経ながら、様々な成語が残っている。（学部 2 年生/学習歴 1 年半/滞日 0/作文）

(2) 日本語体系の中でさえ、めったに〈使わない→使われていない〉語彙がほかの言語に入ることはなかなか難しい。（M3/学習歴 6 年/滞日 0/作文）

(3) 大学の時に〈使われた→使っていた〉教科書がまだ残っている。全然読まないが、捨てがたい。（日本語教員/学習歴 18 年半/滞日 1ヶ月/作文）

例句(1)—(3)中的「使う」都是作定语，其中例句(1)和例句(2)的「使う」只能使用被动句，不能使用主动句；例句(3)正好相反，只能使用主动句，不能使用被动句。那么，使用「使う」的主动句和被动句有什么不同呢？

小泉等编(1989:313)认为「使う」表示为了达成某事而使用某物或某人、使用某种技艺或语言、花费时间等意思。例如：

(4) 彼女はいつも生徒たちに丁寧な言葉を使う。（小泉等編,1989:313）

(5) 次に歌詞面であるが、低学年用の文体には口語が用いられているもの の、高学年になると楽曲によっては非常に難解な言葉が使われている。（杉田政夫『学校音楽教育とヘルバルト主義』）

当句中的主语表施事、动词表示施事的动作时，如例句(4)所示，使用主动句。例句(4)中的「彼女」作主语表施事，「言葉」作宾语表受事，「使う」是施事的动作。相反，当句中的主语不表施事表受事时，如例句(5)所示，使用被动句。例句(5)中的「言葉」作主语表受事，句中无施事共现，「使う」不是主语受事的动作，而是主语

受事被实施的动作。

影山（2021:7,93,102）认为日语关注事件如何进展,可以从多个角度看待事件的进程,事件的起源（施事）、事件的变化过程、事件的结果都可以成为句子关注的内容。当需要表达主语的意志和责任时,通常施事作主语。当需要客观叙述事件自然而成的结果,或无须施事出现时,多使用非宾格不及物动词句。及物动词被动句与非宾格不及物动词句相似,都是受事作主语或话题,凸显受事的结果状态（桥本,1969:282;森田,2007:68）。工藤（1990:81）认为及物动词被动句具有3个功能:①受事作主语或话题,②施事退居幕后,③凸显变化结果。

例句（4）和例句（5）的不同也是如此。例句（4）是使用「使う」的主动句,表达作主语的施事的动作;例句（5）是使用「使う」的被动句,表达受事的结果状态。

志波（2009:216）认为当施事是不特定的众人且描述的事件是反复发生的习惯性事件时,「使う」的被动句表示受事被人们普遍使用的性质状态。例如:

（6）一方、<u>鉛白</u>は白色の顔料である。大変のびがよいので、昔は白粉として<u>使われた</u>が、鉛の毒作用で害が出たのでいまは<u>使われていない</u>。（志波,2009:216）

例句（6）是使用「使う」的被动句,无须施事共现,表达的是受事「鉛白」曾被（人们）用作妆粉,现在不再作此用途。也就是说,「使う」的被动句不是表达施事做（了）什么,而是用来表达受事的结果状态、受事怎么样了,而且还可以用来描述受事的性质状态。

当「使う」作定语时,主动句和被动句表达的意义也不同。例如:

（7）a.「私らチャッキーやから」。読者のみなさん、わかりますか。高校1年生の娘が、仲間うちで<u>使っている言葉</u>です。「ちゃっかり屋さん」という意味で、自分たちでつくったそうです。（『毎日新聞』2004）

　　b. さて、この店員の「千円からお預かりいたします」は、すでに日本全国のコンビニで<u>使われている言葉</u>ですが、違和感を覚える人もいるのではないでしょうか。（岩松研吉郎『日本語の化学』）

（8）a. 土曜日、私は久しぶりに家の掃除をした。<u>使っていない部屋</u>までやったら大変なので、居間やキッチン、それに書斎と寝室だけに留めた。（藤田宜永『恋しい女』）

　　b. ガードマンが、2年ほど前から<u>使われていない部屋</u>から炎が上がっているのを見つけたが、人が棟内にいたかどうかは不明。（『毎日新聞』1999）

在例句（7）和例句（8）的定语小句中,a使用的是「使う」的主动句,b使用的是「使う」的被动句。例句（7）a的定语小句中「高校1年生の娘」作主语表施事,定中结构表达的是施事的动作行为所涉及的受事,即"上高一的女儿在小伙伴中使用

的语言表达"。在例句(7)b的定语小句中作主语的「この店員の『千円からお預かりいたします』」不是施事，而是受事，小句中的动词「使われている」表达的是一种结果状态，即"这个营业员使用的「千円からお預かりいたします」已在日本全国的便利店(被)广泛使用"。例句(8)a与例句(8)b的不同也是如此。而且，久野(1978:169)、角田(2009:48)从视点和名词层次理论①的角度指出当施事是第一人称时，日语一般使用主动句，不使用被动句。例句(8)a中，施事是前句出现的第一人称「私」，「使っていない」表达的是「私」的动作行为，所以使用主动句。例句(8)b的「使われていない」表达的不是施事的动作行为，而是一种结果状态。例句(8)b中的「ガードマン」是「見つけた」的施事，而不是「使われていない」的主语。

综上所述，「使う」的主动句和被动句有如下不同：

① 主动句表达的是施事的动作行为。特别是表述第一人称施事作主语实施的动作行为时，只能使用主动句，不能使用被动句。作定语时，「使う」表达的也是施事的动作行为。

② 被动句表达的是受事的某种结果状态。作定语时，「使われる」的主语不是施事，而是受事，表达的也是受事的结果或性质状态。

正因为「使う」的主动句和被动句的表义功能不同，所以2个句式可以共现在同一语段中，各表其义。例如：

(9) その本によりますと、元来「イスラーム」というアラビア語は、預言者ムハンマドがはじめて使った言葉ではなく、ムハンマド以前のジャーヒリーヤ時代(無道時代)といわれる時代から、盛んに使われていた言葉であったということです。(狐野利久『イスラームのこころ、真宗のこころ』)

(10) では、「自分の言葉」とはどういう意味でしょう。それは、詩に使われている言葉が普通使っている言葉と同じであっても、作者の思いや、見方・考え方の深さ・広がり・味わいなどがその言葉に強くこめられていることです。(『朝日新聞』2013)

在例句(9)中，「使った」的主语是施事「預言者ムハンマド」，「使われていた」

---

① 角田(2009:48-49)沿用迈克尔·西尔弗斯坦(Michael Silverstein)的名词层次理论，指出日语主动句和被动句有如下不同(箭头表示动作的方向)。

1人称	2人称…… ……	动物	无生命物	
施事 ——————————————→ 受事				主动句:自然 被动句:不自然
受事 ←—————————————— 施事				主动句:不自然 被动句:自然

的主语是受事「『イスラーム』というアラビア語」,前者「使った」指的是施事「預言者ムハンマド」的动作行为,后者「使われていた」指的是受事「『イスラーム』というアラビア語」的结果状态,即"得到广泛使用"。例句(10)也是如此,「詩に使われている言葉」表示的是"诗中(被)使用的言语",「普通使っている言葉」表示"我们平常使用的语言",虽然后者没有出现施事,但主动句已经表明这是施事的动作行为。

根据上述「使う」的主动句与被动句的使用条件,现在我们来分析一下例句(1)—(3)的偏误用法。在例句(1)「中国語は長い間〈使っている→使われている〉言葉だ」中,用作小句主语(同时也是主句主语)的「中国語」不是「使う」的施事,而是受事,即"汉语是长期(被人们)使用的一种语言",所以定语小句中需要使用「使う」的被动句,不能使用主动句。在例句(2)「日本語体系の中でさえ、めったに〈使わない→使われていない〉語彙がほかの言語に入ることはなかなか難しい」中,没有施事共现,也补不出施事,所以不能使用主动句。从整句的语境来看,需要表达的是"很少(被人们)使用的词汇",所以定语小句中需要使用「使う」的被动句,不能使用主动句。

例句(3)「大学の時に〈使われた→使っていた〉教科書がまだ残っている。全然読まないが、捨てがたい」与例句(1)、例句(2)不同,句子需要表达的是"(我)上大学时用过的教材",而不是被别人使用过的教材,所以只能使用主动句,不能使用被动句。

综上所述,作定语时,应该使用「使う」,还是「使われる」,其使用条件基本如下:

① 当需要表达的是施事特别是第一人称的动作行为时,只能使用「使う」,不能使用「使われる」。

② 当需要表达的不是施事的动作行为,而是受事的结果及其性质状态时,只能使用「使われる」,不能使用「使う」。

1.12 应该使用「作る」,还是「作られる」?

　　小泉等编(1989:324)认为「作る」在表示制作某物、建造建筑物、创造作品、组建集团和组织、栽培作物等意义时,既可以用主动形式,又可以用被动形式。例如:

(1) a. ローマ帝国の弾圧を逃れたキリスト教の<u>修道士達が</u>、柔らかい岩をくり抜いて住居や<u>教会を作り</u>、キリスト教徒たちはこの地でペルシャやイスラム勢力に包囲され、絶えず脅威にさらされていました。(『国語研日本語ウェブコーパス』)

　　 b. 丘の上に大きな<u>教会が作られた</u>。(小泉等编,1989:324)

(2) a. 私たちの<u>祖先は</u>木の<u>文化を作って</u>きたのです。(『国語研日本語ウェブコーパス』)

　　 b. エジプトの<u>文化は</u>黒人によって<u>作られた</u>ではないか。(大岡昇平『俘虜記』)

　　在例句(1)a和例句(2)a中,「修道士達」「祖先」作主语表施事,构成主动句「NP(施事)が/は＋NP(受事)を＋作る」。在例句(1)b和例句(2)b中,「教会」「文化」作主语表受事,构成被动句「NP(受事)が/は＋作られる」。句中的施事不能用「に」,而需要用「によって」标记。

　　金水(2020:551)认为在典型的及物动词主动句中,施事是动力源,(经由某工具或手段)将力传递给受事使其发生某种变化。与之相对,在一般不出现施事的被动句中,受事作主语,关注的不再是施事的动作行为,而是事件的结果状态。「作る」也是如此,例句(1)a和例句(2)a凸显的是施事「修道士達」「祖先」实施「作る」这一动作行为。例句(1)b和例句(2)b凸显的是客观结果,而不是施事的动作行为。当需要施事共现时,可以用「～によって」「～の手で」等形式标记施事,作状语。[1]金水(2020:552)认为被动句中以「によって」标记的施事等同于工具手段,在句法上相当于状语,已不再是句子成立的必有论元。

---

① 工藤(1990:72-73)认为当无生物充当被动句的主语时,施事一般不使用「に」标记。

　　由此可见,主动句和被动句句式不同,表达的意思也不一样,这个应该不难理解。可是,我们在『YUKタグ付き中国語母語話者日本語学習者作文コーパス』中可以看到日语学习者用错的句子。例如:

（3）時にユニークなアイデアがあったら、従姉に伝え、また新しい服〈が作られました→を作りました〉。このようなゲームは、今から見ればつまらないけれども、その時はとても楽しんでいました。(学部3年生/学習歴2年半/滞日0/作文)

（4）林京子は上海で幼年と少女時代を送っていた。その個人的な体験をもとに、上海に関連した文学作品〈が作られた→を作っている〉。そして、三十六年後の1981年に、林京子は再び上海に戻って、上海、蘇州五日間の旅に出た。(学部4年生/学習歴3年半/滞日0/卒論)

（5）それぞれの竹の慣用句は、民間においていつ、誰〈が作った→によって作られた〉のかわからないが、長い間、言語生活で使われ続けている。(学部4年生/学習歴3年半/滞日0/卒論)

　　例句(3)和例句(4)都不能使用被动句,只能使用主动句;例句(5)正好相反,只能使用被动句,不能使用主动句。从上面的讨论中可以得知,「作る」这个动词既可以用在主动句中,又可以用在被动句中。我们再来看一些例句:

（6）a. 皆さんからいただいたご意見を参考に、素敵な服を作って、椛ちゃんに着せちゃいます!!(『国語研日本語ウェブコーパス』)

　　　b. ワンピースって、古代から簡易服として親しまれていたそうです。本当に歴史が深く、縄文時代にはすでにワンピースの形の服が作られてたという説もあるそうです。(『国語研日本語ウェブコーパス』)

（7）a. 著者は文学作品を作り、それを事実であると主張し、そして、あなたがこれらを実際の歴史であるとみなしているのではありませんか。(『国語研日本語ウェブコーパス』)

　　　b. 源信、明恵、親鸞など各宗の高僧によって多くの作品が作られ、日本の仏教の民衆化に、音声の面から大きな役割を果たし、近世語り物文芸に与えた影響も大きい。(『国語研日本語ウェブコーパス』)

（8）a. (さよなら三角またきて四角)言葉遊びですが、この言葉はだれが作ったのか(出典)と、続きがあったら教えてください。(『国語研日本語ウェブコーパス』)

　　　b. ユニバーサルデザインという言葉は、いつ、どこで、誰によって作られたのでしょうか。ユニバーサルデザインは、1980年代、アメリカのロナルド・メイスによって提唱されました。(『国語研日本語

ウェブコーパス』）

例句(6)a—(8)a是主动句,例句(6)b—(8)b是被动句。那么,为什么例句(3)—(4)不能使用被动句,而例句(5)必须使用被动句呢？

村木(1991:188)认为在表示"运动"①的事件中,使用主动句还是被动句与说话者的视点有关。一般来说,句子都是以人为描述中心或者以说话者一方为描述中心逐层展开的。如下面的公式所示,描述的视点一般置于靠左侧的名词时句子会更自然,越靠左侧的名词越容易成为句子的主语。

人　>　生物(除人之外)　>　物　>　事件　>　场所

当施事不明,或不愿意明示施事,或施事不言自明,句子以受事为中心展开描述时,使用被动句。「作る」的主动句和被动句的使用条件也是如此。一般来说,当视点置于施事,并以施事为主语时,使用主动句;当视点置于受事,并以受事为主语且动词是及物动词时,通常使用被动句。例句(1)—(2)及例句(6)—(8)中a和b的不同就是如此。

另外,奥津(1983:78)、工藤(1990:82)、金水(2020:555)认为主动句和被动句的选择还应遵循视点固定原则,也就是说尽量保持句子前后的主语及话题的一致性。例如:

(9)「ははあ、では、女中さんは、何時頃帰ったのですか。」「確か女中さんは、30分くらいあとで、一人で帰ってきたようでした。」「そうすると、11時半過ぎですね。」「それで、あの<u>女中さんは</u>、先生に<u>叱られていました</u>よ。」(工藤,1990:83)

(10) <u>新婦が</u>父親に<u>手を引かれて</u>式場に入場した。(金水,2020:555)

例句(9)是由多个句子构成的对话。在所有句子中,话题都是「女中さん」,为了保证前后话题的一致性,最后一个对话使用了被动句。例句(10)中有2个动作,「手を引く」和「入場する」。「新婦」作主语,但「手を引く」不是「新婦」的动作,「入場する」才是「新婦」的动作。为了保持主语的一致性,「手を引く」使用被动句,「入場する」使用主动句来表述。

例句(6)—(8)中a和b的不同也是如此。例句(6)a「皆さんからいただいたご意見を参考に、素敵な<u>服を作って</u>、桃ちゃんに着せちゃいます!!」中虽然施事没有出现,但从上下文可以得知,施事是说话人,即说话人实施「服を作る」这个动作,所以使用主动句。例句(6)b就不同了。例句(6)b「縄文時代にはすでにワンピースの形の<u>服が作られてた</u>という説もあるそうです」中没有出现施事,通常也不要求施事共现,句子需要表达的是绳文时代就已经有「ワンピースの形の服」了,而不是谁制作了「ワンピースの形の服」,所以使用被动句。例句(7)和例句

---

① 除了表示"运动"的主动句,还有表示"状态"的主动句,例如「みかんはビタミンCをふくんでいる」。

(8)中a和b的不同也是如此。a表述的是施事的动作行为,所以使用主动句,b表述的不是施事的动作行为,而是将受事作主语或话题并对此展开叙述,所以使用被动句。

　　根据上述「作る」的主动句与被动句的使用条件,现在我们来分析一下例句(3)—(5)的偏误用法。例句(3)「時にユニークなアイデアがあったら、従姉に伝え、また新しい服〈が作られました→を作りました〉」需要表达的是说话人的动作行为,即说话人「従姉に伝え」「また新しい服を作った」,而不是别的什么人「従姉に伝え」,由别的什么人「また新しい服を作った」,所以只能使用主动句,不能使用被动句,以此保证表施事的主语的动作一致性。

　　在例句(4)「林京子は上海で幼年と少女時代を送っていた。その個人的な体験をもとに、上海に関連した文学作品〈が作られた→を作っている〉」中,「林京子」作主语表施事,即创作「文学作品」的人,而不是将「文学作品」作主语进行叙述,所以句中只能使用主动句「(林京子は)文学作品を作っている〉」,不能使用被动句「(林京子は)文学作品が作られた」。

　　在例句(5)「それぞれの竹の慣用句は、民間においていつ、誰〈が作った→によって作られた〉のかわからないが、長い間、言語生活で使われ続けている」中,无论使用主动句「誰が作った」,还是使用被动句「誰によって作られた」,句子都符合语法规则,都可以成立。主动句「誰が作った」表达的焦点在施事的动作,被动句「誰によって作られた」表达的焦点不在施事的动作,而是对作为话题的受事进行陈述,即对作为话题的受事「竹の慣用句」展开陈述,而不是表达谁实施了「作った」这个动作,所以只能使用被动句,不能使用主动句。

　　综上所述,当「作る」作谓语时,应该使用「作る」,还是「作られる」,其使用条件基本如下:

①　当作主语或话题的成分表施事,需要表达施事实施的动作行为时,只能使用「作る」,不能使用「作られる」。

②　当作主语或话题的成分表受事,并需要对受事展开陈述时,只能使用「作られる」,不能使用「作る」。

③　当对一个话题展开陈述,并需要保持话题的一致性,凡是施事作话题或主语时,句中施事的动作行为用「作る」表述,他人实施的动作行为用「作られる」表述;凡是受事作话题或主语时,句中由他人实施的动作行为用「作られる」表述,由说话人自己实施的动作行为用「作る」表述。

1.13 应该使用「伝える」，
还是「伝えられる」？

什么时候应该使用「伝える」，什么时候应该使用「伝えられる」，日语学习者常常容易用错。例如：

（1）陰陽五行思想は早くも大陸から日本に〈伝えて→伝えられて〉、漢字が日本に伝わる時代に遡るかもしれない。（学部4年生/学習歴4年/滞日0/卒論）

（2）泰山の神信仰は第十八回の遣唐使に伴って入唐した日本の高僧円仁（慈覚大師）により日本に〈伝えた→伝えられた〉。（M3/学習歴6年/滞日0/修論）

（3）漫画、アニメ、ゲーム、ファッションで若者の注目を引き寄せている日本の文化は中国でも広く〈伝えている→伝えられている〉。（M3/学習歴6年/滞日0/修論）

在例句（1）—（3）中，「は」标记的「陰陽五行思想」「泰山の神信仰」「日本の文化」表受事，用作及物动词「伝える」的动作对象，但这3个句子都不能使用主动句，必须使用被动句。

在使用文字语言或音声语言传递信息、与人进行交流时，主要有2种方式：一种是交代清楚谁实施了什么动作行为；另一种是不涉及施事，只交代事件的结果。前者使用主动句，后者使用及物动词被动句或不及物动词句。例如①：

（4）a. 通行人が警察に事故のことを伝えた。（小泉等編，1989:328）

　　　b. 深川八幡祭にも当初は山車や屋台の行列があったことは文書で伝えられているが、何せ堀割川と橋が多いので、車で曳く山車にはそ

---

① 「伝える」是一个三价动词，即一般要求施事、受事、与事3个论元共现组成句子，例如例句（4）a中施事是「通行人」，受事是「事故のこと」，与事是「警察」。这样的三价动词构成被动句时，根据受事在句中充当的成分不同，可分为2种情况：一种是受事作主语的被动句；另一种是受事仍然作宾语的被动句，即保留宾语被动句。本文只讨论受事作主语的被动句。保留宾语被动句如「鳩山氏は、小沢氏から十分な情報を伝えられなかった」（于，2013:11），这种情况本文暂不讨论。

ぐわない。(林順信『東京都電慕情』)

(5) a. <u>村人たちは村の祭りを子孫に伝えてきた</u>。(小泉等編,1989:328)

b. 開祖神に鰹の豊漁と取引の様子を演じて見せ、今年も鰹が大漁で
しかも高値で売れるようにと願う予祝の<u>祭りが神津島に伝えられ
ている</u>。(外間守善『顕わすボディ/隠すボディ』)

在例句(4)a中,作主语的「通行人」是「警察に事故のことを伝えた」的施事,
即"行人把事故告诉了警察",句中凸显施事,即谁把什么事情告诉了谁。与此相
反,在例句(4)b中,作主语的「山車や屋台の行列があったこと」不是施事,而是
受事,句中不涉及施事,只用来表达「山車や屋台の行列があったこと」以文书的
形式被传承下来。在例句(5)a中,作主语的「村人たち」是「村の祭りを子孫に伝
えてきた」的施事,即"村里的人把村里的祭祀仪式传给了子孙",需要表达的是谁
做了什么事。与此相反,在例句(5)b中,作主语的「予祝の祭り」不是施事,而是
受事,句中不涉及施事,只用来表达「予祝の祭り」被(人)传到了神津岛。

池上(1981:213-237,280-283)认为日语是「なる的な言語」,即日语喜欢用表
结果状态的方式来传递信息,而不是用明确表示谁做了什么事情的方式来传递信
息。使用被动句传递信息可以不涉及施事,特别是不知道事情是谁实施的情况
下,日语尤其会首选不及物动词句或及物动词被动句,这样不会由于言外之意而
产生不必要的麻烦。例如,当犯罪嫌疑人被警察抓住时,汉语常说"警察逮捕了犯
罪嫌疑人"。而日语常说「容疑者が警察に捕まった」或「容疑者が逮捕された」,
除非语境需要,否则不会首选「警察が容疑者を逮捕した」这种表达方式。不及物
动词句「容疑者が警察に捕まった」也表被动义。使用及物动词被动句时,往往会
隐去施事「警察」。

也就是说,除非必须交代清楚是谁做了什么事情,日语一般首选不及物动词
或功能相当于不及物动词的被动句来表达,以此避免涉及施事。再例如:

(6) <u>うどんは江戸時代に坊さんが中国から日本に伝えた</u>、ということらし
いですよ。(『国語研日本語ウェブコーパス』)

(7) <u>うどんは江戸時代に坊さんによって中国から日本に伝えられた</u>、とい
うことらしいですよ。(作例)

在例句(6)中,用「は」标记作话题的「うどん」表受事,即宾语;用「が」标记作
主语的「坊さん」表施事,即动作行为「中国から日本に伝えた」的实施者。句子需
要表达的是把「うどん」从中国传到日本来的不是别人,是「坊さん」。例句(7)就
不同了。句中作主语或话题的是「うどん」,表达的重点不在施事「坊さん」,而在
「うどん」,即「うどん」由「坊さん」从中国传到了日本,施事「坊さん」退居到幕后,
句子的焦点置于受事的结果状态。村木(1991:198)认为表动作作用的动词构成
的主动句凸显的是施事的行为动作,而被动句会弱化这种行为动作性,将事件作

为一个整体来把握,描述的是一种状态。

正因为「伝える」的主动句与被动句的表义功能不同,所以2个句式可以共现在同一语段中,各表其义。例如:

(8) 坂上田村麻呂(七百五十八～八百十一)は、帰化人の血を引くといわれる。古代朝鮮から日本へ渡って大陸のすぐれた文化を伝え、日本に同化した人々の末裔ということなのだが、そうした血筋からか、身の丈は六尺に近く、赤面黄鬚、勇力は将の器を具えていたと、その偉丈夫ぶりが伝えられている。(児玉信『ぶらり東海道五十三次芸能ばなし』)

(9) ダレスと会ってかなり何か確信を深めたようだということも伝えられているのであります。これは新聞が伝えているんだから、ほんとうかどうか知りません。(『衆議院第24回予算委員会』)

在例句(8)中,「文化を伝え」的主语是「坂上田村麻呂」,表施事,句子表示"坂上田村麻呂传播中国优秀文化",凸显的是作主语的施事的动作行为。而「伝えられている」的主语是「その偉丈夫ぶり」,表受事,句子表示的是"其伟岸形象被人传颂",凸显的是客观的事件结果,而不是施事的动作行为。例句(9)也是如此,「かなり何か確信を深めたようだということも伝えられている」表达的是客观的事件结果,「これは新聞が伝えている」表达的是施事"报纸"对此进行了报道。

根据上述「伝える」的主动句与被动句的使用条件,现在我们来分析一下例句(1)—(3)的偏误用法。

例句(1)「陰陽五行思想は早くも大陸から日本に〈伝えて→伝えられて〉、漢字が日本に伝わる時代に遡るかもしれない」需要表达的是"阴阳五行思想早就被(人)从中国传到了日本",凸显的是客观事件结果,而不是施事的动作行为,所以这里只能使用被动句,不能使用主动句。例句(2)「泰山の神信仰は第十八回の遣唐使に伴って入唐した日本の高僧円仁(慈覚大師)により日本に〈伝えた→伝えられた〉」、例句(3)「漫画、アニメ、ゲーム、ファッションで若者の注目を引き寄せている日本の文化は中国でも広く〈伝えている→伝えられている〉」也和例句(1)一样,需要表达的是「泰山の神信仰」被(人)传到日本、「日本の文化」在中国被(人)广为传播这样的客观事件结果,而不是施事把「泰山の神信仰」传到日本、施事在中国传播「日本の文化」这一动作行为,所以也都只能使用被动句,不能使用主动句。

综上所述,当「伝える」作谓语动词时,应该使用「伝える」,还是「伝えられる」,其使用条件基本如下:

① 当需要施事作主语或话题,表达施事把受事传给某人某处这一动作行为且无须敬语表达时,只能使用「伝える」,不能使用「伝えられる」。

② 当需要受事作主语或话题,表达受事被传给某人某处这一客观事件结果,施事退居幕后或无须施事共现时,只能使用「伝えられる」,不能使用「伝える」。

1.14 应该使用「発表する」，
还是「発表される」?

柴田,山田編(2002:347)认为「発表する」表示将只有相关者才知道的信息广而告之,例如「それでは、受賞者を発表します」。但是,看起来并非很难使用的动词,什么时候使用主动句,什么时候使用被动句,对日语学习者来说似乎不太容易掌握,所以我们常常可以看到用错的句子。例如：

(1) 来年1月、彼の映画 *Bandage*〈を発表します→が発表されます〉。私は絶対に見ますよ。(学部1年生/学習歴1年/滞日0/作文)

(2) AさんがBさんを殴ったのも試験の後、成績〈を発表した→が発表された〉ばかりの時でした。(M1/学習歴5年/滞日0/作文)

(3) 5月31日、奨学金申請の結果〈を発表しました→が発表されました〉。たまたま運が良くて、合格しました。(M2/学習歴7年/滞日2年/作文)

例句(1)—(3)需要使用被动句,不能使用主动句。这是为什么呢?

久野(1978:169)认为说话者的视点最容易贴近主语,其次为宾语,而很难贴近被动句的旧主语(即主动句的主语),即"E(主语)＞E(宾语)＞E(被动句的旧主语)"。奥津(1992:5)、金水(1992:17)认为说话者的视点决定了句中谁作主语。当说话者的视点置于施事时,使用主动句;当说话者的视点置于受事时,使用被动句。

益岡(1987:191-192)认为在与施事有关的句子中,主动句表达的是施事引发了某事件。当更加关注事件的发生而不是引发事件的施事是谁时,主动句中的施事就不再居于「が」格的位置,其他名词(通常为受事名词)取而代之升至「が」格的位置,施事退居幕后,谓语动词使用被动形式。这样的被动句只是暗含施事的存在,一般无须施事共现。「発表する」的主动句和被动句的不同也是如此。我们来看以下例句：

(4) 気象庁は、北アルプス・立山連峰の弥陀ケ原について、噴火警戒レベルの運用を30日午後2時から始める。火山活動の状況によって、1(活火山であることに留意)～5(避難)の5段階のレベルと、レベルごとの

「警戒が必要な範囲」や「とるべき防災対応」を<u>発表する</u>。弥陀ケ原は、地震計などで24時間監視する「常時観測火山」の一つ。レベルや判定基準は、県や有識者などで作る弥陀ケ原火山防災協議会がまとめた「弥陀ケ原火山ハザードマップ」に基づいて設定された。運用開始時点で火山活動に特段の変化がない場合は、レベル1が<u>発表される</u>。(『朝日新聞』2019)

（5）県内で21日、新たに38人の新型コロナウイルスの感染が<u>発表された</u>。内訳は、広島市16人、福山市8人、尾道市7人、府中町5人、三原市2人。また、広島市は1人の死亡を<u>発表した</u>。(『朝日新聞』2021)

例句(4)和例句(5)中既使用了「発表する」的主动句，又使用了被动句，句中有2个主要的内容：一个是谁公布什么，另一个是什么被(谁)公布。例句(4)中，「発表する」的主语是「気象庁」，表施事，「1(活火山であることに留意)～5(避難)の5段階のレベルと、レベルごとの『警戒が必要な範囲』や『とるべき防災対応』」作宾语，表受事，该句表示施事「気象庁」公布了「5段階のレベルと、レベルごとの『警戒が必要な範囲』や『とるべき防災対応』」，表述的视点在施事「気象庁」上。而「運用開始時点で火山活動に特段の変化がない場合は、レベル1が<u>発表される</u>」就不同了。作主语的「レベル1」不是施事，而是受事。表述的视点不在施事上，而在受事上，所以句中隐去施事，只是客观地表述事件的结果。可见，主动句和被动句的选择使用与说话人的表达视点有着密切的关系。例句(5)与例句(4)一样。在「県内で21日、新たに38人の新型コロナウイルスの感染が<u>発表された</u>」中，「38人の新型コロナウイルスの感染」作主语表受事，说话人的视点置于受事，表述的是一个客观事实。而在「広島市は1人の死亡を<u>発表した</u>」中，「広島市」作主语表施事，视点在施事上，表示施事实施了「発表する」这个动作行为。由此可见，例句(4)和例句(5)中主动句和被动句的视点不同，所以句中的「発表する」与「発表される」不能互换，否则句子不能成立。

由此可见，「発表する」的主动句与被动句有如下不同：

① 当表达的视点需要置于施事，表示施事实施「発表する」这个动作行为时，需要使用主动句。

② 当表达的视点不在施事而在受事上，而且受事作主语时，需要使用被动句。

除此之外，如「(私は)勝手に<u>結果を新聞に発表されて</u>しまった」所示，受事也可以继续保留在宾语的位置上，同时使用被动句。这种被动句称作保留宾语被动句，通常作主语的成分，表受影响者。这个句式不是本文讨论的对象，所以不再赘述。

实际上，例句(4)和例句(5)中使用被动句的地方直译成汉语被动句会很不自

然,汉语一般会使用主动句来表达。这是因为汉语与日语的主动句和被动句的使用条件不同。池上(1981:227,280)认为日语主动句和被动句的根本区别在于:主动句明示施事,句子的焦点置于施事,以一种「する的な観点」表述事件;与之相对,被动句避免提及施事,将焦点置于整个事件的发生上,以一种「なる的な観点」表述事件。从语言类型来看,日语是「なる的な言語」,而英语与日语不同,主要以「する的な観点」来表述事件,在这一点上,汉语与英语有很多相似之处。因此,汉语大多喜欢使用主动句来表达在日语中属于被动的事件。

根据上述「発表する」的主动句与被动句的使用条件,现在我们来分析一下例句(1)—(3)的偏误用法。例句(1)「来年 1 月、彼の映画 *Bandage*〈<u>を発表します→</u><u>が発表されます</u>〉」需要表达的不是谁实施「発表する」这个动作行为,句中也没有出现施事,而是需要表达「彼の映画 *Bandage*」将由某单位发布,即视点在受事「彼の映画 *Bandage*」上,表述受事「彼の映画 *Bandage*」将会如何,所以句中只能使用「発表される」,不能使用「発表する」。例句(2)「A さんが B さんを殴ったのも試験の後、成績〈<u>を発表した→が発表された</u>〉ばかりの時でした」和例句(3)「5 月31 日、奨学金申請の結果〈<u>を発表しました→が発表されました</u>〉」也和例句(1)一样,例句(2)和例句(3)的视点都在受事「成績」「結果」上,需要表达的是受事「成績」「結果」被公布出来,而不是谁公布了「成績」「結果」,所以这 2 个句子同样只能使用「発表される」,不能使用「発表する」。

综上所述,应该使用「発表する」,还是「発表される」,其使用条件基本如下:

① 当视点置于作主语的施事,需要表达施事实施「発表する」这个动作行为时,只能使用「発表する」,不能使用「発表される」。

② 当视点置于作主语的受事,需要表达受事的结果时,只能使用「発表される」,不能使用「発表する」。

1.15　应该使用「反映する」，
还是「反映される」?

「反映する」用作及物动词[①]时，什么情况下应该使用主动句，什么情况下应该使用被动句，对日语学习者来说不太容易掌握，所以我们在『YUKタグ付き中国語母語話者日本語学習者作文コーパス』中常常看到日语学习者用错的句子。例如：

(1) 日本では、漢字の形から得られるイメージを重視する傾向が強いということ〈をここに反映している→がここに反映されている〉のである。また、「八」を「意志が強い」と関連させて、日本の諺には「七転び八起き」がある。(学部4年生/学習歴3年半/滞日0/卒論)

(2) しかし、そういう制度が検討された背景には当時の国有企業の待遇の良さ〈を反映している→が反映されている〉。(学部4年生/学習歴3年半/滞日0/卒論)

(3) この二つ相反的な表現は側面から安藝治の潜在的な女に対しての態度を〈反映された→反映している〉。(学部4年生/学習歴3年半/滞日0/卒論)

(4) 対等な仲間意識が強くなるから、学校で男女無差別の教育を受けた。これは日本社会の民主化の成果の一つのことを側面から〈反映される→反映している〉ものであろう。(学部4年生/学習歴3年半/滞日0/卒論)

例句(1)和例句(2)只能使用被动句，不能使用主动句。相反，例句(3)和例句(4)[②]需要使用主动句，不能使用被动句。那么，「反映する」用作及物动词时主动

[①] 北原編(2021:1357)认为「反映する」表示光或色彩反射映照、(把)某事物的影响反映出来时，兼有不及物动词和及物动词的性质，例如「夕日が川面に反映する」「世相を反映した事件」，前者用作不及物动词，后者用作及物动词。

[②] 例句(3)和例句(4)采用了保留宾语的用法，即主动句的宾语在被动句中可以继续用作宾语，语法上没有错，但因为这不是本书讨论的内容，所以不再赘述。

句与被动句之间有什么不同呢？

「反映する」用作及物动词时，施事可以是有生物，也可以是无生物。例如：

（5）a. 道内7空港の一括民営化を巡り、各空港を管理する国、道、旭川市、帯広市の4者は13日、基本的な実施方針について合意した。……<u>4者は民営化にあたり、民間事業者の意向を可能な限り反映しよう</u>と「投資意向調査」（マーケットサウンディング）を昨年実施。（『朝日新聞』2018）

　　　b. 判決では、指名回避は「選挙の対立候補を支持した業者を公共工事の入札で冷遇するという元市長の<u>意向が市幹部によって反映されたもの</u>」と指摘。（『朝日新聞』2019）

（6）a. 当日有権者数は3万7419人で、<u>投票率は有権者の関心の高さを反映し</u>、前回（50.54％）を約10ポイント上回る60.92％だった。（『朝日新聞』2005）

　　　b. アメリカの売血による血液製剤がなぜ、水際でストップされなかったのか、答えを知る風間証人への<u>関心の高さが傍聴席の人いきれに反映されていた</u>。（桜井よしこ『エイズ犯罪血友病患者の悲劇』）

在例句（5）a中，「4者」作主语表施事，「民間事業者の意向」作宾语表受事，「反映しよう」是作主语的有生物施事的意志性行为，因此使用主动句。在例句（5）b中，「元市長の意向」作主语表受事，「反映された」表示动作已经实施和现在的状态，因此使用被动句。施事「市幹部」在被动句中用作状语，用「によって」标记。

在例句（6）a中，无生物「投票率」作主语，表行为主体[①]，「関心の高さ」作宾语表受事，「反映し」是作主语的行为主体的动作行为，句子表示"投票率反映了有投票权的人对此事关心度之高"。相反，当句中的主语不表施事，而是表受事时，如例句（6）b所示，需要使用被动句。在例句（6）b中，「関心の高さ」作主语表受事，「反映されている」表示动作行为实施后的结果状态。原本在主动句中作主语表施事的「傍聴席の人いきれ」，在被动句中作状语，用「に」标记。栗原（2005：182）认为「反映する」的被动句表示的是一种存在状态。志波（2009：285）也认为「反映する」的被动句与其说表示一种运动变化，不如说表示的是一种静态关系。

由此可见，「反映する」的主动句和被动句的使用条件是不同的：

---

① 志波（2009：285）认为在由「反映する」等构成的主动句中，无生物主语不是典型的「行為者」，本文暂时称之为"行为主体"（有的称之为"主事"。"主事"是语法研究专业术语，不太好理解，所以这里使用"行为主体"，即行为的发出者）。

① 主动句中的及物动词「反映する」要求有生物施事作主语，或者无生物行为主体作主语，受事不能作主语。相反，被动句中的「反映される」要求受事作主语，或者在保留宾语被动句中要求受影响者作主语，有生物施事或者无生物行为主体不能作主语。

② 及物动词「反映する」表示施事或行为主体实施的动作行为，而「反映される」表示某种事实或某种结果状态。

正因为「反映する」与「反映される」的表义功能不同，所以两者可以共现在同一语段中，各表其义。例如：

（7）伊藤正史局長は「自動車関連をはじめ、幅広い製造業の生産回復が徐々に求人増に<u>反映されている</u>」としている。7月の有効求人数は前月比 0.4%増の 12 万 5540 人だった一方、有効求職者数は4.1%減の 9 万 9596 人となった。求職者の減少は、離職者が減って仕事を探さざるを得ない人も減ったことなどを<u>反映している</u>という。（『朝日新聞』2021）

（8）美人画は絵画のテーマとしては古今東西、普遍的なものだが、時期によって技法だけでなく、作家たちの「美」への意識も異なる。時代背景や当時の流行なども色濃く<u>反映されており</u>、社会学的視点から美人画を読み解くことで、「女性の社会進出」や「雑誌や新聞が広めた美人画」など新たな考察を加えたという。「大正時代が特に面白い」と企画した学芸員の武内治子さんは話す。「大正デモクラシー」に象徴されるように、個人の権利が主張されるようになった時代を<u>反映し</u>、絵も人物の内面を表現するようになった。（『朝日新聞』2018）

在例句（7）中，「反映されている」的主语是「生産回復」，表受事，而句中「反映している」的主语是「求職者の減少」，表行为主体。前者「生産回復が徐々に求人増に<u>反映されている</u>」表示的是现在仍在持续的一种结果状态，与谁要实施什么动作行为无关。后者「求職者の減少は、離職者が減って仕事を探さざるを得ない人も減ったことなどを<u>反映している</u>」指的是行为主体「求職者の減少」的动作行为，虽然也是一种结果状态，但与被动句中的结果状态不同。被动句中的结果状态只是客观的状态，无须表述施事或行为主体这些动因，而主动句中的结果状态是由施事或行为主体引起的，需要表述施事或行为主体等动因。也就是说，两者最大的不同在于是否需要表达动因。例句（8）也是如此。「時代背景や当時の流行なども色濃く<u>反映されており</u>」表示的是受事「時代背景や当時の流行など」在「美人画」中出现和存在的状态，而「美人画は……個人の権利が主張されるようになった時代を<u>反映し</u>、絵も人物の内面を表現するようになった」表示行为主体「大正時代の美人画」的动作行为，即"美人画反映出伸张个人权益的时代特

征"。从上述讨论中可以得知,选择使用「反映する」,还是「反映される」,关键取决于说话人采用何种视点来表述动作行为。如果站在施事或行为主体的角度来表述动作行为,突出施事或行为主体的参与度,需要使用「反映する」,不能使用「反映される」。相反,如果站在客观的角度来表述某个事实或某种结果状态,无须突出施事或行为主体的参与度,则需要使用「反映される」,不能使用「反映する」。因此,上述2个例句中的「反映する」与「反映される」不能互换,否则句子不能成立,因为违反了语法规则,也不符合说话人的表述视点。

根据上述「反映する」与「反映される」的使用条件,现在我们来分析一下例句(1)—(4)的偏误用法。在例句(1)「日本では、漢字の形から得られるイメージを重視する傾向が強いということ〈をここに反映している→がここに反映されている〉のである」中,视点在受事上,需要表达的是受事现在处于何种状态,所以句中只能使用「反映されている」,不能使用「反映している」。这是因为虽然「反映している」也能用来表状态,但句中需要行为主体作主语,并将视点放在行为主体上,但是句中找不到也补不出行为主体。例句(2)「そういう制度が検討された背景には当時の国有企業の待遇の良さ〈を反映している→が反映されている〉」与例句(1)相同,视点也在受事上,不在行为主体上,而且句中也找不到、补不出行为主体,句中需要表达的是受事现在的状态,不是行为主体实施「反映する」这个行为且状态至今留存,所以句中也只能使用「反映されている」,不能使用「反映している」。

例句(3)—(4)与例句(1)—(2)正好相反。在例句(3)「この二つ相反的な表現は側面から安藝治の潜在的な女に対しての態度を〈反映された→反映している〉」中,「この二つ相反的な表現」作主语表行为主体,「態度」作宾语表受事,句子表达的是行为主体实施「側面から安藝治の潜在的な女に対しての態度を反映する」这个行为且状态至今留存,并无改变,所以句中需要使用「反映している」,不能使用「反映された」。如果使用「反映された」,则视点发生变化,「この二つ相反的な表現」从行为主体变为受事。上面我们稍稍提到过,日语有一种被动句叫作保留宾语被动句,即「NP$_1$は+NP$_2$を+V(ら)れる」。构成这种被动句是有条件的,NP$_1$必须是受影响者。如「男は頭を殴られた」所示,句中的「男」是受影响者,其身体的某个部分被别人打了,自己受到了某种影响。但是,例句(3)中的「この二つ相反的な表現」不是受影响者,句中也找不到受影响者,所以从句法规则上讲,这个句子也不能使用保留宾语被动句。例句(4)「これは日本社会の民主化の成果の一つのことを側面から〈反映される→反映している〉ものであろう」也是如此。句中的视点在行为主体「これ」上,而不在受事「日本社会の民主化の成果の一つのこと」上,而且「これ」并非受影响者,而是行为主体,所以该句也只能使用「反映している」,不能使用「反映される」。

综上所述,应该使用「反映する」,还是「反映される」,其使用条件基本如下:

① 当视点在施事或者行为主体,需要表达的是作主语的施事或行为主体发出"反映"这个行为动作时,只能使用「反映する」,不能使用「反映される」。

② 当视点在受事或受影响者,需要表达的是作主语的受事或受影响者的客观结果,无须涉及施事或行为主体的参与度时,只能使用「反映される」,不能使用「反映する」。

1.16　应该使用「引き付ける」，还是「引き付けられる」?

在『YUKタグ付き中国語母語話者日本語学習者作文コーパス』中，我们可以看到应该使用「引き付けられる」的地方却错用了「引き付ける」的偏误现象。例如：

(1) ワンピースを見て、わたしはこのアニメに〈引き付けてしまった→引き付けられてしまった〉。(学部2年生/学習歴1年半/滞日0/作文)

(2) 日本語は聞いても分かりませんが、単純にその素晴らしい想像力に〈引き付けた→引き付けられた〉のです。(学部3年生/学習歴2年/滞日0/作文)

(3) それと同時に、兵士と一緒に危険を顧みないで、第一線に赴いた従軍記者にも〈引きつけた→引きつけられた〉。彼らの勇気に私の心は揺り動かされた。(8級試験)

例句(1)—(3)都需要使用「引き付けられる」，不能使用「引き付ける」。我们使用语料库『国語研日本語ウェブコーパス』『筑波ウェブコーパス』进行了检索，结果发现「(NPは＋)NPに＋引き付ける」和「(NPは＋)NPに＋引き付けられる」都是成立的。例如：

(4) a. この新時代対応の「面」としての技術基盤はマザー・テクノロジー基盤として多くのベンチャーや大企業、外国企業、研究者をその周りに引き付ける。(『筑波ウェブコーパス』)

b. 多くの若い女性は幻想的な流行の周りに引き付けられる。(『国語研日本語ウェブコーパス』)

(5) a. 「文化」という言葉にひきつけて話すなら、ドイツと日本の共通性は、基本的に後進性という意識でしょうね。(『筑波ウェブコーパス』)

b. その事件後、担任が話したことばにひきつけられ、一気に読んでしまったという記憶があります。(『筑波ウェブコーパス』)

（6）a.『富の未来』や『フラット化する世界』などと、同様のテーマです。国際経済を論じているので、あまり<u>個人に引き付けて</u>考えることができないかもしれません。（『筑波ウェブコーパス』）

　　　b. お二人共とても自然体で暖かい方で、素材の前にすっかり<u>お二人に引き付けられて</u>しまいました。（『国語研日本語ウェブコーパス』）

在例句（4）—（6）中，a使用的是主动句，b使用的是被动句。既然如此，例句（1）—（3）使用主动句为什么会被判断为偏误用法呢？

時枝，吉田編（1983：1750）认为「引き付ける」用作不及物动词时，表示痉挛；用作及物动词时，有如下3种用法：

① 拉到近旁，使靠近；

② 吸引他人的注意；

③ 套用某情形来看待问题，附会。

例如：

（7）磁石が鉄を<u>引き付ける</u>。（時枝，吉田編，1983：1750）

（8）美しい日本の<u>着物</u>は、多くの人々の<u>関心を引き付け</u>、大人気でした。（『筑波ウェブコーパス』）

（9）<u>彼</u>は、その按語において、この「海寇議」と浙江巡撫朱紈の『甓余雑集』とが相表裏するものとして併せ読むことを勧め、海禁問題を<u>後者の立場に引きつけて</u>解釈したようである。（『筑波ウェブコーパス』）

在例句（7）中，「磁石」作主语，表施事，句子表示施事使受事靠近，即"磁铁吸引铁"。在例句（8）中，「着物」作主语，是「多くの人々の関心を引き付け」的诱因，句子表示"和服吸引了许多人的关注"。在例句（9）中，「彼」作主语，表施事，句子表示施事将受事「海禁問題」放在「後者の立場」来解释，即"他站在后者的立场上解释了海禁问题"。由此可见，「引き付ける」用作及物动词时，句子都表示主语所表的人或事物致使受事在物理距离或抽象距离上位移至某处。

例句（7）和例句（8）的主动句中都没有「に」格共现，也就是说，是否共现「に」格并不影响句子的成立。我们来看以下「に」格共现的例句：

（10）旅籠屋が増加し、訴訟に出て来た人ばかりでなく、附近に問屋街が集中するようになると、馬喰町の宿屋へ泊って、品物を宿屋へ持参させ、じっくり品物を選ぶといった傾向になり、<u>問屋と宿屋</u>がうまく<u>地方の人々を</u>此処に引きつけてきたのだそうです。（『筑波ウェブコーパス』）

（11）きらきら輝く<u>宝石</u>は、<u>人の目を</u>それに<u>引きつけ</u>、容姿の欠点が目にとまらないようにする。（『筑波ウェブコーパス』）

例句(10)和例句(11)都是主动句,句中都有「に」格共现。例句(10)的「此处」表示终点处所,而不是施事。例句(11)的「それ」表示终点物体,也不是施事。由此可见,「引き付ける」用作及物动词构成主动句时,必须满足以下使用条件:当需要施事或诱因作主语或话题,表示施事或诱因致使受事位移至某处时,使用主动句,当需要受事位移的终点共现时,用「に」标记。

寺村(1982:206,212)认为句子一般以施事作为事件的主角进行描述,但当事件中存在施事和受事时,会以受事为主角来描述事件,它们的差别在于说话者关注的是"谁做了什么",还是"谁的身上发生了什么事情/谁处于什么状态"。也就是说,当描述的是某一种变化时,说话者的关注点是引发变化的人或原因,还是变化承受者的结果状态。被动句以受事为主角进行描述,表达的是主语受到外界的动作作用。奥津(1992:5)、金水(1992:17)、角田(2009:49)也认为说话者的视点决定了句中谁作主语。当说话者的视点置于施事时,使用主动句;当说话者的视点置于受事时,使用被动句。及物动词「引き付ける」的主动句与被动句的选择也是如此。再例如:

(12) 自画像を描いたスケッチブックを見せてくれたとき、絵の合間にいろいろと書いてある<u>言葉に私は引き付けられた</u>。(西村美智代『おぼけさま』)

(13) 金属の場合は、たとえば正の電荷が表面に近づくと<u>自由電子は表面近くに引き付けられ</u>、ほんの少し表面近くに多く存在するようになります。(『国語研日本語ウェブコーパス』)

例句(12)表示「私」被「言葉」吸引,即"我被留言吸引住了",而不是"留言吸引住了我"。说话者的视点在「私」上,「私」作主语,表受事,用「に」标记的「言葉」是吸引「私」的原因。例句(13)表示"自由电子被吸引至表面附近",说话者的视点在「自由電子」上,「自由電子」作主语,表受事,施事和诱因没有共现,用「に」标记的「表面近く」不表施事或诱因,表示的是自由电子位移的终点。

由此可见,「引き付ける」作及物动词构成被动句时,必须满足以下使用条件:当需要受事作主语或话题,表示某人或某物被吸引住时,使用被动句,句中的「に」既可以标记施事或诱因,也可以标记受事位移的终点。

根据上述「引き付ける」的主动句和被动句的使用条件,现在我们来分析一下例句(4)—(6)。在例句(4)a「この新時代対応の『面』としての<u>技術基盤</u>はマザー・テクノロジー基盤として多くのベンチャーや大企業、外国企業、研究者<u>をその周りに引き付ける</u>」中,「技術基盤」作主语表诱因,「ベンチャーや大企業、外国企業、研究者」作宾语表受事,用「に」标记的「その周り」表受事位移的终点,句子表示施事把受事吸引到某处,即"这种应对新时代以'面'拓展开的技术基底把许多风投企业、大企业、外企、研究者吸引到它周围"。例句(4)b与例句(4)a不

同。在例句(4)b「多くの若い<u>女性</u>は幻想的な流行の<u>周りに引き付けられる</u>」中，「女性」作主语表受事，用「に」标记的「幻想的な流行の周り」表受事位移的终点，即"许多年轻女性被吸引到脱离现实的流行周围"。

例句(5)—(6)中a与b的不同也和例句(4)一样，a中作主语的成分(没有出现但可以补全)表施事，「『文化』という<u>言葉にひきつけて</u>話すなら」表示如果套用"文化"这个词来谈的话，「あまり<u>個人に引き付けて</u>考えることができないかもしれない」表示也许不能太过牵强地从个人角度来考虑，句中「に」格表示受事位移的终点(即谈论和思考的内容位移至某处)。与之相对，b中作主语的成分(没有出现但可以补全，是说话者自己)不表施事，而是表受事，「担任が話した<u>ことばにひきつけられ……</u>」「素材の前にすっかり<u>おに人に引き付けられてしまいました</u>」表示说话者被「ことば」「お二人」吸引，句中「に」格表示诱因或施事。

有时根据表达的需要，「引き付ける」的主动句和被动句可以共现，不会出现语义冲突。例如：

(14) 彼の息子アブシャロムがエルサレムを父から奪ったとき、彼についていった人々、彼を助けた人々には異邦人がたくさんいました。次、20節を見ると、<u>異邦の諸国が引き付けられて</u>エルサレムに来ることが書かれていますが、このように彼のうちにある砕かれた、へりくだった<u>心は</u>、周りの<u>人々を引き付ける</u>こととなったのです。(『筑波ウェブコーパス』)

(15) <u>「飛行船」</u>は三十年近い伝統をもつ劇団で、構成や音楽、舞台装置を含め、<u>子供たちを引き付ける</u>力には定評がある。会場には舞鶴、福知山両市や大江町からも、小さい子の手をひいた母親たちが訪れた。<u>子供たちは</u>幕が開くと、ぬいぐるみの人形が繰り広げる夢のあふれた<u>舞台に引き付けられ</u>、身を乗り出すようにして楽しんでいた。(『毎日新聞』1993)

在例句(14)中，当视点在受事「異邦の諸国」时，使用被动句，表示异邦诸国的人被吸引来到耶路撒冷；当视点在诱因「彼の心」时，使用主动句，表示他的态度吸引周围的人。例句(15)也是如此。在例句(14)和例句(15)中，主动句和被动句共现时，作主语的成分不同，即说话者的视点做了切换。例句(14)从受事的角度切换为从诱因的角度进行表述，例句(15)从施事或诱因的角度切换为从受事的角度进行表述。实际上，例句(14)和例句(15)中的被动句与主动句的施事和受事几乎相同，同一语段中说话者视点的切换是为了凸显不同的表述焦点。当句子表述的焦点在施事或诱因引发事件时，使用主动句；当句子表述的焦点在受事的结果状态时，使用被动句。

根据上述「引き付ける」的主动句与被动句的使用条件，现在我们来分析一下

例句(1)—(3)的偏误用法。例句(1)「ワンピースを見て、わたしはこのアニメに〈引き付けてしまった→引き付けられてしまった〉」需要表达的是"我被这部动画片吸引住了"，「私」作主语表受事，用「に」标记的「このアニメ」表诱因，所以只能使用被动句，不能使用主动句。例句(2)「日本語は聞いても分かりませんが、単純にその素晴らしい想像力に〈引き付けた→引き付けられた〉のです」、例句(3)「兵士と一緒に危険を顧みないで、第一線に赴いた従軍記者にも〈引きつけた→引きつけられた〉」也和例句(1)一样，句中隐去了第一人称主语，都是要表达说话者自己被某人或某事物吸引住，用「に」标记的「想像力」「従軍記者」都表诱因，所以都只能使用被动句，不能使用主动句。

综上所述，应该使用「引き付ける」，还是「引き付けられる」，其使用条件基本如下：

① 当需要施事或诱因作主语或话题，表示施事或诱因致使受事位移至某处时，只能使用「引き付ける」，不能使用「引き付けられる」。

② 当需要受事作主语或话题，施事或诱因用「に」标记，表示受事被吸引住时，只能使用「引き付けられる」，不能使用「引き付ける」。

1.17 应该使用「含む＋NP」，
还是「含まれる＋NP」?

小泉等編(1989：454)认为「含む」有如下3种用法：

① 将某物放入口中，并含在嘴里；

② 某物或者某集团包含某个部分；

③ 内心某种情感呈现于表情。

以上用法中，用法①和用法②能构成直接被动句，而用法③不能。例如：

（1）a. 子供がジュースを口に<u>含む</u>。(用法①)

　　　b. 口の中にジュースが<u>含まれた</u>。

（2）a. イチゴはビタミンCを多量に<u>含む</u>。(用法②)

　　　b. ビタミンCが多量に<u>含まれている</u>。

（3）a. 彼女は目に憂いを<u>含む</u>。(用法③)

（以上例句来自小泉等編，1989：454）

　　　b. ×目に憂いが彼女に<u>含まれている</u>/彼女は目に憂いを含まれて
　　　　　いる。

　　用法①表示施事实施的动作行为。在例句(1)a中，「子供」作主语表施事，「ジュース」作宾语，表受事，句子表示"孩子把果汁含在嘴里"。用法②「含む」不表动作行为，作主语的名词不表施事，影山(2006：221)认为这种用法的「含む」是状态动词，表示不受时间影响的恒常性状态。例句(2)a不表示将来的情况，而是与「イチゴはビタミンCを多量に<u>含んでいる</u>」一样，表示现在的状态。主语「イチゴ」与宾语「ビタミンC」之间是整体与部分、包含与被包含的关系。构成被动句时，原本在例句(1)a和例句(2)a的主动句中作宾语的受事「ジュース」「ビタミンC」，在例句(1)b和例句(2)b的被动句中都作主语表受事。

　　「含む」作谓语动词时主动句与被动句的使用规则并不难理解，但是当「含む」作定语修饰名词或名词短语时，什么时候使用主动句，什么时候使用被动句，对日语学习者来说是一个难点。在『YUKタグ付き中国語母語話者日本語学習者作文コーパス』中，我们可以看到如下偏误用法：

　　（4）特に岩手、宮城両県は最も大きな被害を受けたから、瓦礫に〈<u>含んでい</u>

る→含まれている〉放射性物質の量は少なくないはずだ。(学部2年生/
学習歴1年/滞日0/作文)

(5) 近代的な建築様式や配置を見ると,そのなかに〈含んだ→含まれた〉中
華民族の特有で伝統的な審美観を見出すことができる。(学部4年生/
学習歴3年半/滞日0/作文)

在例句(4)和例句(5)中,「含む」都表示用法②"某物或者某集团包含某个部
分",与表处所的「に」格共现,都使用「含む」的被动句。那么,是不是与「に」格处
所名词共现时,状态动词「含む」不能使用主动句作定语呢？对此我们使用语料库
『国語研日本語ウェブコーパス』进行了检索,结果发现「NP(处所)に含む」和
「NP(处所)に含まれる」都可以作定语。例如:

(6) a. 牡蠣が体内に含んでいる海水が汚染されてるらしいので、「ここな
ら大丈夫」という産地の牡蠣を食べれば安心だとか。(『国語研日本
語ウェブコーパス』)

b. 赤ちゃんの体内に含まれている水分の割合と同じ水分量になるま
で研究を重ねられ作られたこのゲル。是非この保湿力のすごさを
試してもらいたいです。(『国語研日本語ウェブコーパス』)

(7) a. 1曲目は「HOTDOGのテーマ」。「HOTDOG」ライブシリーズのテー
マソングとなり、秋田犬出演者のパフォーマンスを歌詞の中に
含んだ内容だった。(『国語研日本語ウェブコーパス』)

b. イタリア人も観に来てくれていたが、現代音楽の中に含まれた日
本美に惚れこんだそうだ。ようやく日本のオペラが認められてき
たような気がしてきた。(『国語研日本語ウェブコーパス』)

在例句(6)和例句(7)中,「含む」都表示"某物或者某集团包含某个部分",都
作定语,a使用的是「NP(处所)に含む」,b使用的是「NP(处所)に含まれる」。既
然如此,在例句(4)和例句(5)中,使用「含む」的主动句作定语为什么还会被判断
为偏误用法呢？

当「含む」的主动句作定语与「NPに」共现时,有2种情况。例如:

(8) 例えばホウレンソウが体内に含むカリウムは約0.7%ですが。(『国語
研日本語ウェブコーパス』)

(9) 黒米とは玄米の種皮の部分に紫黒系色素を含んだ米のことで、紫黒
米・紫米とも呼ばれています。(『筑波ウェブコーパス』)

例句(8)可以理解为「ホウレンソウが体内にカリウムを含む」,即「ホウレン
ソウ」是「含む」的主语,被修饰的名词实际上是「含む」的宾语。这里的「ホウレン
ソウ」不是施事,是功能类似施事的状态所有者,或可以称为"主体",句中的「体
内」表处所。例句(9)中的「米」与「紫黒系色素」是包含与被包含的关系,即「紫黒

— 70 —

系色素」是「米」的一部分。「玄米の種皮の部分に紫黒系色素を含んだ米」可以解释为「米は（玄米の種皮の部分に）紫黒系色素を含んだ」，「米」是「（玄米の種皮の部分に）紫黒系色素を含んだ」的主语，句中的「玄米の種皮の部分」同样用来表处所。

由此可见，当句中没有「NPを」而只有「NPに」时，「含む」的主动句作定语要求「含む」的主语即状态所有者共现。

关于状态动词「含む」的被动句，村木（1991：189）、影山（2021：91）认为「に」格处所名词是被动句成立的必要成分。如例句（10）b—c所示，如果没有「に」格共现，有的时候句子不能成立。

（10）a. 青魚はDHAを多く{含んでいる/含む}。

　　　b. DHAは青魚に多く{含まれている/含まれる}。

　　　c.*DHAが含まれる。

（以上例句来自影山，2021：91）

当「含まれる」与「NPに」共现作定语时，也有2种情况。例如：

（11）こうした原理で、マイクロ波は水の分子を加熱する。家庭にある電子レンジは、<u>食品に含まれる水</u>を加熱し料理する。(『筑波ウェブコーパス』)

（12）「Google」と入力して検索すると、<u>タイトルに「Google」が含まれる書籍</u>が検索される。(津田大介『アマゾる』)

例句（11）可以理解为「食品に水が含まれる」，即被修饰名词是「含まれる」的主语，表被包含要素，句中的「食品に」表存在处所。例句（12）中『Google』是「含まれる」的主语，也是表示被包含要素，「タイトル」表存在处所。

由此可见，「含まれる」与「NPに」共现作定语时，修饰的是「含まれる」的主语，即被包含要素，或者定语小句中要求「含まれる」的主语共现。

根据上面的讨论，现在我们来分析一下例句（6）—（7）中a与b的不同。在例句（6）a「牡蠣が体内に含んでいる海水」中，「牡蠣」是「含んでいる」的主语，可以解释为「牡蠣が体内に海水を含んでいる」，而不是「牡蠣」被海水包含在体内，所以只能使用主动句，不能使用被动句。在例句（6）b「赤ちゃんの体内に含まれている水分」中，「含まれている」没有主语共现，「水分」是被包含要素，所以只能使用被动句，不能使用主动句。如果说成「赤ちゃんの体内に含んでいる水分」，句子需要「含んでいる」的主语共现，或在前后语境中能够找到该动词的主语。

在例句（7）a「<u>1曲目は『HOTDOGのテーマ』</u>。『HOTDOG』ライブシリーズのテーマソングとなり、秋田犬出演者のパフォーマンスを歌詞の<u>中に含んだ</u>内容だった」中，前句的「1曲目」实际上是「秋田犬出演者のパフォーマンスを歌詞の中に含んだ」的主语，即「1曲目は秋田犬出演者のパフォーマンスを歌詞の中に

含んだ内容だった」,而并非「1曲目」被包含在歌词中,所以只能使用主动句,不能使用被动句。例句(7)b就不同了。在例句(7)b「イタリア人も観に来てくれていたが、現代音楽の中に含まれた日本美に惚れこんだそうだ」中,没有动词「含む」的主语共现,被修饰的名词「日本美」表示被包含要素,所以只能使用被动句,不能使用主动句。

　　根据上述「含む」和「含まれる」作定语时的使用条件,现在我们来分析一下例句(4)和例句(5)的偏误用法。在例句(4)「瓦礫に〈含んでいる→含まれている〉放射性物質の量は少なくないはずだ」中,没有也补不出动词「含む」的主语,被修饰的名词「放射性物質」是被包含要素,被包含在「瓦礫」中,所以只能使用「含まれている」,不能使用「含んでいる」。例句(5)「近代的な建築様式や配置を見ると、そのなかに〈含んだ→含まれた〉中華民族の特有で伝統的な審美観を見出すことができる」也是如此。句中并不存在「含んだ」的主语,被修饰的名词「中華民族の特有で伝統的な審美観」是被包含要素,定语中的「そのなか」表示存在处所,用「に」标记,所以不能使用「含んだ」,只能使用「含まれた」。例句(4)和例句(5)中的被修饰的名词都是表被包含要素,都需要表达该要素存在的处所,所以句中的处所都需要用「に」标记。

　　综上所述,「含む」作定语表状态时,应该使用「含む」,还是「含まれる」,其使用条件基本如下:

① 当定语小句中有主语共现,该主语是「含む」的主体(即状态所有者),而不是受事(即被包含要素)时,只能使用「含む＋NP」,不能使用「含まれる＋NP」,存在处所用「に」标记。

② 当定语小句中有主语共现,该主语是受事(即被包含要素),而不是状态所有者时,只能使用「含まれる＋NP」,不能使用「含む＋NP」。当定语小句中没有主语共现,被修饰的名词表示被包含在「NPに」中的事物时,只能使用「含まれる＋NP」,不能使用「含む＋NP」。无论有无主语共现,都需要用「NPに」表处所。

1.18　应该使用「許さない」，
还是「許されない」?

　　小泉等編(1989:528)认为「許す」在表示原谅过失、认可对方想做的事、允许做某事等意义时，既可以使用主动句，也可以使用被动句。例如：

（1）a. <u>校則は私服の着用を許していない</u>。(小泉等編,1989:528)

　　　 b. <u>私服の着用が校則によって許されている</u>。(小泉等編,1989:528)

（2）a. 一つは前年の明治元年十一月、<u>静岡藩(旧徳川家)が沿津兵学校に付属小学校を設け、庶民の入学を許している</u>こと。(明田鉄男『維新京都を救った豪腕知事』)

　　　 b. まぁ、<u>入学は許されている</u>のでここで入学できないっていうことは無いのでしょうが、ドキドキしてしまいました。(『国語研日本語ウェブコーパス』)

　　在例句(1)a和例句(2)a中，「校則」「静岡藩」作主语表施事，构成主动句「NP(施事)が/は＋NP(受事)を＋許す」。在例句(1)b和例句(2)b中，「私服の着用」「入学」作主语表受事，构成被动句「NP(受事)が/は＋許される」。被动句中的主语为无生物，句中需要施事共现时，施事通常使用「によって」标记。

　　应该使用主动句，还是被动句表达，与描述事件的视点有关。当需要表达施事在何时何地用何种方法实施何事时，需要使用主动句，不能使用被动句。相反，当句子无须表示施事，或需要隐去施事，只是表达何人或何事物被如何之后呈现出某种结果状态时，只能使用被动句，不能使用主动句。关于主动句与被动句的使用条件，汉语与日语之间存在很大的差别。总的来说，汉语喜欢使用主动句描述事件，而日语喜欢使用被动句描述事件，汉语喜欢表示施事实施某事，而日语喜欢隐去施事，表示结果状态如何。由于汉语与日语的被动句的选择标准不同，所以日语学习者往往会用错。例如：

（3）中国では、名刺を交換するとき、両手あるいは右手で名刺を渡す(左手で渡すやり方は〈<u>許さない→許されない</u>〉。ある国家で左手が不潔の象徴であるからだ)。(学部4年生/学習歴3年半/滞日0/卒論)

（4）逆に相応的な政治地位がなければ、たとえ富んでいても、鋳物青銅礼器を鋳造することは〈許さない→許されなかった〉。（学部4年生/学習歴3年半/滞日0/卒論）

例句（3）和例句（4）都应该使用被动句，却错误地使用了主动句。村木（1991：198）认为表动作作用的动词构成的主动句凸显的是施事的行为动作，而被动句会弱化这种行为动作性，将事件作为一个整体来把握，描述的是一种状态。例句（1）a「校則は私服の着用を許していない」和例句（2）a「静岡藩（旧徳川家）が沼津兵学校に付属小学校を設け、庶民の入学を許している」表示的是施事「校則」「静岡藩」实施「許す」这一动作行为。例句（1）b「私服の着用が校則によって許されている」和例句（2）b「入学は許されているので」表示的是受事「私服の着用」「入学」获得准许，凸显的是客观的事件结果。

也就是说，当需要施事作主语或主题，表示某人某事允许某人某事时，必须使用主动句，不能使用被动句；当需要受事作主语或主题，表示作受事的某人某事被允许或获得准许时，只能使用被动句，不能使用主动句。

志波（2015：305-307）认为「許される」还可以用来表示规范人们行为的"社会规约"，且经常以否定形式出现。例如：

（5）通称を名手本陣と呼ばれるほどの家柄だったから、士分の娘が百姓娘のように畦道を駆けまわるような真似は許されていなかったからである。

（6）恋愛のない結婚なんて許されないことだわ。

（以上例句来自志波，2015：307）

例句（5）和例句（6）都需要隐去施事，只表达作受事的「真似」「結婚」是否被允许这个"社会规约"，至于被谁允许并不重要，也无须提及，所以2个句子都需要使用被动句。再例如：

（7）a. 一般漁師のあいだではやはり「みんな反対だ」「漁民をだますようなやり方は許さない」と強烈に語られている。（『国語研日本語ウェブコーパス』）

　　b. 昨年、区の緊急財政対策本部は、箱根の保養所の廃止を打ち出しました。……利用率だけで判断し、住民の声を十分聞くことなく推し進めたやり方は許されません。（『筑波ウェブコーパス』）

（8）a. 国際社会は絶対に日本が完全に1930年代に戻ることを許さないでしょう。（『国語研日本語ウェブコーパス』）

　　b. 長兄はロシアの女性と結婚して出てっちゃったので村の長老たちが怒ってて、村に戻ることが許されない。（『国語研日本語ウェブコーパス』）

　　例句(7)a的「許さない」是施事「漁師」(虽然语法上没有共现主语)的动作行为,表示"渔民不允许这种欺骗渔民的做法",而不是"这种欺骗渔民的做法不被允许"。例句(7)b就不同了。例句(7)b的「許されません」的主语是表受事的「やり方」,表示"只靠利用率进行判断而不充分听取居民的意见就实施的这种做法不被允许",而不是"谁不允许这种做法"。例句(8)a的「許さない」是主语「国際社会」的动作行为,表示"国际社会不允许日本完全回到20世纪30年代"。例句(8)b的「許されない」的主语是表受事的「村に戻ること」,表示"(大哥)再次回到村里不被允许",而不是"谁不允许(大哥)再次回到村里"。実際上,例句(7)b和例句(8)b的日语都很自然得体,但直译成汉语被动句有些不自然,这是因为汉语通常不使用被动句,而使用主动句来表达,即"不允许只靠利用率进行判断而不充分听取居民的意见就实施的这种做法""不允许大哥再次回到村里"。

　　正因为「許す」的主动句和被动句的表义功能不同,所以2个句式可以共现在同一语段中。例如:

(9)　わしはもう一度おまえを<u>許した</u>……一度おまえを<u>許してやった</u>……そしていまも、生前おまえはたくさんの人々に愛の心を捧げたから、おまえのたくさんの罪は<u>許される</u>であろう……(ドストエフスキー著/工藤精一郎訳『罪と罰』)

(10)　郵便料金値上げの際に、大きな声をあげて反対すべきだったが、すんなり<u>許してしまった</u>ために、郵政省は何をしても<u>許される</u>と思い上がることになった。(『毎日新聞』1995)

　　例句(9)的「許した」「許してやった」表示施事「わし」原谅了「おまえ」,以施事为主展开叙述,表示作主语的施事的动作行为;而「許される」以受事「おまえのたくさんの罪」展开叙述,表示「おまえのたくさんの罪」被原谅。即前者的视点在施事,后者的视点在受事;前者表示施事的动作行为,后者表示受事的结果状态。两者不能互换,否则句子不能成立。例句(10)「許してしまった」与「許される」的不同也是如此,前者表示施事实施的动作行为,后者表示受事的结果状态。同样两者也不能互换,互换后视点错乱,句子也不能成立。

　　根据上述「許す」的主动句与被动句的使用条件,现在我们来分析一下例句(3)和例句(4)的偏误用法。例句(3)「中国では、名刺を交換するとき、両手あるいは右手で名刺を渡す(左手で渡すやり方は〈<u>許さない→許されない</u>〉)」需要表达的不是谁不允许左手递名片的做法,而是左手递名片的做法不被允许,表述一种社会规范,所以需要使用被动句,而不能使用主动句。例句(4)「鋳物青銅礼器を鋳造することは〈<u>許さない→許されなかった</u>〉」需要表达的不是谁不允许铸造青铜礼器,而是铸造青铜礼器曾不被允许这样一种社会规范,所以也需要使用被动句,不能使用主动句。

综上所述，应该使用「許さない」，还是「許されない」，其使用条件基本如下：

① 当需要施事作主语或话题且表达施事不允许做某事的动作行为时，只能使用「許さない」，不能使用「許されない」。

② 当需要受事作主语或话题且表达某行为不被某人或社会规范准许的客观结果时，只能使用「許されない」，不能使用「許さない」。

1.19　应该使用「分ける」，
还是「分けられる」?

　　「分ける」在什么情况下使用主动句，什么情况下使用被动句，对日语学习者来说是一个难点。我们在『YUKタグ付き中国語母語話者日本語学習者作文コーパス』中经常看到日语学习者用错的句子。例如：

（1）東京から京都にかけて、次から次へと目に映るのは揃っている畑だ。そして、土地は用途によって細かく〈分けて→分けられている〉、畑、道路、山地、草と石まで一目瞭然だ。（学部3年生/学習歴2年半/滞日0/翻訳）

（2）『山海経』は「山の巻」と「海の巻」の二つに〈分け→分けられており〉、さらに「海の巻」には「大荒の巻」と「海内の巻」の部分がある。（学部4年生/学習歴3年半/滞日0/卒論）

（3）日本語と中国語では、一日は正午をさかいに「午前」"上午"と「午後」"下午"の二つに〈分ける→分けられる〉。（M3/学習歴6年/滞日0/修論）

　　例句（1）—（3）只能使用被动句，不能使用主动句。那么，使用「分ける」的主动句和被动句有什么不同呢？

　　小泉等编（1989:557-558）认为「分ける」表示将整体分成若干部分、根据一定的基准对事物进行分类、将东西分成若干份分配给若干人、把争吵的人分开、比赛中难分胜负、某事物导致两人分离、为了通过某处而将障碍物向两侧挪开等意义。例如：

（4）先生はクラスを男生徒と女生徒に分けた。

（5）生徒は成績別に分けられている。

　　　　　　　　　　　　　　　　　　（以上例句来自小泉等编，1989:557-558）

　　根据影山（1996:60）的动词分类，「分ける」这个动词属于引发受事发生状态变化的及物动词，即施事作用于受事，使受事发生变化。如例句（4）中，「先生」作主语表施事，「クラス」作宾语表受事，「分けた」是施事实施的动作，并且引发了受

事的变化,变化的结果用「に」标记。

仁田等(2000:138)认为及物动词的主动句表达的是作主语的施事实施的动作行为,被动句表达的是作主语的受事承受他人行为及其影响,即一种结果状态,其意义跟不及物动词非常相近。尾谷,二枝(2011:116)也认为主动句凸显的是引发事件的施事,而被动句凸显的是受事。当说话者不知道施事是谁,或者不愿意明确表达施事是谁,或者不关心施事是谁,或者没有必要表达施事时,使用被动句。及物动词的被动句跟非对格不及物动词一样,句中有受事这一个论元作主语就足够了。如在例句(5)的被动句中,「生徒」作主语表受事,句中无须施事共现,「分けられている」不是主语受事的动作,而是被实施动作后的结果状态。

由此可见,「分ける」的主动句与被动句虽然表达的事件基本相同,但是凸显的重点不同。主动句凸显的是作主语的施事实施「分ける」这个动作行为,而被动句凸显的是作主语的受事的结果状态。

正因为「分ける」的主动句和被动句的表义功能不同,所以2个句式可以共现在同一语段中,各表其义。例如:

(6) 54年に牧師になったキング氏は毎週日曜、店にきて新聞とホットドッグを買い求めた。アラバマ州では当時、人種の「分離」が認められ、公共交通機関や飲食店の座席が<u>分けられていた</u>。だが、クリスさんはキング牧師を迎え入れ、<u>席を分けたり</u>はしなかった。(『朝日新聞』2021)

(7) 気象庁が発表する地震情報が三月一日から変わる。これまで全国を十二地域に<u>分けて</u>情報を流していたが、これからは百五十二地域に<u>分ける</u>。これを受けて、関東甲信地方として発表されていた県内も南部と北部に<u>分けられ</u>、震度3以上の地震が発生した場合、約二分後に細分化した地域名で発表されることになった。(『毎日新聞』1995)

在例句(6)中,「分けられていた」的主语是受事「公共交通機関や飲食店の座席」,「分けたりはしなかった」的主语是施事「クリスさん」。前者「分けられていた」指的是受事「公共交通機関や飲食店の座席」的结果状态,即公共交通和饮食店的座位按照人种(被)区分;后者「分けたりはしなかった」指的是施事「クリスさん」的动作行为,即「クリスさん」没有区分座位。例句(7)也是如此。「分けて」「分ける」表示的都是施事「気象庁」的动作行为,「分けられ」表示受事「県内」被分成南部和北部这一结果状态。

根据上述「分ける」的主动句与被动句的使用条件,现在我们来分析一下例句(1)—(3)的偏误用法。在例句(1)「土地は用途によって細かく〈<u>分けて→分けられていて</u>〉、畑、道路、山地、草と石まで一目瞭然だ」中,需要表达的不是某施事实施「分ける」这一动作行为,而是作主语的受事「土地」被「分ける」,即"土地根据用

途被细分"，所以句中只能使用「分ける」的被动句，不能使用主动句。例句（2）—
（3）也和例句（1）相同，需要表达的都不是施事的动作行为，而是受事的结果状态。
例句（2）「『山海経』は『山の巻』と『海の巻』の二つに〈分け→分けられており〉」需
要表达的是"《山海经》（被）分为《山经》和《海经》"，例句（3）「一日は正午をさかい
に「午前」"上午"と「午後」"下午"の二つに〈分ける→分けられる〉」需要表达的
是"一天以正午为界，（被）分为上午和下午"，2个句子都没有施事共现，也补不出
施事，所以都只能使用被动句，不能使用主动句。

　　「分けられる」除了可以表示被动外，还可以表示可能，即表示"能/可以分
为……"的意思。日本語記述文法研究会編（2009a:33,277,281）认为可能句式表
达的是施事是否有能力实现其想要实施的动作行为，表示的是一种状态，一般不
使用「ている」形式[①]，能力所涉及的对象（例如受事）也可以用「が」标记。偏误例
句（1）和例句（2）中只能使用被动句，不能使用主动句，也不能将「分けられてい
て」「分けられており」解释为"可能"的用法。但是，例句（3）就不同了。「一日は正
午をさかいに「午前」"上午"と「午後」"下午"の二つに〈分ける→分けられる〉」如
果没有上下文支持，这里的「分けられる」既可以解释为表被动，又可以解释为表
可能，即"一天以正午为界，可以分为上午和下午"。从例句（3）的上下文来看，这
里解释为被动要比解释为可能更为得体。

　　综上所述，应该使用「分ける」，还是「分けられる」，其使用条件基本如下：

① 当需要表达的是作主语的施事的动作行为时，只能使用「分ける」，不能使
用「分けられる」。

② 当需要表达的不是主语施事的动作行为，而是主语受事的结果状态或表
可能义时，只能使用「分けられる」，不能使用「分ける」。

---

① 日本語記述文法研究会編（2009a:281）认为可能句式可以表示「潜在可能」和「実現可能」，「潜在可能」
不能使用「ている」形式，但是「実現可能」可以，例如「＊私はこの魚は骨が多くて食べられていない」
（「潜在可能」）、「手紙はまだ最後まで書けていない」（「実現可能」）。

1.20　应该使用「と言ってもいい」,
还是「と言われてもいい」?

　　在日语中,「と言う」和「と言われる」都可以用来表达言语行为,「と」前面的部分是说话的内容。例如:

（1）英語では「ねこ」のことを「キャット」と言う。

（2）「ねこ」は英語で「キャット」と言われる。

（以上例句来自小泉等编,1989:36-37）

　　例句（1）和例句（2）都用来表示日语的「ねこ」在英语里是「キャット」。例句（1）使用的是主动句「NP₁をNP₂と言う」,例句（2）使用的是被动句「NP₁はNP₂と言われる」。两者的意思看似一样,但其实「と言う」和「と言われる」的使用条件并不相同,所以我们常常在日语学习者的作文中看到用错的句子。例如:

（3）つまり、秋は豊富な色がある季節だ。それに、涼しい気候が人間の気分をよくする季節は秋だ。それらは理由〈と言われてもいい→と言ってもいい〉と思う。(学部2年生/学習歴1年/滞日0/作文)

（4）すぐ両親と友達に伝えたものだった。そして、自分はかなり楽しくなりました。こういうのも幸せの瞬間〈と言われてもいい→と言ってもいい〉でしょう。(学部2年生/学習歴2年/滞日0/作文)

（5）となりの若い女の子に「紙幣を両替してもらえませんか」と聞いたら、何と何も聞こえないふりをして、そのままさった。一言「私も硬貨を持っていない」〈と言われてもいい→と言ってもいい〉と思う。(学部4年生/学習歴3年/滞日0/作文)

（6）日本は風呂の国だと呼ばれ、日本人は世界一の風呂好きな民族だと〈言われてもいい→言ってもいい〉だろう。(M3/学習歴6年/滞日0/修論)

　　在例句（3）—（6）中,被动句的「それらは理由と言われる」「こういうのも幸せの瞬間と言われる」「『私も硬貨を持っていない』と言われる」「日本人は世界一の風呂好きな民族だと言われる」都是偏误用法,都需要用主动句表达,说成

「それらを理由と<u>言う</u>」「こういうのも幸せの瞬間と<u>言う</u>」「女の子は私に『私も硬貨を持っていない』と<u>言う</u>」「日本人を世界一の風呂好きな民族だと<u>言う</u>」。那么,是不是在相似的短语或谓语条件下,只能使用主动句,不能使用被动句呢?对此我们使用语料库『国語研日本語ウェブコーパス』进行了检索,结果发现既可以使用「と言われてもいい」,又可以使用「と言ってもいい」。例如:

(7) a. それと、にわか偽善者と<u>言われてもいい</u>。人々の笑顔を見る為に貢献したいと思っています。(『国語研日本語ウェブコーパス』)

　　 b. 山本梓さんに限らず、全ての人は偽善者と<u>言ってもいい</u>でしょう。(『国語研日本語ウェブコーパス』)

(8) a. 明田功市長は「温暖化防止から逃げたと<u>言われてもいい</u>。生徒には涼しい教室で、一生懸命勉強させたい」と話している。(『国語研日本語ウェブコーパス』)

　　 b. まあもう10年も前や。あの時は自分では語ることがないと考え、それを作るために院へ行った。逃げたと<u>言ってもいい</u>かも。結果的には悪くはなかったと思う。(『国語研日本語ウェブコーパス』)

(9) a. 自己満足だと<u>言われてもいい</u>。綺麗事だと<u>言われてもいい</u>。(『国語研日本語ウェブコーパス』)

　　 b. 学校では日常茶飯事だと<u>いってもいい</u>と思うのね。(『国語研日本語ウェブコーパス』)

例句(7)a—(9)a使用的是「と言われてもいい」,例句(7)b—(9)b使用的是「と言ってもいい」。那么,例句(3)—(6)为什么还会被判断为偏误用法呢?

小泉等编(1989:36-37)认为「と言う」有5种用法:

① 言语行为。

② 如实地传递传下来的事情。

③ 称呼人的名字或物的名称。

④ 用某种说法来表达另一种说法,或用别的语言表达。

⑤ 发出声响。

例如:

(10) <u>恵子は健二に来月外国に行く</u>と<u>言った</u>。(用法①)

(11) ここは昔、うみであったと<u>いう</u>。(用法②)

(12) 弟の名前を弘と<u>いいます</u>。(用法③)

(13) <u>東京の人は</u>「ひゃく」を「しゃく」と<u>いう</u>。(用法④)

(14) <u>階段がみしみし</u>と<u>いう</u>。(用法⑤)

(以上例句来自小泉等编,1989:36)

除了用法①外,其他用法通常用假名表记。「と言う」的句式根据表义功能的

不同对主语的要求也不一样。用法①"言语行为"要求施事作主语,「言う」表示施事的言语行为;用法②无须施事主语共现,也补不出施事主语,「言う」用来表达无施事存在的传闻;用法③也无须施事主语共现,同样也补不出施事主语,「言う」用来表达"叫作"或"称作"的意思;用法④要求施事作主语,「言う」表示施事的言语行为;用法⑤要求施事作主语,「言う」表示施事发出某种声音,通常无须「と」共现,直接说成「階段がみしみしいう」。用法①和用法④的「言う」表示具体的言语行为,用法②③⑤表示抽象的言语行为。

「と言われる」是主动句「と言う」的被动形式。按照被动句的组句规则,被动句「と言われる」中的主语与主动句「と言う」中的主语不同。「と言う」如果需要主语共现,通常要求施事作主语,而「と言われる」的主语不能是施事,只能是话题或受事(敬语用法除外)。例如:

(15) <u>先生に</u>明日も文化祭に来いよ<u>と言われた</u>のですが、なんだかんだでまだ実習の反省や礼状を書かなきゃいけないので無理かなぁと……(『国語研日本語ウェブコーパス』)

(16) <u>重曹泉は</u>浴用においては皮膚の表面を軟化させる作用があり、皮膚病や火傷、切り傷によい<u>と言われます</u>。(『国語研日本語ウェブコーパス』)

在例句(15)中,「先生」是说话人,即施事,用「に」标记,在句中作状语,主语「私」没有出现,但可以补出,是言语行为的受事。在例句(16)中,「重曹泉」是话题作主语,施事没有出现,但可以补出,表示传闻。

「と言われる」和「と言う」都可以用来表示传闻。例句(11)「ここは昔、うみであった<u>という</u>」也可以使用被动句表达,说成「ここは昔、うみであった<u>と言われている</u>」,但两者不同。「ここは昔、うみであった<u>という</u>」表示一个客观的事实,带有公文的色彩,即某种共识。而「ここは昔、うみであった<u>と言われている</u>」虽然也表示一个客观的事实,但重点不在共识,而在传闻上,即"别人都这么说"或"传说如此"。再例如:

(17) a. この一帯は1億年前は<u>海だった</u><u>と言われている</u>。(『国語研日本語ウェブコーパス』)

b. 現在広がっている広大な斜里平野も大昔は<u>海だった</u><u>という</u>。(『国語研日本語ウェブコーパス』)

例句(17)a指的是大家都这么说,或传说如此;而例句(17)b指的是一种共识,或一种定型的说法。

关于「と言われてもいい」和「と言ってもいい」中「〜てもいい」的用法,グループ・ジャマシイ編著(1998:369)认为「〜てもいい」接在动词后面,表示许可、提议、可能性,即"也可以……""……也行"。例如:

（18）あそこは、夕方8時から朝6までは駐車し<u>てもいい</u>らしい。

（19）A：彼がいないのでこの仕事が進まないんだ。

　　　B：僕が引き受け<u>てもいい</u>よ。

（20）ワインのかわりに、しょうゆで味をつけ<u>てもいい</u>。

（以上例句来自グループ・ジャマシイ編著,1998:368-369）

例句(18)中的「~てもいい」表示许可,例句(19)表示提议,例句(20)表示还有其他的选择余地和可能性。表示许可义时,除了表示客观条件的许可外,还与说话人的主观判断有关,即说话人认为的许可。

据此,我们再来分析一下例句(7)—(9)。在例句(7)a「それと、にわか偽善者<u>と言われてもいい</u>。人々の笑顔を見る為に貢献したいと思っています」中,「と言われ」表示别人的语言行为,「てもいい」表示说话人自己的主观判断,即随便别人怎么说都可以。例句(7)b「山本梓さんに限らず、全ての人は偽善者<u>と言ってもいい</u>でしょう」中的「と言ってもいい」就不同了。「と言ってもいい」不能拆开,整个短语表示一个意思,即"可以说是……""可以看作……"。例句(8)a和例句(8)b的不同、例句(9)a和例句(9)b的不同也是如此。例句(8)a「温暖化防止から逃げた<u>と言われてもいい</u>」和例句(9)a「自己満足だ<u>と言われてもいい</u>。綺麗事だ<u>と言われてもいい</u>」都表示随便别人怎么说都可以的意思;例句(8)b「逃げた<u>と言ってもいいかも</u>」和例句(9)b「学校では日常茶飯事だ<u>といってもいい</u>と思うのね」表示的都不是随便别人怎么说,而是"可以说是……""可以看作……"的意思。

根据上述「と言ってもいい」与「と言われてもいい」的使用条件,现在我们来分析一下例句(3)—(6)的偏误用法。例句(3)「つまり、秋は豊富な色がある季節だ。それに、涼しい気候が人間の気分をよくする季節は秋だ。それらは理由〈<u>と言われてもいい</u>→<u>と言ってもいい</u>〉と思う」需要表达的不是随便别人怎么说都可以,而是可以如此认为,所以句中不能使用「と言われてもいい」,只能使用「と言ってもいい」。和例句(3)一样,例句(4)「すぐ両親と友達に伝えたものだった。そして、自分はかなり楽しくなりました。こういうのも幸せの瞬間〈<u>と言われてもいい</u>→<u>と言ってもいい</u>〉でしょう」、例句(6)「日本は風呂の国だと呼ばれ、日本人は世界一の風呂好きな民族だ〈<u>と言われてもいい</u>→<u>と言ってもいい</u>〉だろう」需要表达的也不是随便别人怎么说都可以的意思,而是可以如此理解和认为,所以都不能使用「と言われてもいい」,只能使用「と言ってもいい」。

例句(5)「となりの若い女の子に『紙幣を両替してもらえませんか』と聞いたら、何と何も聞こえないふりをして、そのままさった。一言『私も硬貨を持っていない』〈<u>と言われてもいい</u>→<u>と言ってもいい</u>〉と思う」虽然需要表示具体的言语行为,但此处也不能使用被动句,这是因为使用与「てもいい」共现的被动句

— 83 —

容易被误解为表示随她怎么说都可以的意思。这里需要表达的是"她可以说一句「私も硬貨を持っていない」",所以例句(5)也只能使用「と言ってもいい」,不能使用「と言われてもいい」。

综上所述,应该使用「と言ってもいい」,还是「と言われてもいい」,其使用条件基本如下:

① 当需要表达某事物"可以称之为……""可以说是……""可以看作……"的意思时,只能使用「と言ってもいい」,不能使用「と言われてもいい」。

② 当需要表达说话人承受某言语行为并对此做出主观判断"即便被叫作……也没关系""即便被别人说成……也没关系"等意思时,只能使用「と言われてもいい」,不能使用「と言ってもいい」。

1.21　应该使用「と思う」，
还是「と思われる」?

「と思う」是心理动词,用来表思想活动,表示"我认为""我觉得"等意思。但是,在表达这些汉语意思时,日语有2种表达方式,一种是主动形式「と思う」,另一种是被动形式「と思われる」。也就是说,「と思われる」虽然是被动形式,但有的时候并不表被动。在什么情况下使用「と思う」,在什么情况下使用「と思われる」,对日语学习者来说是一个难点,所以我们常常可以看到日语学习者用错的句子。例如:

(1) 近さ遠さによって、使われる敬語も異なってくる。人が敬語を上手に使えると、その人の教育水準は高い〈と思っている→と思われる〉。(学部3年生/学習歴2年半/滞日0/作文)

(2) その面の研究において、魯教授の観点がもっとも代表的だ〈と思う→と思われる〉ので、参考のために次のように簡潔にまとめておく。(M3/学習歴6年/滞日0/修論)

(3) 日本人は不幸を重ねてはいけないので奇数が縁起がいい数字だ〈と思われる→と思っている〉。(学部4年生/学習歴3年半/滞日0/作文)

(4)「夫婦同姓」という制度はある程度人間の基本的人権を尊重していない〈と思われます→と思います〉。「夫婦別姓」なら問題が解決できます。(D2/学習歴10年/滞日2年半/作文)

例句(1)和例句(2)中只能使用「と思われる」,不能使用「と思う」;例句(3)和例句(4)正好相反,只能使用「と思う」,不能使用「と思われる」。那么,使用「と思う」和「と思われる」有什么不同呢?

小泉等编(1989:105)认为「と思う」表示对某事物进行判断和预测、表达愿望和决心等,表述的是一种精神活动,可以使用如下2种句式:

① ［人］{が/は}句子({こと/もの})と思う

② ［人］{が/は}［人或事物]を谓语と思う

例如:

（5）私はこの答えは間違っている<u>と思う</u>。（句式①）

（6）そんな馬鹿なことは二度とやるまい<u>と思った</u>。（句式①）

（7）ふるさとをなつかしい<u>と思う</u>。（句式②）

（以上例句来自小泉等编,1989:105）

例句（5）—（7）都是使用「と思う」的主动句,句中都是「私」作「思う」的主语（也可以隐去）,表示进行某精神活动的主体,可以称之为"经验者"①。例句（5）和例句（7）表述的是第一人称主语的判断、思考行为,例句（6）表述的是第一人称主语的愿望和决心。グループ・ジャマシイ編著（1998:57-58）认为「と思う」用于表述说话人的主观判断、个人意见等。使用「と思う」或「と思います」时,主语是说话人,而不能是第三者②,当需要表达第三者的意见、判断或信念时,使用「と思っている」。

日本語記述文法研究会編（2009a:286-287）认为「思われる」可以表示自发,即自然而然地产生某种思考、情感等。当表自发时,一般使用「NP_1に＋NP_2が＋V（ら）れる」句式,思考和情感等行为的主体（通常是第一人称）使用「に」标记并置于句首,受事使用「が」标记而不能使用「を」标记,而且自发句中如果使用「ている」来客观描述现在的状况会不自然。例如:

（8）部長、私にはどう考えてみても、犯人は田中だと｛<u>思われます</u>/＊<u>思われています</u>｝。（日本語記述文法研究会編,2009a:287）

例句（8）中的「思われます」表示与主体「私」的意志无关,不由自主地产生「犯人は田中だ」这个判断,这种自发句中不能使用「ている」。グループ・ジャマシイ編著（1998:57-58）也认为当「と思われる」表自发时,表示的是某种判断自然而然地成立,该判断不是说话者的主观独断,而是一种客观存在,或用于缓和说话者自己的主张,多见于讲稿、论文等书面语中。③

由此可见,当主语是第一人称时,「と思う」与「と思われる」不同。「と思う」可以用来表达说话人对某事物进行判断和预测,也可以用来表达说话人的愿望和决心等;而「と思われる」虽然可以用来表达说话人对某事物进行判断和预测,但这种判断和预测是不由自主产生的,不受说话人的控制,是一种自发的现象。另外,与「と思う」不同,「と思われる」不能用来表达说话人的愿望和决心等。

当需要表示第三人称的心理动作时,通常需要使用「と思っている」或「と思われている/思われる」,很少或基本不使用「と思う」。当第三人称的行为主体作主语时,使用「と思っている」,表主动;当第三人称的行为主体在句中不作主语

---

① 「思う」的主语表"经验者"参照石綿（1999:168）。

② 当使用「思った」时,可以表示第三者的判断。参照グループ・ジャマシイ編著（1998:58）。

③ 仁田（1989:xxiv）将这种被动句称为"自发性被动"（「自発的受身」）。

时,使用「と思われている/思われる」,表被动。例如:

(9) 派遣仲間と談笑することもあったが、住民から「何をこんな時に笑っているんだ」と抗議の電話があり、それもできなくなった。今は受け答えと、謝る声だけだ。一方で<u>女性は</u>「住民が怒るのも無理はない面もある」<u>と思っている</u>。(『毎日新聞』2020)①

(10) 田中さんは悪い人だ<u>と思われている</u>。(小泉等編,1989:105)

(11) 思い込みは世界を狭くする。天童よしみは「ど」の付く正統派演歌歌手<u>と思われている</u>。確かに「ど演歌のうまさ」は圧倒的であるが、それは「歌手・天童のうまさ」の一部でしかない。(『毎日新聞』2020)

(12) 今後、海洋レジャー人口はさらにふえ、その形態も多様化する<u>と思われるが</u>……(『毎日新聞』1986)

在例句(9)中,「と思っている」表示第三人称主语「女性」的心理动作,即「女性」"认为",不是第一人称主语即说话人"认为"。在例句(10)中,「思われている」的主语「田中さん」表示受事,句子表示"田中被(大家/别人)认为是一个坏人"。在例句(11)中,「思われている」的土语「天童よしみ」也表示受事,句子表示"天童よしみ被认为是一个地地道道的正统派演歌歌手"。在例句(12)中,「今後、海洋レジャー人口はさらにふえ、その形態も多様化する」这一判断不是表述说话者自己的主观判断和个人主张,而是表述一种普遍的看法,即"一般认为……"。森山(1995:176)认为「と思われる」与表示说话者个人主观判断的「と思う」不同,「と思われる」所在句子不明示非特定的行为主体,是一种客观的表述方式,常用于公开发布某信息的报刊等文章中。

日语中的「(ら)れる」形式有4个功能:自发、尊敬、可能和被动。「と思われる」也一样,也可以用来表示敬意(但几乎没有表可能的用法)。例如:

(13)「犯人たちは、他の車に八億円を積みかえて、何処へ行った<u>と思われますか</u>?」西本がきく。(西村京太郎『裏切りの特急サンダーバード』)

日本語記述文法研究会編(2009b:242)认为当需要表达说话者对话题中的人物及其行为状态表示尊敬时,可使用「(ら)れる」形式。在例句(13)中,「と思われます」用于疑问句,主语是第二人称的听话者,是判断行为的主体,所以「と思われます」不是表被动和自发,而是表尊敬。

从上面的讨论中可以看出,「と思う」和「と思われる」是不同的:

① 「と思われる」可以用来表示敬意,但是「と思う」不能。

② 当第一人称作主语时,「と思う」可以用来表达说话人对某事物进行判断

---

① 如「私は自分のしたことが正しいと<u>思っている</u>」所示,第一人称作主语时,也可以使用「と思っている」,但意思与「と思う」不同。两者的不同请参照グループ・ジャマシ編著(1998:58)。

和预测,也可以用来表达说话人的愿望和决心等,但是「と思われる」表达的判断和预测是不由自主产生的,不受说话人的控制,是一种自发的现象。与「と思う」不同,「と思われる」不能用来表达说话人的愿望和决心等。

③ 当第三人称作主语,表示第三人称主语的心理动作,且无须表尊敬时,通常需要使用「と思っている」,不能使用「と思う」或「と思われる」。

④ 当需要表达被动义,而且无须经验者共现,或补不出经验者时,既可以使用「と思われる」,又可以使用「と思われている」。但是,除了公开发布的信息等表达外,最常用的还是「と思われている」,这可能是为了避免误解为自发的意思。

正因为「と思う」与「と思われる」的表义功能不同,所以两者可以共现在同一语段中,各表其义。例如:

（14）これは、ぼくの演技ではなくて本質の部分でもあるんだ。こういっちゃ、いやな男<u>と思われる</u>かもしれないが、いつの間にか、人生は金が軸だ<u>と思う</u>ようになってねえ。(藤本義一『大人になるとき読む本』)

（15）もし実現していれば、この会社を拠点に、明治政府は東京の住宅問題に積極的な取り組みが出来た<u>と思う</u>し、そうすれば、震災後の同潤会や戦後の住宅公団などの動きも四十年ずつくらい早まったんじゃないか<u>と思われる</u>。(藤森照信『江戸・東京を造った人々』)

例句(14)中的「と思われる」表被动,「と思う」表主动,主语都是说话者自己,但实施"认为"这个心理动作的经验者不同。「と思われる」不是说话人"自己"认为,而是"别人"认为。相反,「と思う」是说话人"自己"认为,而不是"别人"认为。例句(15)中的「と思う」和「と思われる」都用来表述说话人的"认为",即经验者是同一个人。「と思う」表示说话人的主观判断,「と思われる」表示说话人不由自主地"认为",语气婉转。可见,在这2个句子中,「と思う」和「と思われる」各司其职,各表其义,两者不能互换。

根据上述「と思う」和「と思われる」的使用条件,现在我们来分析一下例句(1)—(4)的偏误用法。例句(1)「人が敬語を上手に使えると、その人の教育水準は高い〈<u>と思っている→と思われる</u>〉」这个句子本身符合语法规则,没有错。但是,如果需要表达的不是说话人现在是如何认为的,而是说话人用"不由自主地认为"这个方式来委婉地表达自己的观点时,需要使用「と思われる」,而不是「と思っている」。例句(2)「その面の研究において、魯教授の観点がもっとも代表的だ〈<u>と思う→と思われる</u>〉ので、参考のために次のように簡潔にまとめておく」这个句子通常也符合语法规则,也没有错。但是,使用「と思う」突出了说话人

自己主观的判断,给人一种表达个人观点的感觉,这就降低了对鲁教授观点的评价的普遍意义,所以这里需要使用「と思われる」,以此表示大家都如此认为的意思,这样对鲁教授观点的评价就具有普遍意义了。

例句(3)和例句(4)正好相反。在例句(3)「日本人は不幸を重ねてはいけないので奇数が縁起がいい数字だ〈と思われる→と思っている〉」中,「日本人」作主语表行为主体,即经验者,句子用来表述「日本人」的判断和信念,且无须蕴含自发和尊敬义,所以只能使用「と思っている」,不能使用「と思われる」。在例句(4)「『夫婦同姓』という制度はある程度人間の基本的人権を尊重していない〈と思われます→と思います〉」中,需要表达说话者自己的主观判断和个人主张,也无须蕴含自发和尊敬义,所以也只能使用「と思います」,不能使用「と思われます」。

综上所述,应该使用「と思う」,还是「と思われる」,其使用条件基本如下:

① 当第一人称作主语,需要表达说话人对某事物进行的主观判断和预测,或表达说话人的愿望和决心等时,只能使用「と思う」,不能使用「と思われる」。

② 当第一人称作主语,需要表达说话人出现的不由自主地"认为"这种心理动作,或需要使用自发表达的方式来委婉地表达自己的"认为"时,只能使用「と思われる」,不能使用「と思う」。

③ 当第三人称作主语,需要表达第三人称主语的心理动作,且无须敬语表达时,通常需要使用「と思っている」,不能使用「と思う」或「と思われる」。当需要表达被动义,而且无须经验者共现,或补不出经验者时,既可以使用「と思われる」,也可以使用「と思われている」。但是,除了公开发布的信息等表达外,最常用的还是「と思われている」。

1.22　应该使用「とみなす」，
　　还是「とみなされる」?

　　山田等編（2017:1456）认为「みなす」可以写作「見做す」「看做す」，基本句式为「（なに ヲ）なんだ ト みなす」，表示"把……看作……"。这个句式有的时候可以使用被动句，但什么时候应该使用主动句，什么时候应该使用被动句，日语学习者不太容易掌握，所以我们常常可以看到日语学习者用错的句子。例如：

（1）お酒は2本、お茶やお菓子2箱など。1や3になると、人に嫌がられ、無礼〈とみなす→とみなされる〉。（学部4年生/学習歴3年半/滞日0/作文）

（2）カラスは、日本では神の使い〈と見なす→と見なされる〉存在であるが、中国では不祥なものとされている。（学部4年生/学習歴3年半/滞日0/卒論）

（3）なぜかというと、ドイツでは食べるときに音をずるずる立てるのは教育程度の低さの印〈と見なす→と見なされる〉からです。人はスープも可能な限り音を立てずに飲みます。（D2/学習歴10年/滞日2年半/作文）

　　例句（1）—（3）都不能使用主动句，只能使用被动句。我们使用语料库『中納言 KOTONOHA「現代日本語書き言葉均衡コーパス」』『国語研日本語ウェブコーパス』等进行了检索，结果发现在相似的短语或句式中使用「みなす」的主动形式和被动形式都是成立的。例如：

（4）a. 同行していたスペインの執事長はこれを無礼とみなし憤然と突き返して、こう言った、「スペイン王妃には［下々のような］脚などございませぬ」。（『国語研日本語ウェブコーパス』）

　　b. このあと、さらにパンとバターとチーズが出てくるのだ。そして席をかえてコーヒーとなる。タバコも別室で喫う。食事のコース中の喫煙は、無礼とみなされる。（小塩節『トーマス・マンとドイツの時代』）

（5）a. もう一つは、米国の他者に対するアメリカナイズの圧力だ。自ら

を世界のベスト、さながら"超人間"とみなしていて、支持し、まねない者－例えば、コーラ飲料を飲まず、<u>ジーンズを履かない者は非文明人だとみなす</u>。(『東京新聞』2001)

b. 慣例や先例によりかかって判断をしているだけでは、新しい仕事を進めることができないからです。ですから、<u>そういう人は無能な人だとみなされてしまいます</u>。(渡部淳『国際感覚ってなんだろう』)

(6) a. 前二項の規定により<u>議決権等を行う者は</u>、<u>出席者とみなす</u>。(『森林組合法1978』)

b. 理事会においては、やむをえない理由がある場合、理事は、他の各理事の同意を得た上で、同時的通信手段による会議への参加が認められ、<u>出席者と見なされる</u>。(『国語研日本語ウェブコーパス』)

在例句(4)—(6)中,a使用的是主动句,b使用的是被动句。既然如此,例句(1)—(3)使用主动句为什么会被判断为偏误用法呢?

池上(1981:227,280)认为主动句和被动句根本的区别在于:主动句明示施事,句子的焦点置于施事,以一种「する的な観点」表述事件;与之相对,被动句避免提及施事,将焦点置于整个事件的出现上,以一种「なる的な観点」表述事件。从言语类型角度来看,日语是「なる的な言語」,喜欢将焦点置于事件的出现和结果状态上。村木(1991:187,198)认为表动作作用的动词构成的主动句凸显的是施事的行为动作,而被动句会弱化这种行为动作性,将事件作为一个整体来把握,描述的是一种状态。也就是说,「とみなす」指的是"A把B看作C",而「とみなされる」指的是"B被(A)看作C"或"B被公认为C(大家或社会上都认为B是C)"。

在例句(4)a「同行していたスペインの<u>執事長</u>はこれを<u>無礼とみなし</u>憤然と突き返して、こう言った」中,「執事長」是施事,即「みなす」这个动作行为是由「執事長」实施的,而不是由他人实施的,所以需要使用主动句。与此相反,在例句(4)b「食事のコース中の<u>喫煙は</u>、<u>無礼とみなされる</u>」中,「みなされる」这个动作行为不是说话人的行为,而是他人的动作行为,即"被(别人或社会)看作不懂礼貌的行为",所以需要使用被动句。例句(5)a「コーラ飲料を飲まず、<u>ジーンズを履かない者は非文明人だとみなす</u>」的施事是"美国",即「みなす」是"美国"的动作行为,是美国把不喝可乐、不穿牛仔裤的人视为不文明人,而不是别人,所以只能使用主动句。而例句(5)b「<u>そういう人は無能な人だとみなされてしまいます</u>」需要表达的是"这种人被(别人或社会)看作无能之辈",而不是说话人"把这种人看作无能之辈",所以只能使用被动句,不能使用主动句。例句(6)a和例句(6)b的不同也是如此。

由此可见,「みなす」的主动句和被动句各自表达的意思完全不同,有的时候

可以共现在一个句子或语段中,各表其义,语义上不会发生冲突。例如:

(7) 英国の国民保健サービス(NHS)によると、英国の証明書は現在、キプロスを含む欧州連合(EU)加盟国など30カ国あまりで有効と見なされている。奇妙なのは、英国が逆に、自国の証明書以外を有効と見なしていないこと。EU各国で接種を受けても、英国入国の際にはおおむね自主隔離が必要になる。(『朝日新聞』2021)

(8) 政府は「反対」という言葉を黙殺し、政策を支持しない者を敵と見なす。……集会は七十二時間前までに警察に届けなければならず、無視すれば非合法集会と見なされる。(『朝日新聞』1997)

例句(7)表达了2个信息:一个是别的国家如何对待"英国的证明",另一个是英国自己如何对待其他国家的证明。第一个信息中的主语「英国の証明書」表受事,而不是施事,需要表达的是这个"英国的证明"在30多个国家被视为有效这个事实和结果,而不是谁把"英国的证明"视为有效,所以必须使用被动句表达。第二个信息中的主语「英国」表施事,而不是受事,「自国の証明書以外を有効と見なしていない」是施事「英国」的动作行为,即"英国并未将自己国家以外的证明视为有效",所以这里只能使用主动句,不能使用被动句。例句(8)也表达了2个信息:一个是政府如何看待不支持政策的人,另一个是集会是如何被看待的。在第一个信息中,「政府」作主语表施事,需要表达的是"政府把不支持政府政策的人视为敌人",所以只能使用主动句。而在第二个信息中,「集会」作主语表受事,句中没有施事,表达的是"集会被视为非法集会",所以只能使用被动句。在例句(7)和例句(8)中,表达的视点做了切换。例句(7)从受事的角度切换为从施事的角度进行表述,即从表事件的结果切换为表施事的动作行为;例句(8)从施事的角度切换为从受事的角度进行表述,即从表施事的动作行为切换为表事件的结果。

根据上述「とみなす」和「とみなされる」的使用条件,现在我们来分析一下例句(1)—(3)的偏误用法。例句(1)「お酒は2本、お茶やお菓子2箱など。1や3になると、人に嫌がられ、無礼〈とみなす→とみなされる〉」需要表达是客观的结果,即"送礼时送单数的话,会被视为失礼",而不是要表达谁把送单数视为失礼,所以只能使用被动句,不能使用主动句。例句(2)「カラスは、日本では神の使い〈と見なす→と見なされる〉存在である」、例句(3)「なぜかというと、ドイツでは食べるときに音をずるずる立てるのは教育程度の低さの印〈と見なす→と見なされる〉からです」和例句(1)一样,句子需要表达的都不是施事对某事做出评判的动作行为,而是某种客观结果。例句(2)表示"乌鸦在日本被看作是神的使者",例句(3)表示"在德国进餐时发出声音被视为是受教育程度低的表现",都是被别人或社会如何看待,所以也都需要使用被动句,不能使用主动句。

综上所述,应该使用「とみなす」,还是「とみなされる」,其使用条件基本

如下：

① 当句子的焦点在施事对某事物做出认定和判断，表示"施事把某事物视为……"，句中施事作主语，或可以补出施事时，只能使用「とみなす」，不能使用「とみなされる」。

② 当句子的焦点在事件的结果状态，表示"某事物被（人、大家、社会）视为……"，句中受事作主语或话题，施事不作主语时，只能使用「とみなされる」，不能使用「とみなす」。

1.23　应该使用「と呼ぶ」，
还是「と呼ばれる」?

「と呼ぶ」什么时候使用主动句，什么时候使用被动句，对日语学习者来说是一个难点，我们在『YUKタグ付き中国語母語話者日本語学習者作文コーパス』中常常看到用错「と呼ぶ」和「と呼ばれる」的句子。例如：

(1) 中国では毎年の12月31日は一年一回の「除夜」と呼ばれているが、日本では、その日を「大晦日」〈と呼ばれる→と呼んでいる〉。(学部3年生/学習歴2年半/滞日0/作文)

(2) これらの作品では中国を「赤県」〈と呼ばれる→と呼んでいる〉。赤色を崇拝するのは習慣であり、徐々に中国人の生活の中に浸透している。(学部4年生/学習歴3年半/滞日0/卒論)

(3) 広場で踊ることを広場舞〈と呼ばれる→と呼ぶ〉。主な参加者は中高年婦人である。(M1/学習歴5年/滞日0/感想文)

(4) そして、中国民族の始祖である神農氏を炎帝〈と呼ばれた→と呼んだ〉。(M3/学習歴6年/滞日0/修論)

例句(1)—(4)的偏误有一个共同的特点：受事都用「を」标记，句式都是「NP₁を＋NP₂と＋呼ばれる」。句式中谓语动词都应该使用「呼ぶ」，不能使用「呼ばれる」。是不是「NP₁を＋NP₂と＋呼ばれる」这个句式不成立呢？对此，我们使用语料库『中納言KOTONOHA「現代日本語書き言葉均衡コーパス」』进行了检索，结果发现使用主动句和被动句都是成立的。例如：

(5) a. それを承知のうえで、北海道人は<u>津軽の海の南を「内地」と呼び</u>、自らを特殊化したのである。(宮良高弘『日本文化を考える』)

    b. 本州日本海側のほぼ中央に位置する福井県は、県央にある木の芽山地を境にして<u>以北を嶺北地区、以南を嶺南地区と呼ばれている</u>が、その地理的環境から古より関西圏と北陸・関東圏を結ぶ役割を担っており……(南保勝『地域産業発達史』)

(6) a. 旧暦六月は新暦七月に相当するが、旧暦では六月の<u>異名を「みなづ</u>

き」と呼ぶ。(古賀健藏『香合』)

b. その頃彼は<u>綽名を禿鷲と呼ばれて</u>、口市の盛り場一帯に鬱然たる勢力を張っておりましたが……(夢野久作『新作探偵小説全集　全九巻』)

例句(5)a和例句(6)a使用的是「NP$_1$を＋NP$_2$と＋呼ぶ」,例句(5)b和例句(6)b使用的是「NP$_1$を＋NP$_2$と＋呼ばれる」。那么,例句(1)—(4)为什么会被判断为偏误用法呢?

小泉等編(1989:539)认为「と呼ぶ」的句式是:「[人]{が/は}[人、事物、时间、场所]を[名称]と呼ぶ」。例如:

(7) 人々は彼を「天才」<u>と呼んだ</u>。

(8) 日本では11月3日を「文化の日」<u>と呼んでいる</u>。

(以上例句来自小泉等編,1989:539)

例句(7)中的「人々」作主语表施事,「彼」作宾语表受事,「～と呼ぶ」是「人々」的行为,句子表示"人们称他为天才"。在例句(8)中,作主语的施事没有出现,但这个施事实际上是"日本",句子表示"(在)日本把11月3日叫作文化节"。

日本語記述文法研究会編(2009a:213)认为在被动句中作主语的并非主动句中的主语,而是受到动作影响和作用的人或物。及物动词用作被动句时,根据受事在句中充当的成分不同,可分为2种情况:

① 主动句中表受事的宾语作被动句中的主语,主动句中表施事的主语根据需要作被动句中的状语,这个类型的被动句被称作直接被动句,如例句(9)。

② 主动句中表受事的宾语在被动句中依旧作宾语,受事的所有者作被动句中的主语,主动句中表施事的主语根据需要作被动句中的状语,这个类型的被动句经常被称作所有者被动句,如例句(10)。①

(9) a. 佐藤が鈴木を殴った。

b. 鈴木が佐藤に殴られた。(日本語記述文法研究会編,2009a:216)

(10) a. 佐藤が<u>田中の肩を</u>こづいた。

b. <u>田中が</u>佐藤に<u>肩を</u>こづかれた。(日本語記述文法研究会編,2009a:216)

在例句(9)中,「鈴木」表受事,在主动句中作宾语,在被动句中作主语。「佐藤」表施事,在主动句中作主语,在被动句中作状语。

在例句(10)中,「肩」在主动句中作宾语表受事,在被动句中依旧作宾语。「田

---

① 也被称作保留宾语被动句。但保留宾语被动句不仅包括本文所讨论的所有者被动句,还包括不具有所有关系的其他情况,详见于(2012)。本文根据偏误现象,只讨论所有者被动句。

中」在主动句中作受事「肩」的定语,表示所有者,在被动句中作主语,表示受到了谓语动词所表动作的影响。

也就是说,及物动词构成被动句时,主语必须是受到动作作用和影响的人或物,主动句中的受事作主语时构成直接被动句,主动句中受事的所有者作主语时构成所有者被动句。例如:

(11) 建築・家具・ポスター・装身具などに植物や動物をモチーフに,有機的な曲線を使った<u>装飾様式はアール・ヌーヴォーと呼ばれた</u>。(小松敏明『高等学校 工芸Ⅱ』)

(12) あの目にきみょうな表情を持った<u>女の子は名前をリーズと呼ばれていた</u>が、わたしの向こうにこしをかけていた。(エクトール・アンリマロ著/楠山正雄訳『家なき子』)

例句(11)中的「装飾様式」作主语表受事,构成直接被动句;例句(12)中的「女の子」作主语,是受事「名前」的所有者,构成所有者被动句。也就是说,「と呼ぶ」构成所有者被动句时,其主语和直接被动句中的主语一样,也必须是受到动作影响的人或事物。

由此可见,当句中用「を」标记受事时,「と呼ぶ」的主动句与被动句的不同在于:

① 主动句中的主语表施事,不能表受影响者,主动句表示施事实施的动作,即"某人把某人/事物称为……"。

② 被动句中的主语表受影响者,不能表施事,主语是宾语的所有者,被动句表示"某人或某事物的所有物被称为……"。

正因为「と呼ぶ」的主动句与被动句的表义功能不同,所以可以共现在一个句子中。例如:

(13) オバマ米大統領から<u>ユキオと呼ばれ</u>、私からもバラク<u>と呼んでいる</u>。信頼関係構築ができた。(『毎日新聞』2009)

(14) さて一度の離婚歴、俗にバツイチ<u>と呼ばれる</u>のをテレビ業界では何<u>と呼んでいる</u>か?(『毎日新聞』1995)

例句(13)表达的是日本首相鸠山由纪夫被美国总统奥巴马称作「ユキオ」,自己称奥巴马总统为「バラク」。这句话的视点在说话人自己即鸠山由纪夫,而不在奥巴马,所以充当主语的成分被别人称作X时使用被动句,充当主语的成分称别人为X时使用主动句。例句(14)也一样。句中以「テレビ業界」为视点中心来表述,当表达别人将离过一次婚者称作「バツイチ」时,使用被动句,当需要表达「テレビ業界」自己是怎么称呼时,使用主动句。

例句(5)—(6)中a和b的不同也是如此。在例句(5)a「北海道人は津軽の海の南を『内地』と呼び」中,「北海道人」作主语表施事,实施「呼ぶ」这一动作行为,

施事是视点的中心,即"北海道人将津轻海的南面称作内地",所以需要使用主动句。而例句(5)b与例句(5)a不同。例句(5)b「福井県は、県央にある木の芽山地を境にして以北を嶺北地区、以南を嶺南地区と呼ばれているが、その地理的環境から古より関西圏と北陸・関東圏を結ぶ役割を担っており」表示的不是福井县把「県央にある木の芽山地以北」称为岭北地区,把「県央にある木の芽山地以南」称为岭南地区,即福井县不是施事,而是在福井县,「県央にある木の芽山地以北」被称为岭北地区,「県央にある木の芽山地以南」被称为岭南地区。「福井県」作主语,表示受影响者,是宾语「(木の芽山地)以北」「(木の芽山地)以南」的所有者,所以使用被动句。例句(6)a与例句(6)b的不同也是如此。

根据上述「と呼ぶ」和「と呼ばれる」的使用条件,现在我们来分析一下例句(1)—(4)的偏误问题。例句(1)如果说成「中国では毎年の12月31日は一年一回の『除夜』と呼ばれているが、日本では、その日を『大晦日』と呼ばれている」,句子在语法上并没有错,但是在视点上有问题。如果视点放在日本上,以日本为主来进行表述的话,应该使用主动句,说成「中国では毎年の12月31日は一年一回の『除夜』と呼ばれているが、日本では、その日を『大晦日』と呼んでいる」。相反,如果视点在中国上,句子就应该说成「中国では毎年の12月31日を一年一回の『除夜』と呼んでいるが、日本では、その日は『大晦日』と呼ばれている」,即前句使用主动句,后句使用被动句。如果视点既不在日本,也不在中国时,前句和后句都需要使用被动句。

例句(2)「これらの作品では中国を「赤県」〈と呼ばれる→と呼んでいる〉」、例句(3)「広場で踊ることを広場舞〈と呼ばれる→と呼ぶ〉」、例句(4)「中国民族の始祖である神農氏を炎帝〈と呼ばれた→と呼んだ〉」与例句(1)一样,表达的是"在这些作品中,把中国称为「赤県」""人们称在广场上跳舞为广场舞""人们把中华民族的始祖神农氏称为炎帝",即视点都在施事的动作行为上,因此需要使用主动句。另外,当受事「中国」「広場で踊ること」「神農氏」都用「を」标记,句中都不存在受事的所有者,句子不表示所有者受到影响时,通常也使用主动句。

综上所述,应该使用「と呼ぶ」,还是「と呼ばれる」,其使用条件基本如下:

① 当视点在施事,需要明确表达施事实施某种动作行为时,使用「と呼ぶ」,不能使用「と呼ばれる」。

② 当视点在受事,受事作主语或话题,无须强调施事的动作行为,或需要隐去施事时,使用「と呼ばれる」,不能使用「と呼ぶ」。

③ 当视点在受事的所有者,所有者作主语或话题,受事作宾语,需要表达所有者的所有物被称作X时,使用「と呼ばれる」,不能使用「と呼ぶ」。

1.24 应该使用「を与える」，还是「を与えられる」?

日语「与える」是一个需要 3 个名词一起组成句子的三价动词，一般要求施事、受事、与事 3 个名词共现。例如：

（1）その場合、<u>最高管理責任者</u>は、<u>被通報者</u>に<u>弁明の機会</u>を<u>与え</u>なければならない。(『国語研日本語ウェブコーパス』)

在例句（1）中，「最高管理責任者」表施事，「被通報者」表与事，「弁明の機会」表受事。三价动词构成被动句时，根据受事在句中充当的成分不同，可分为 2 种情况：一种是受事作主语的被动句，另一种是受事仍然作宾语的被动句。例如：

（2）<u>弁明の機会</u>が彼に与えられた。

（3）彼は<u>弁明の機会</u>を与えられた。

（以上例句来自小泉等编，1989：17）

在例句（2）中，受事「弁明の機会」作被动句中的主语，用「が」标记。在例句（3）中，受事「弁明の機会」和主动句中一样都作宾语，用「を」标记。例句（3）的用法我们称之为保留宾语被动句。在文章写作中应该使用主动句还是被动句，日语学习者往往会很犹豫，容易出错。例如：

（4）日本人は心をこめてすばらしいアニメを作っている。世界各地の人々は日本の特有な<u>文化</u>を〈<u>与えている→与えられている</u>〉。(学部 2 年生/学習歴 1 年半/滞日 0/作文)

（5）金をもらわなくても自分で好きなことができるのは本当にいいですね。しかし、何と言っても私が重要な<u>影響</u>を〈<u>与える→与えられた</u>〉ことはクラスの班長として様々なことをした経験です。(学部 2 年生/学習歴 2 年/滞日 0/作文)

（6）それ以外に、チベット族の人々も私に深い<u>印象</u>を〈<u>与えられた→与えた</u>〉。(学部 3 年生/学習歴 2 年半/滞日 0/作文)

（7）2008 年 5 月に四川省で起きた大地震は、壊滅的な<u>破壊</u>を中国に〈<u>与えられた→与えた</u>〉。(M1/学習歴 4 年/滞日 0/感想文)

　　例句(4)—(7)都是用「を」标记受事,但是例句(4)和例句(5)需要使用「与える」的被动句,不能使用主动句,而例句(6)和例句(7)需要使用主动句,不能使用被动句。那么,当句中需要用「を」标记受事时,什么时候可以使用主动句,什么时候可以使用被动句呢?

　　小泉等编(1989:16-17)认为「与える」表示将自己的所有物给别人,给对方工作、权利、机会,给对方好的或者不好的影响,给对方忠告、提醒,等等。常用的句式如下:

　①　[人、组织]が/は[人、生物、组织]に[物、奖]を与える。
　②　[人、组织、事]が/は[人、组织]に[物、事]を与える。
　③　[人、组织、物、事]が/は[人、组织、处所]に[物、事、心理]を与える。
　④　[人、组织]が/は[人、组织]に[话语、事]を与える。

例如:

(8) 外国の大学がその研究者に博士号を与えた。(句式①)

(9) 先生は生徒に宿題をたくさん与えた。(句式②)

(10) 台風がこの地域に被害を与えた。(句式③)

(11) 先生は生徒たちに注意を与えた。(句式④)

(以上例句来自小泉等编,1989:16-17)

　　以上「与える」主动句的句式可以归纳为「NP(施事)が/は+NP(与事)に+NP(受事)を+与える」。这个句式有一个非常严格的条件:无论是有生物还是无生物作主语,主语都表示谓语动作的实施者,可以统称为施事,句子表示施事将受事给予与事。

　　与主动句不同,用「を」标记受事的被动句称作"保留宾语被动句"。保留宾语被动句也有非常严格的组句条件,主语表示的是受影响者,而不是谓语动作的实施者。益冈(1987:184)认为受影响指的是主动句中「ガ」格以外的某名词所表示的人物或事物受到了心理或者物理的影响。「与える」构成的保留宾语被动句很常见。例如:

(12) 彼はフランスからレジオンドヌール勲章およびオハイオ大学から名誉文学博士号を与えられた。(『国語研日本語ウェブコーパス』)

(13) 当然ながら子どもたちは、沢山の宿題を与えられたようで、一人の女の子曰く「学校に来てる方がラク」なんて言ってました。(『国語研日本語ウェブコーパス』)

(14) 訪問者の多数は、私を含めて大なり小なりの被害を与えられています。(『国語研日本語ウェブコーパス』)

(15) 谷口はここで何度もロープを掴み、レフェリーから注意を与えられる。(『国語研日本語ウェブコーパス』)

例句(12)—(15)都是保留宾语被动句。例句(12)—(15)的主语「彼」「子ども
たち」「訪問者の多数」「谷口」表示的都不是实施「与える」这个动作的施事,而是
事件的受影响者。这里的受影响指的是物理的影响,主语表示受事宾语位移的终
点,即接受者。例句(12)的宾语「名誉文学博士号」表受事,句中的主语「彼」表「名
誉文学博士号」移动后的终点,即「名誉文学博士号」的接受者。例句(13)—(15)
也是如此。句中作主语的「子どもたち」「訪問者の多数」「谷口」也表终点,即事物
的接收者。所以在转换成主动句时,例句(12)—(15)的主语「彼」「子どもたち」
「訪問者の多数」「谷口」在主动句中都用「に」标记,表示与事,例如「オハイオ大学
が彼に名誉文学博士号を与えた」「(先生が)子どもたちにたくさんの宿題を与
えた」「(だれかが)訪問者の多数に被害を与えている」「レフェリーが谷口に注
意を与える」。

由此可见,当句中用「を」标记「与える」的受事时,「与える」的主动句与被动
句是不同的:

① 主动句中的主语表施事,不能表受影响者,而被动句中的主语表受影响
者,不能表施事。

② 被动句中的主语转换成主动句时,充当主动句中的与事,即主动句中的与
事在被动句中作主语,表受影响者。

根据上述「与える」的主动句和被动句的使用条件,现在我们来分析一下例句
(4)—(7)的偏误问题。例句(4)「世界各地の人々は日本の特有な文化を〈与えて
いる→与えられている〉」中的「世界各地の人々は」作主语,表示的不是传播「日
本の特有な文化」的施事,而是「日本の特有な文化」的接受者,即受影响者,所以
需要使用被动句,而不是主动句表达。例句(5)「何と言っても私が重要な影響を
〈与える→与えられた〉ことはクラスの班長として様々なことをした経験です」
也一样,句中的「私」作主语,但表示的不是「影響を与える」的施事,而是接受者,
即受影响者。这是因为句子表达的不是"我"给别人影响,而是"我"受到影响,所
以需要使用被动句,而不是主动句表达。

例句(6)「チベット族の人々も私に深い印象を〈与えられた→与えた〉」和例
句(7)「2008年5月に四川省で起きた大地震は、壊滅的な破壊を中国に〈与えら
れた→与えた〉」与例句(4)—(5)正好相反。在例句(6)中,作主语的「チベット族
の人々」表施事,实施「深い印象を与える」这个动作,而不是受影响者即接受者,
句中的「私」表与事,即接受者,所以该句不能使用被动句,只能使用主动句表达。
如果需要将接受者作主语表受影响者,那么这个句子需要说成「私は、チベット族
の人々からも深い印象を与えられた」。例句(7)也是如此。句中的主语「大地震
は」表示实施「壊滅的な破壊を与える」这个动作的施事,而不是受影响者即接受
者,句中的「中国」表与事,即接受者,所以该句也不能使用被动句,只能使用主动

句表达。

　　综上所述,当句中用「を」标记受事时,应该使用「を与える」,还是「を与えられる」,其使用条件基本如下:

① 当需要句中主语表施事,句子允许「NPに」共现表与事,句子用来表达施事对与事实施的动作行为且无须敬语表达时,只能使用「を与える」,不能使用「を与えられる」。

② 当需要句中主语表受影响者,即接受者,句子不允许「NPに」共现表与事,句子用来表达主语接受施事实施某种动作行为并受到其影响时,只能使用「を与えられる」,不能使用「を与える」。

1.25　应该使用「を受ける」，
还是「を受けられる」?

什么时候应该使用「を受ける」，什么时候应该使用「を受けられる」，日语学习者往往弄不清楚，常常用错。例如：

(1) しかし二人は突然の災難〈を受けられた→を受けた〉。春琴は他の人にお湯をかけられ、顔を潰した。（学部4年生/学習歴3年半/滞日0/卒論）

(2) 例えば、『篤姫』の中での天璋院だ。ドラマの影響〈を受けられ→を受け〉、今や彼女は現在の日本の若い女の子のアイドルと言っていいだろう。（学部4年生/学習歴3年半/滞日0/卒論）

(3) 美の尊厳が脅かされたことは彼女の強者の威容を失わせた。佐助は美に対して忠誠の試練〈を受けられた→を受けた〉。（学部4年生/学習歴3年半/滞日0/卒論）

(4) 服装倒錯の男の子のため、専門学校を成立したことも紹介した。彼らはその学校で定期的な心理診断〈を受けられ→を受け〉なければならない。（M1/学習歴5年/滞日0/感想文）

例句(1)—(4)中都应该使用「を受ける」，不能使用「を受けられる」。是不是「〜を受けられる」这个句式不成立呢？对此我们使用语料库『中納言KOTONOHA「現代日本語書き言葉均衡コーパス」』『国語研日本語ウェブコーパス』进行了检索，结果发现「〜を受ける」和「〜を受けられる」都是可以成立的。例如：

(5) a. カワセミは災難を受けたけれど、縁あってこの手の平に載せたカワセミが、幸せを運ぶ青い鳥となりますように……と、本日試合に臨んでいるゴエモンの事などを思い浮かべながら、私は心の中でそっと願った。（『国語研日本語ウェブコーパス』）

　　b. また、浮宝の神として漁業航海方面の信仰も強く、また大国主命が何回もの厄難をうけられる毎に、（稲葉の白兎で有名）この大神に

たよられ難を免がれたので、「いのち神」として古来大難病難を除
ける信仰がつづいている。(『国語研日本語ウェブコーパス』)

(6) a. 美千代は政太郎の影響を受けて、人間は皆同じだ、と時折言う。(三
浦綾子『銃口』)

b. 先生はそうしたチョムスキーのスタンスから影響を受けられまし
たか。(小学校の英語教育導入反対など)教育問題、教育制度問題に
ついて、先生は積極的に発言をされていますよね。(『国語研日本語
ウェブコーパス』)

在例句(5)和例句(6)中,a使用的是「～を受ける」,b使用的是「～を受けら
れる」。既然如此,为什么例句(1)—(4)使用「～を受けられる」会被判断为偏误
用法呢?

小泉等編(1989:57)认为「～を受ける」有如下8种用法:

① 接住某物。

② 主动接受某行为或影响。

③ 身心上承受他人的行为或外部作用。

④ 从某处获得某个好的东西。

⑤ 让身体晒太阳、吹风等。

⑥ 承蒙上天、自然等的恩赐。

⑦ 继承。

⑧ 相信某人的话、传闻等。

例如:

(7) 母は天井からの雨漏りをバケツに受けた。(用法①)

(8) 店は大会社から注文を受けた。(用法②)

(9) 私はその知らせにショックを受けた。(用法③)

(10) 青年団は市から功労賞を受けた。(用法④)

(11) 帆は風を受けて膨らんだ。(用法⑤)

(12) 私たちは自然から恩恵を受けている。(用法⑥)

(13) 恵子は母方の血筋を受けている。(用法⑦)

(14) 弟はその話を真に受けた。(用法⑧)

(以上例句来自小泉等編,1989:57-58)

表示用法①"接住某物"的「～を受ける」可以构成被动句,表示用法②"主动
接受某行为或影响"的「～を受ける」也可以构成被动句,但用法上受到很大的限
制。例如:

(15) 油が鍋に受けられた。

（16）注文が彼らによって受けられた。

（以上例句来自小泉等編，1989：58）

在例句（15）和例句（16）中，受事「油」「注文」作主语，施事无须共现，当施事共现时，使用「によって」标记，被动句表示受事的结果状态。无论句中施事是否共现，例句（15）和例句（16）都蕴含施事的动作行为，即施事主动实施「油を受ける」「注文を受ける」。「受ける」只有在表示施事主动实施的动作行为时，才能构成被动句。

岸本（2010：204）认为「～を受ける」的用法可以分为表示"行为"和"位移"2种。例如：

（17）メアリーが{期末テスト/授業}を受けた。

（18）メアリーが{損害/お叱り/奨学金}を受けた。

（以上例句来自岸本，2010：205）

例句（17）的「～を受ける」表示主语「メアリー」实施的意志性行为。例句（18）的「～を受ける」不表「メアリー」的意志性行为，而表示「損害/お叱り/奨学金」位移到主语「メアリー」处。这种「～を受ける」表示位移的用法蕴含被动义，相当于「（ら）れる」。这种蕴含被动义的「～を受ける」不能再构成「～が受けられる」形式的被动句，如例句（19）。但是表示意志性行为的「～を受ける」可以构成被动句，如例句（20）。

（19）a. ×激励がジョンに受けられた。

　　　b. ×攻撃が彼らに受けられた。

　　　c. ×影響が彼女の運命によって受けられた。

（20）a. あの選手は、このボールを素手で受けた。

　　　b. このボールは、あの選手によって（素手で）受けられた。

（以上例句来自岸本，2010：212）

也就是说，当「受ける」表示施事实施的意志性行为时，才能使用「（ら）れる」形式的被动句。被动句中受事作主语，被动句式为「NP$_1$が/は＋（NP$_2$によって）＋受けられる」，表示的是受事的结果状态。当句中的主语不表施事，而是事物位移的承受者时，「受ける」不表意志性行为，「NP$_1$が/は＋NP$_2$を＋受ける」这一句式本身就蕴含被动义，不能再使用「受けられる」形式表被动。

由此可见，「受ける」作被动句时，通常需要受事作主语。那么，当需要受事继续作宾语，构成「NPを受けられる」这种保留宾语被动句①时，需要满足什么条件呢？

于（2013：8）认为日语保留宾语被动句根据主语与宾语的语义关系可以分为

---

① 保留宾语被动句指的是主动句中的宾语在被动句中依旧用作宾语的句式。

— 104 —

2类：一类是主语与宾语之间存在所有所属关系、整体与部分的关系、亲属关系等，如例句（21）；另一类是主语与宾语之间不存在语义关系，如例句（22）。

（21）太郎は犬に手をかまれた。

（22）この後、北京で2つ目の金メダルを手にした内柴容疑者は、故郷・熊本県の九州看護福祉大から声をかけられる。

（以上例句来自于，2013：8）

无论主语与宾语之间是否存在语义关系，保留宾语被动句都是为了凸显主语「太郎」「内柴容疑者」受到事件的影响。也就是说，保留宾语被动句的主语表示的是受影响者，而不是谓语动作的实施者。下面我们来看一下「受ける」构成的保留宾语被动句。例如：

（23）ボールを三塁手に受けられた。（小泉等編，1989：58）

（24）俺はそんなに信用されてないの？適当に言った事を真に受けられていて凄い嫌だ。（『国語研日本語ウェブコーパス』）

例句（23）表示主语受到「三塁手がボールを受けた」这一事件的影响，句中隐去了主语，比如「自分が応援しているチーム」。例句（24）表示「俺」受到「人が俺の適当に言ったことを真に受けている」的影响。也就是说，当「受ける」构成保留宾语被动句时，主语表示的是事件的受影响者。

据此，我们来分析一下例句（5）和例句（6）。例句（5）和例句（6）中的动词短语「災難を受ける」「影響を受ける」不表意志性行为，表示「災難」「影響」位移至主语，主语被动地承受「災難」「影響」。由于「災難を受ける」「影響を受ける」已经蕴含被动义，所以不能再使用「受けられる」表示被动。但是，例句（5）b和例句（6）b中作主语的似乎也可以解释为受灾难、受影响的人，为什么还能使用「～を受けられる」呢？实际上，在例句（5）b「また、浮宝の神として漁業航海方面の信仰も強く、また大国主命が何回もの厄難をうけられる毎に、（稲葉の白兎で有名）この大神にたよられ難を免れたので、『いのち神』として古来大難病難を除ける信仰がつづいている」中，「られる」不表被动，而是表示对「大国主命」的尊敬，「られる」是敬语用法。例句（6）b「先生はそうしたチョムスキーのスタンスから影響を受けられましたか」和例句（5）b一样，「られる」也是敬语用法。

根据上述「～を受ける」和「～を受けられる」的使用条件，现在我们来分析一下例句（1）—（4）的偏误问题。例句（1）「しかし二人は突然の災難〈を受けられた→を受けた〉」需要表达的是"两人（被动地）遭受到突然而来的灾难"。由于「二人は災難を受ける」不表意志性行为，只表「災難」位移的结果，而且其本身就蕴含被动义，所以不能再使用「を受けられる」。

例句（2）「ドラマの影響〈を受けられ→を受け〉、今や彼女は現在の日本の若い女の子のアイドルと言っていいだろう」、例句（3）「佐助は美に対して忠誠の

試練〈を受けられた→を受けた〉」、例句(4)「彼らはその学校で定期的な心理診断を〈を受けられ→を受け〉なければならない」与例句(1)一样。在「彼女は影響を受ける」「佐助は試練を受ける」「彼らは診断を受ける」中,主语「彼女」「佐助」「彼ら」都是「を受ける」的受影响者(经验者),但都不表意志,而是表事物位移的终点,所以也都只能使用「を受ける」,不能使用「を受けられる」。

综上所述,应该使用「を受ける」,还是「を受けられる」,其使用条件基本如下:

① 当需要施事作主语,「受ける」表主语的意志性动作行为,且无须表示尊敬或可能义时,只能使用「を受ける」,不能使用「を受けられる」。

② 当需要受影响者作主语,「受ける」不表主语的意志性动作行为,而是表主语承受事物位移的结果时,使用「を受ける」,不能使用「を受けられる」。

③ 当需要受影响者作主语,「受ける」不表主语的动作行为,而是表他人实施的意志性动作行为时,只能使用「を受けられる」,不能使用「を受ける」。

1.26　应该使用「を打つ」，
还是「を打たれる」?

在日语中，当需要表达施事（包括自己和别人）打人时，通常需要使用主动句。但是如果是某人或某人身体的一部分被打时，通常需要使用被动句。例如：

（1）a. 監禁、傷害の逮捕容疑についても「部屋の合鍵や現金などをわたし、買い物にも行かせていた」「<u>少女</u>は普段から<u>自分の顔を</u>自分で<u>殴ったり</u>、ペンチで体をつねったりしていた」などと否認し、捜査本部に対しては、今後も黙秘を続ける意向を示しているという。（『筑波ウェブコーパス』）

　　 b. センターの主任相談員のデビンケさんによると、一般に夫の暴力には波があり、<u>妻は殴られる</u>度に「もう少し我慢していれば、また優しくなってくれるだろう」と自分に言い聞かせ、長い年月を過ごしてしまうという。（『毎日新聞』1995）

（2）a. 約10分後には西に約300メートル離れた同区新宿3の路上で、<u>男が</u>傘で女性の<u>顔などを殴った</u>。（『毎日新聞』2009）

　　 b. <u>従業員3人</u>が男らに<u>顔などを殴られた</u>。（『毎日新聞』2009）

但是，在日语中，并非所有主动句都用来表示施事的动作行为。什么时候应该使用被动句表示被动的动作行为，什么时候应该使用主动句表示被动的动作行为，日语学习者往往弄不清楚，容易用错。例如：

（3）映画館の上映コストを考慮すると全国の入場料は5元になった。単純なストーリだが、観衆たちの心〈<u>を打たれた→を打った</u>〉。（学部4年生/学習歴3年半/滞日0/作文）

（4）頭を下げては上げ、上げては下げるうちに、とうとうバーンと、頭〈<u>を打たれました→を打ちました</u>〉。（大学日本語教員/学習歴11年/滞日5年8ヶ月/ブログ）

例句（3）和例句（4）都不应该使用被动句，而应该使用主动句。但是，我们使用语料库『中納言KOTONOHA「現代日本語書き言葉均衡コーパス」』进行检索

后发现，「NP（身体部位）を打つ」与「NP（身体部位）を打たれる」都是可以成立的。例如：

（5）a. だからこそ、<u>大道の作品は見る人の心を打つ</u>。（赤羽康男『北アルプス山麓をゆく』）

　　　b. 悲しみの真っただ中にありながら、病気のわたしの身を思って、そんなにまで心を使ってくださった西村先生の奥さんに、<u>わたしは心を打たれた</u>。（三浦綾子『塩狩峠：道ありき』）

（6）a. <u>菊春は土手から転落して頭を打って絶命したらしく</u>、刑事のケイ子（黒田福美）も事故とみていた。（『新潟日報』2005）

　　　b. <u>僕は僕の母に全然面倒を見て貰ったことはない</u>。何でも一度僕の養母とわざわざ二階へ挨拶に行ったら、いきなり<u>頭を長煙管で打たれたことを覚えてゐる</u>。（芥川龍之介『點鬼簿』）

在例句（5）和例句（6）中，a使用的都是主动句，b使用的都是被动句。既然如此，例句（3）和例句（4）使用被动句为什么会被判断为偏误用法呢？

森田（1989：186）认为「うつ」有4种写法，即「うつ」「打つ」「撃つ」「討つ」，词性上归类为及物动词，但动宾的语义结构非常复杂。例如：

① 宾语表受事。

② 宾语表工具。

③ 宾语表结果。

（7）順子は平手で<u>健二のほおを打った</u>。（语义①）（小泉等編，1989：63）

（8）<u>鉄砲をうつ</u>。（语义②）（森田，1989：186）

（9）<u>ホームランをうつ</u>。（语义③）（森田，1989：186）

「うつ」构成的动宾短语既可以表示无意的动作行为，也可以表示有意的动作行为。当表示无意的动作行为时，作主语的如果是人，通常称作经验者，如果主语是事物，通常称作原因；但表示有意的动作行为时，作主语的人通常称作施事。例如：

（10）机の角で<u>腰を強く打った</u>。（无意）

（11）転んで<u>頭を打ってしまった</u>。（无意）

（12）シュバイツァー博士の話は<u>私の心を打った</u>。（无意）

（13）人々の<u>胸を打つ善行</u>。（无意）

（14）金槌で<u>釘を打つ</u>。（有意）

（15）グローブで<u>相手のボディーを打つ</u>。（有意）

（16）（掌で）<u>鼓を打つ</u>。（有意）

（17）腕に<u>注射を打つ</u>。（有意）

　　　　　　　　　　　　　　　　　　　（以上例句来自森田，1989：186）

小泉等编(1989:63)认为「打つ」与表身体部位的名词构成动宾短语时可以表示具体意义的"击打"或"撞到",但与「心」「胸」构成动宾短语时可以表示抽象意义的"打动""感动"。例如:

(18) 祖父はテーブルの角で頭を打った。

(19) その生徒の言葉がみんなの心を打った。

(以上例句来自小泉等编,1989:63)

如例句(18)和例句(19)所示,作主语的成分既可以是人,也可以是事物。在例句(18)中,「祖父」作主语,看起来好像是实施「頭を打った」这个动作的施事,但事实上并非如此。动作的确是「祖父」的动作,但是「祖父」并非有意实施该动作,也无法控制该动作,而是经历了该动作,所以被称作经验者。在例句(19)中,「その生徒の言葉」作主语,看起来好像是使用拟人化的手法表示施事,实际上这个主语与致使句「この知らせは彼女を困らせた」中的主语「この知らせ」相似,表示诱因,即"大家之所以感动,是因为那个学生的一番话"。

虽然「心を打つ」「頭を打つ」「胸を打つ」可以用来表示无意的动作行为,但是「心を打つ」与「胸を打つ」「頭を打つ」不同。「心を打つ」中的「心」表示的不是具体的身体部位,而是感情义的"心",「胸を打つ」中的「胸」既可以表示具体的身体部位,又可以表示感情义的"心",「頭を打つ」中的「頭」只表示具体的身体部位。三者用在被动句中时,与主动句的蕴含义不同。例如:

(20) a. 美江は築地小劇場時代からの蓉子の友人。藤八郎は能役者。登美江は老人性痴呆症で、蓉子とチェーホフの「かもめ」のせりふを語る時だけ同調するが、日常ほとんど反応がない。藤八郎が懸命に登美江の世話を続ける姿が心を打つ。(『毎日新聞』1995)

b. 黒沼さんは九年前のメキシコ大地震の時、故国・日本の人たちから寄せられた援助に強く心を打たれた。(『毎日新聞』1995)

(21) a. 石原京子さん(55)の計四人が全身を打つなどし死亡。松村運転手も胸を打って軽いけが。(『毎日新聞』1995)

b. 3日本紙に「無保険の子」救済という特集記事があり、「私たちには『伝える』ことしかできないが、『伝え抜く』と胸に誓って」という言葉は胸を打ちました。ジャーナリスト・大谷昭宏さんの言葉を借りますが、本当に新聞力の神髄を示したと思います。(『毎日新聞』2009)

c. 津波の破壊力に圧倒されたが、すべてを失っても「私たちにも何かできることはないか」と申し出る被災者たちに胸を打たれた。(『毎日新聞』2009)

(22) a. 5年前の出来事が琴冠佑の相撲人生を狂わせた。部屋の近くで、

自転車に乗っていた時のことだった。信号の変わり目で交差点に進入すると、横道から突っ込んで来たオートバイと衝突。頭を打ち、右足を骨折した。(『毎日新聞』1995)

　　b. 転校生が本当にラベルどおりの「スゴイ奴」である確率は、道を歩いていて空から落ちてきた隕石に頭を打たれて死ぬ確率と、どっこいどっこいというところだ。騒ぐ必要なんか、全然ない。(宮部みゆき『ブレイブ・ストーリー』)

　　在例句(20)a中,「[藤八郎が懸命に登美江の世話を続ける姿が]心を打つ」是主动句,在例句(20)b中,「黒沼さんは[日本の人たちから寄せられた援助に]強く心を打たれた」是被动句,句中的「心を打つ」和「心を打たれる」都用来表示无意的动作行为,即"感动"的意思。但是,两者的表义功能不同。例句(20)a中的经验者是说话人自己,「藤八郎が懸命に登美江の世話を続ける姿が」作主语表「心を打つ」的诱因。与此相对,例句(20)b中的「黒沼さん」作主语表「心を打たれる」中「心」的所有者,「日本の人たちから寄せられた援助」作状语表「心を打たれる」的原因。也就是说,当句中主语表示诱因,动词表示无意的动作行为即"令人感动"时,使用主动形式「心を打つ」,不使用被动形式「心を打たれる」。当句中需要经验者即「心」的所有者作主语,表原因等的成分共现并作状语,而不是主语时,只能使用被动形式「心を打たれる」,不能使用主动形式「心を打つ」。

　　例句(21)a—c中的「胸を打つ」和「胸を打たれる」都用来表示无意的动作行为。例句(21)a的「胸を打つ」表示主语「松村運転手」的身体部位胸部无意间受到撞击,所以使用主动句。例句(21)b的「胸を打つ」表示感动的意思,句中表诱发感动的成分「～という言葉」作主语,而不是状语,所以也使用主动句。例句(21)c的「胸を打たれる」就不同了,「胸」的所有者作主语,表原因的成分「すべてを失っても『私たちにも何かできることはないか』と申し出る被災者たち」在句中作状语,而不是主语,所以使用被动句。

　　例句(22)a的「頭を打つ」表示具体的身体部位头部无意间受到撞击,句中没有表施事的成分作状语,所以使用主动句。而例句(22)b的「頭を打たれる」就不同了,「空から落ちてきた隕石」在句中作状语表施事(拟人化用法),所以使用被动句,表示"被陨石砸中头部"。

　　根据上述「を打つ」和「を打たれる」的使用条件,现在我们来分析一下例句(3)和例句(4)的偏误问题。例句(3)「単純なストーリだが、観衆たちの心〈を打たれた→を打った〉」需要表达的是无意的动作行为,前句的「単純なストーリ」是句子的逻辑主语,即「単純なストーリが観衆たちの心を打った」,所以只能使用主动句,不能使用被动句。如果「単純なストーリ」不是作主语,而是作状语,如「観衆たちが単純なストーリに心を打たれた」所示,就需要使用被动句,而不是

主动句。但是例句(3)中的「単純なストーリ」不能解释为(逻辑上的)状语,所以不能使用被动句。例句(4)「頭を下げては上げ、上げては下げるうちに、とうとうバーンと、頭〈を打たれました→を打ちました〉」需要表达的是作者自己在无意之间撞到了头部,句中也没有施事作为状语共现,不是表示被别人打了头,所以也只能使用主动句,不能使用被动句。

　　综上所述,应该使用主动句「NP(身体部位)を打つ」,还是被动句「NP(身体部位)を打たれる」,其使用条件基本如下:

① 当需要表示某人具体的身体部位无意撞到了某处,身体部位的所有者作主语时,使用「NP(身体部位)を打つ」,不使用「NP(身体部位)を打たれる」。

② 当需要表示无意发生的动作行为,「胸」「心」等不表具体的身体部位,而是表示感情义的"心",句中表诱因的成分作主语,而不是作状语时,使用「NP(身体部位)を打つ」,不使用「NP(身体部位)を打たれる」。

③ 当需要表示无意发生的动作行为,句中表诱因的成分作状语,而不是作主语时,使用「NP(身体部位)を打たれる」,不使用「NP(身体部位)を打つ」。

④ 当需要「打つ」表示施事有意的动作行为,施事作主语时,使用「NP(身体部位)を打つ」,不使用「NP(身体部位)を打たれる」。相反,当受影响者即身体部位的所有者作主语,「打たれる」表示结果状态时,使用「NP(身体部位)を打たれる」,不使用「NP(身体部位)を打つ」。

1.27 应该使用「が/は……（を）書く」，还是「が/は……（を）書かれる」？

日语「（ら）れる」是被动句的语法标记，这个语法标记不仅可以表示被动，还可以表示尊敬、自发、可能。被动句的语法标记还可以表示敬语这个用法是日语的一大特点，这种用法在汉语中是没有的。在什么情况下使用「（ら）れる」表被动，在什么情况下使用「（ら）れる」表尊敬，对日语学习者来说是一个难点，所以我们常常看到日语学习者用错的句子。例如：

（1）グループ内の皆さんは全部鉛筆で作文を〈書かれた→書いていた〉ことに気づいたからです。ボールペンで書いたのは私だけ、しかも汚い添削は何箇所もありました。（M2/学習歴5年半/滞日2年半/作文）

（2）もう一つは、この論文では、二つの可能性の結果をどう説明するのかを既に〈書かれている→書いている〉。（M1/学習歴5年/滞日1年/作文）

（3）邱永漢氏が『中国人と日本人』という本では中国人と日本人の違いについて次のように〈書かれている→書いている〉。（M3/学習歴6年/滞日0/修論）

例句（1）—（3）都需要使用「書く」，不能使用「書かれる」。例句（1）—（3）有3个共同的特点：主语（包括句中没有出现但可以补全的情况）都是有生物，如「グループ内の皆さん」「邱永漢氏」；谓语都是及物动词「書く」；句式都是「NP_1が/は＋NP_2で（＋NP_3を）＋書かれる」。这里有一点需要注意，虽然句式相同，但句中的NP_2的论元不同，例句（1）中表工具，例句（2）—（3）中表处所。那么，是不是在「NP_1（人）が/は＋NP_2（工具）で（＋NP_3を）＋書かれる」和「NP_1（人）が/は＋NP_2（处所）で（＋NP_3を）＋書かれる」句式中都不能使用「書かれる」，而只能使用「書く」呢？对此我们使用语料库『中納言KOTONOHA「現代日本語書き言葉均衡コーパス」』『国語研日本語ウェブコーパス』进行了验证，结果发现既有使用「書く」的例句，又有使用「書かれる」的例句。例如：

（4）a. 篠田桃紅さんは、何畳もの大きな紙に、太い筆で大きな文字を書かれます。（日野原重明『私の幸福論』）

b. そのかわり、刷り上がった作品のマージンに、作家は鉛筆で自分の名前をサインしたり、制作年を書いたりする。(貴田庄『レンブラントと和紙』)

（5）a. 藤田晋は、元妻の奥菜恵に暴露本で私生活を書かれ、宇野康秀の運営するUSENは業績が悪化した。(Yahoo！ブログ)

b.「通詞たちは、ただ日常語を憶えているだけで、書物を読んだり文章を訳したりする能力がなかった。その理由を通詞たちは、大公儀が、通詞といえどもかの国の書物を読むということは禁じてきたためである」という意味の弁解をしたということを、昆陽よりすこし後の蘭学者である大槻玄沢がその著『蘭学階梯』で書いている。(司馬遼太郎『胡蝶の夢』)

（6）a. 片山右京さんがブログで書かれていました。「朝は、いつも新しいエネルギーを与えてくれる。どんな辛い事があっても、トゥモローイズアナザーデイだ。一晩たって、新しい朝を迎えれば、また元気に頑張れるんだ。」(『国語研日本語ウェブコーパス』)

b. 医師らは、子宮摘出はホルモン療法の副作用軽減の為であるかのように論文では書いていましたが……(『国語研日本語ウェブコーパス』)

在例句（4）—（6）中，a 的句式相同，都是「NP$_1$が/は＋NP$_2$で（＋NP$_3$を）＋書かれる」，b 的句式也相同，都是「NP$_1$が/は＋NP$_2$で（＋NP$_3$を）＋書く」。例句（4）a 的主语「篠田桃紅さん」和例句（4）b 的主语「作家」、例句（5）a 的主语「藤田晋」和例句（5）b 的主语「大槻玄沢」、例句（6）a 的主语「片山右京さん」和例句（6）b 的主语「医师ら」都是有生物，例句（4）a 的「太い筆」和例句（4）b 的「鉛筆」表工具，例句（5）a 的「暴露本」和例句（5）b 的『蘭学階梯』、例句（6）a 的「ブログ」和例句（6）b 的「論文」都表处所。从句式上看，例句（4）a—（6）a 与例句（1）—（3）相同。既然如此，为什么例句（4）a—（6）a 是对的，而例句（1）—（3）是错的呢？

日本語記述文法研究会編（2009a：213）认为及物动词用作被动句时，根据受事在句中充当的成分不同，可分为 2 种情况：

① 主动句中表受事的宾语作被动句中的主语，主动句中表施事的主语根据需要作被动句中的状语，这个类型的被动句被称作直接被动句，如例句（7）。

② 主动句中表受事的宾语在被动句中依旧作宾语，受事的所有者作被动句中的主语，主动句中表施事的主语根据需要作被动句中的状语，这个类型的被动句经常被称作所有者被动句。

（7）a. 佐藤が鈴木を殴った。

　　b. 鈴木が佐藤に殴られた。

　　　　　　　　　　　（以上例句来自日本語記述文法研究会編，2009a：216）

　　在例句（7）中，「鈴木」表受事，在主动句中作宾语，在被动句中作主语。「佐藤」表施事，在主动句中作主语，在被动句中作状语。

　　于（2012：3）根据主语和宾语之间的语义关系将日语保留宾语被动句分为2类：一类是主语与宾语之间具有所有所属关系、整体与部分的关系、亲属关系等，如例句（8）—（10）；另一类是主语与宾语之间不具有语义关系，如例句（11）。

（8）油屋の木村勘兵衛という人は、泥棒に入られて、この洋服をとられたんですか?

（9）女性従業員が椅子でクマに立ち向かおうとしたが、逆に右手をかまれた。

（10）私は父を殺された。

（11）この後、北京で二つ目の金メダルを手にした内柴容疑者は、故郷・熊本県の九州看護福祉大から声をかけられる。

　　　　　　　　　　　　　　　　　　　　（以上例句来自于，2012：1-3）

　　熊（2017：81-86）认为在日语保留宾语被动句中宾语是动作的直接受事，主语不是动作的直接受事，但受到了动作的间接影响，可称为受影响者。保留宾语可以是主语的身体部位、所有物、亲属关系、动作行为、侧面、相关空间等，如例句（12），保留宾语和主语之间也可以不具有领属关系，如例句（13）。

（12）a. 花子は太郎に頭を殴られた。（身体部位）

　　　b. 花子は太郎に財布を盗まれた。（所有物）

　　　c. 花子は太郎に弟を殴られた。（亲属关系）

　　　d. 花子は太郎に読書を妨げられた。（动作行为）

　　　e. 花子は太郎に姿を見られた。（侧面）

　　　f. 花子は太郎に部屋の中を見られた。（相关空间）

（13）a. 花子は太郎に頭に水をかけられた。

　　　b. 花子は太郎に家を造られた。

　　　　　　　　　　　　　　　　　　　　（以上例句来自熊，2017：81-83）

　　在例句（12）和例句（13）中，直接受到动作作用的都是「を」标记的受事，无论主语与宾语是否存在语义关系，主语「花子」都受到了「太郎」实施「NPをV」这一动作行为的影响。

　　也就是说，及物动词构成直接被动句时，充当主语的不能是施事，必须是受事；及物动词构成保留宾语被动句时，充当主语的不是受事，而是受影响者。

　　现在我们来分析一下例句（4）—（6）。例句（4）a的句式是「篠田桃紅さんは＋太い筆で＋大きな文字を書かれます」，句子是被动句，句中的「大きな文字

を」充当宾语,但是这个句子不是保留宾语被动句。日本語記述文法研究会編(2009b:242)认为当需要表达说话者对话题中的人物及其行为状态表示尊敬时,可使用「(ら)れる」形式。例如:

(14) 鈴木さんは毎日自宅から会社まで30分ほど歩かれるそうです。

(15) 久しぶりに先輩が来られるのを、皆楽しみにしています。

(16) 先生は懐かしそうに学生時代の話をされた。

(以上例句来自日本語記述文法研究会編,2009b:242)

例句(14)—(16)中的「鈴木さん」「先輩」「先生」都作主语,表「歩く」「来る」「話をする」的施事,所以这3个句子都不表被动,而是表尊敬。换句话说,当「(ら)れる」句中的主语表施事时,谓语动词「(ら)れる」形式不是表被动,而是表尊敬。

(17) 嬢次様は鞄の中から、貴方と、カルロ・ナイン嬢と、御自分と三人一緒に撮った写真の絵葉書を五枚ほど出して、羅馬字でお手紙を書かれました。(夢野久作『暗黒公使』)

(18) 皆さんがブログでどのような感想を書かれているのかリサーチしました。多くのご意見は美味しい！でしたが、セブンイレブンのユクレアの方が美味しい、という意見も有りました。(Yahoo！ブログ)

例句(17)和例句(18)看起来很像保留宾语被动句,但是句中作主语的「嬢次様」「皆さん」都是用来表「手紙を書く」「感想を書く」的施事,而不是受到动作影响的人,所以这2个句子都不是保留宾语被动句。按照「(ら)れる」句中的主语表施事时,「(ら)れる」形式不是表被动而是表尊敬的规则,这2个句子也都用来表尊敬。由此可见,例句(4)a「篠田桃紅さんは、何畳もの大きな紙に、太い筆で大きな文字を書かれます」不表被动,而是表尊敬。

例句(5)a的句式是「藤田晋は＋元妻の奥菜恵に＋暴露本で＋私生活を書かれた」,句中的「元妻の奥菜恵」是动作「書く」的施事,「暴露本」指处所,作主语的「藤田晋」不是施事,而是受到「私生活を書く」影响的人,这是一个典型的保留宾语被动句,所以谓语动词的「(ら)れる」形式表被动,不表尊敬。例句(6)a的句式是「片山右京さんが＋ブログで＋書かれていました」,后文「朝は、いつも新しいエネルギーを与えてくれる。どんな辛い事があっても、トゥモローイズアナザーデイだ。一晩たって、新しい朝を迎えれば、また元気に頑張れるんだ」是书写的内容,所以句中的「片山右京さん」是动作「書かれている」的施事,这个句子符合当「(ら)れる」句中的主语表施事时谓语动词的「(ら)れる」形式不表被动而表尊敬的规则,所以例句(6)a不是表被动,而是表尊敬。

根据上述「(ら)れる」表被动还是表尊敬的使用条件,现在我们来分析一下例句(1)—(3)的偏误用法。在例句(1)「グループ内の皆さんは全部鉛筆で作文を〈書かれた→書いていた〉ことに気づいたからです」中,「鉛筆で」表工具,充当主

语的「グループ内の皆さん」表「作文を書く」的施事,所以句中的谓语被动形式表尊敬,不表被动。从该句的语境来看,使用敬语不符合语境条件,所以应该使用「を書く」,而不能使用「を書かれる」。

例句(2)「もう一つは、この論文では、二つの可能性の結果をどう説明するのか既に〈書かれている→書いている〉」中的主语虽然没有出现,「この論文」指的是作者自己的论文,按照当主语是第一人称时常常无须明示的日语规则,这个句子的主语是作者本人。例句(2)需要表达的是作者自己在这篇论文中已经论述了「二つの可能性の結果をどう説明するのか」,「書く」是作者自己的行为,谓语动词不能使用敬语形式,所以应该使用「を書く」,不能使用「を書かれる」。

在例句(3)「邱永漢氏が『中国人と日本人』という本では中国人と日本人の違いについて次のように〈書かれている→書いている〉」中,「邱永漢氏」是施事,「書く」是作者邱永汉的行为。如果需要表达尊敬,这个句子没有任何问题;如果无须使用敬语表达,那么句中的谓语动词不能使用「(ら)れる」形式。但是,从句子的语境来看,学术论文中无须使用敬语,所以句中使用「書いている」要比使用「書かれている」表达更贴切。与例句(3)相似的偏误用法还有:

(19)「現在の日本は、大和民族のほか、アイヌ民族や近代以後にやってきた朝鮮族など少数民族がいる」とは韓立紅(2006)は『日本文化概論』の中で〈指摘された→指摘している〉。(学部4年生/学習歴3年半/滞日0/卒論)

(20) また、戴氏は「也谈意志动词和无意志动词」で意志動詞の判明についての検討も〈行われた→行った〉。(学部4年生/学習歴3年半/滞日0/卒論)

(21) 守屋は「配慮表現」の中で聞き手の負担を和らげる配慮について〈述べられている→述べている〉。この「ちょっと」の使われ方も「配慮表現」に関わるのではないかとしている。(学部4年生/学習歴3年半/滞日0/卒論)

例句(19)—(21)与例句(3)一样,从句法上讲,句子都是可以成立的,但是添加了敬语义。因为句中都无须敬语表达,所以不需要使用「(ら)れる」形式。

综上所述,当句中主语为有生物时,应该使用「(を)書く」,还是「(を)書かれる」,其使用条件基本如下:

① 当主语是施事且句子无须敬语表达时,应该使用「(を)書く」,不能使用「(を)書かれる」。

② 当主语是施事且句子需要敬语表达时,应该使用「(を)書かれる」,不能使用「(を)書く」。

③ 当主语是因他人书写行为而受到影响的人时,应该使用「(を)書かれる」,不能使用「(を)書く」。

第 2 章
及物动词 A 与及物动词 B 被动句的偏误研究

2.1　应该使用「影響を受ける」，
还是「影響される」?

村木(1983:19)认为「影響を受ける」与「影響される」一样都表示被动。[①]但是,两者在句式上不同,前者是无标被动句,后者是有标被动句。什么时候应该使用无标被动句,什么时候应该使用有标被动句,对于日语学习者来说是一个难题。我们在『YUKタグ付き中国語母語話者日本語学習者作文コーパス』中可以看到应该使用「影響を受ける」时却错误使用了「影響される」的偏误现象。例如:

(1) 新撰組は武士道精神から深い〈影響されて→影響を受けており〉、幕末時期最後の武士として、重要な役目を果たした。(学部4年生/学習歴3年半/滞日0/卒論)

(2) そういう和の思想は〈中国思想に大きく影響された→中国思想から大きく影響を受けた〉とも言われている。中国の儒家思想は4世紀から、日本に伝わった。(学部4年生/学習歴3年半/滞日0/卒論)

(3) 草庵茶道は「侘び」という素朴な茶風を提唱しているが、この「侘び」も〈禅宗の理念に深く影響された→禅宗の理念から深く影響を受けた〉産物である。日本茶道の「侘び観念」は禅宗の美学領域での体現と見られる。(学部4年生/学習歴3年半/滞日0/卒論)

例句(1)—(3)中都只能使用「影響を受ける」,不能使用「影響される」。那么,「影響を受ける」和「影響される」之间有什么区别呢?

「影響される」是サ变动词「影響する」的被动形式,而「影響を受ける」是由名词「影響」与及物动词「受ける」构成的动词短语。在使用倾向方面,谷部(2002:151)对报刊上「影響を受ける」和「影響される」的使用情况进行了调查,发现「影響される」与「影響を受ける」的出现次数比例约为1:6。为什么使用频率会差距如此悬殊呢?

---

① 村木(1983:19)将「影響を受ける」这种由动名词和形式动词构成的被动结构称为「迂言的なうけみ表現」。

「影響される」的句式为「NP₂が/はNP₁に影響される」,其主动句的句式为「NP₁が/はNP₂に影響する」。主动句句式中的「NP₁(が/は)」表施事,「NP₂(に)」表动作行为指向的对方。主动句中表动作行为指向的对方「NP₂(に)」在被动句中作主语,主动句中的施事「NP₁(が/は)」如果需要共现,则在被动句中作状语。与此相比,「影響を受ける」在句式上属于主动,在语义上表被动。充当主语的成分虽然是施事①,但谓语动词不表施事的意志性动作行为,而是某种结果。由于「影響を受ける」属于无标被动句,所以不能使用被动的语法标记「(ら)れる」。

由此可见,在表被动义时,「影響される」与「影響を受ける」最大的不同在于:

① 「影響される」的主语不是施事,而是受影响的人或事,「影響を受ける」的主语是施事,表受影响的人或事。

② 「影響される」蕴含施事,表示主语被该施事影响,「影響を受ける」的施事是主语,不再另外蕴含施加影响的施事,表示作主语的施事自己受到某种影响。

(4) a. 子供たちの<u>考え方が</u>どれだけ<u>親に影響されている</u>のか?ほとんどの子供たちが親の言う通りの人間に育ちます。(『国語研日本語ウェブコーパス』)

b. 私たちのものの<u>考え方なんて</u>、結構<u>親の影響を受けています</u>。(『国語研日本語ウェブコーパス』)

(5) 昭和二十年代の十歳の足長は平均二十センチメートルでしたが、現在二十一センチメートルに伸びています。ところが、足幅は昭和二十年代も現代も八. 四センチメートルとまったく変わっていません。つまり、それだけ細長くなっているものです。これは、<u>足長が骨の成長に影響される</u>のに対して、<u>足幅は履きものの影響を受け</u>やすいからと考えられます。(古藤高良『正しい靴の選び方』)

(6) 医療現場において,告知を受けない患者は,イライラしたり,当惑したり,身体的変化の兆候があるという報告や,告知があった方がよいコミュニケーションが医師や看護婦ととれるという報告がある。一方,<u>告知が文化背景の影響を強く受ける</u>ことも示されており,オーストラリアでは患者が英国人か(English speaking),どうか<u>によって影響される</u>という報告や,スペインではコーピング方略において日本のように「否認」が重要な役割をするという報告もある。(丸山マサ美『生命倫理とこころのケア』)

例句(4)a 和例句(4)b 虽然都是表示受到父母的影响,但是例句(4)a 蕴含

---

① 这里也可称作"主事"或"当事",表示非自发动作行为和状态的主体。

「親」对「子供たちの考え方」施以影响的动作行为,而例句(4)b没有这样的蕴含义,只表示「私たちのものの考え方」受到影响。例句(5)和例句(6)中「影響される」与「影響を受ける」的不同也是如此。例句(5)「足長が骨の成長に<u>影響される</u>」不仅表示主语「足長」受到影响,而且蕴含「骨の成長」对「足長」施以影响的动作行为的意思,而「足幅は履きものの<u>影響を受け</u>」只表示主语「足幅」受到某种影响,不蕴含施以影响的施事和原因。例句(6)「<u>告知が</u>文化背景の影響を強く受ける</u>」只表示主语「告知」受到文化背景的影响,不蕴含施以影响的施事或原因,但是「(<u>告知が</u>)オーストラリアでは患者が英国人か(English speaking),どうかによって<u>影響される</u>」蕴含「患者が英国人かどうか」对「告知」产生影响的意思,所以只能使用「影響される」。

　　根据上述「影響される」和「影響を受ける」的使用条件,现在我们来分析一下例句(1)—(3)的偏误问题。在例句(1)「新撰組は武士道精神から深い〈<u>影響されて→影響を受けており</u>〉、幕末時期最後の武士として、重要な役目を果たした」中,首先,从语法规则来看,形容词「深い」只能作定语,不能作状语修饰动词「影響される」。其次,从表义功能来看,这个句子需要客观中立地表述「新撰組」受到「武士道精神」的影响,无须强调「武士道精神」作施事对「新撰組」施以影响,所以句中只能使用「影響を受ける」,不能使用「影響される」。

　　例句(2)「そういう和の思想は〈<u>中国思想に大きく影響された→中国思想から大きく影響を受けた</u>〉とも言われている」、例句(3)「この『侘び』も〈<u>禅宗の理念に深く影響された→禅宗の理念から深く影響を受けた</u>〉産物である」与例句(1)一样,需要客观中立地表述「そういう和の思想」受到了「中国思想」的影响、「この『侘び』」受到了「禅宗の理念」的影响,而无须强调对「そういう和の思想」「この『侘び』」施加影响的施事或原因,所以都不能使用「影響される」,只能使用「影響を受ける」。

　　综上所述,在表达受到某种影响时,应该使用「影響を受ける」,还是「影響される」,其使用条件基本如下:

① 当需要客观中立地表述主语受到影响,不强调施加影响的施事或动作行为发生的原因时,只能使用「影響を受ける」,不能使用「影響される」。

② 当需要强调施加影响的施事或动作行为发生的原因时,只能使用「影響される」,不能使用「影響を受ける」。

2.2 应该使用「含める」，还是「含まれる」?

「含める」和「含まれる」都可以表示"包含"[①]，但是「含まれる」不是「含める」的被动形式，而是「含む」的被动形式，「含める」的被动形式是「含められる」。什么时候使用「含める」，什么时候使用「含まれる」，对日语学习者来说不太容易理解，所以我们在『YUKタグ付き中国語母語話者日本語学習者作文コーパス』中常常看到用错的句子。例如：

(1) 日本のアニメは独自の魅力があります。画面が綺麗で、音楽も素晴らしいし、日本特有の要素も〈含めています→含まれています〉。(学部3年生/学習歴2年/滞日0/スピーチ)

(2) 例文「彼は評価された」の「評価」の意味はマイナスの意味は〈含めなくて→含まれておらず〉、プラスの意味である。彼は褒められたというイメージを持つ。(学部4年生/学習歴3年半/滞日0/レポート)

(3) もう一つは海外からの輸入品の値段には、税金、運賃なども〈含めている→含まれている〉から、高くなるわけだ。(日本語教員/学習歴18年半/滞日1ヶ月/作文)

例句(1)—(3)中都只能使用「含まれる」，不能使用「含める」。那么，「含める」和「含まれる」有什么不同呢？

上面说过，「含まれる」是「含む」的被动形式。首先，我们来看「含める」与「含む」的不同。

北原编(2021:1438)认为「含める」有如下4种用法：

① 把某物放入口中。

② 使内部含有某物。

③ 纳入某个条件范围一同对待。

④ (惯用用法)细说道理进行说服。

例如：

---

① 参照相原编(2006:1718)和倉石，折敷編(2001:1040)。

（4）赤子の口に乳首を<u>含める</u>。（用法①）

（5）筆に墨をたっぷりと<u>含める</u>。（用法②）

（6）皮肉の意を<u>含める</u>。（用法②）

（7）失敗する場合も<u>含めて</u>考えておく。（用法③）

（8）因果を<u>含めて</u>言い聞かせる。（用法④）

（以上例句来自北原编,2021:1438）

例句（8）中的「因果を含める」是固定搭配。除了这个用法,例句（4）表示使受事「乳首」位移到「赤子の口」这一处所,例句（5）表示使受事「墨」位移到「筆」这一处所,例句（6）表示使受事「皮肉の意」注入话语或文章等事物中,例句（7）表示使受事「失敗する場合」也纳入考虑范围内。由此可以看出,例句（4）—（7）中的及物动词「含める」有一个共同点:都表示"使受事位移到某处所或某事物中,使受事包含进去"这样一种动作行为。柴田,山田编（2002:1451）也认为「含める」表示往某事物中加入其他某事物,使两者共存。安田编（2006:568）认为「含める」的近义表达方式有「（数に）入れる」「（数に）加える」「一緒にする」「一緒に数える」「一緒にカウントする」。

「含む」也是一个及物动词,但与「含める」的意义不同。小泉等编（1989:454）认为「含む」有3种用法:

① 将某物放入口中,并含在嘴里。

② 某物或者某集团中包含某个部分。

③ 内心情感呈现在表情中。

例如:

（9）子供がジュースを口に<u>含む</u>。（用法①）

（10）イチゴはビタミンCを多量に<u>含む</u>。（用法②）

（11）彼女は目に憂いを<u>含む</u>。（用法③）

（以上例句来自小泉等编,1989:454）

例句（9）中的「子供」作主语,表施事,「ジュース」作宾语,表受事,句子表示"孩子把果汁含在嘴里"。例句（10）和例句（11）的主语分别是「イチゴ」和「彼女」,虽然不是施事,但是属于状态所有者（功能类似于施事）。例句（10）中的「含む」不表动作行为,主语「イチゴ」与宾语「ビタミンC」是整体与部分、包含与被包含的关系,表示的是一种状态。例句（11）中的「含む」表示宾语「憂い」在「（彼女の）目」这一处所的存在状态。由此可见,「含む」在表示"把某物含在嘴里"时,表述的是作主语的施事的动作行为;在表示"内部包含某个构成要素或某种情感"时,表述的是作主语的所有者的一种状态。

关于「含む」与「含める」的不同,中村（2010:915）认为「含む」表示事物、身体、头脑、心中内部含有某物,强调的是某要素的含有状态。而「含める」表示把某物

纳入其中后,以整体对待之,强调的是构建某整体。这可能有点难懂,用大白话说,「含む」表示某人、某事物含某事物,而「含める」蕴含致使义,即让某人、某事物含某事物。例如:

(12) a. 鉄分を<u>含んだ</u>水。

　　 b. 憂いを<u>含む</u>目。

(13) a. その点を<u>含めて</u>よく検討する。

　　 b. 子供を<u>含めて</u>五人。

(以上例句来自中村,2010:915)

例句(12)a表示含铁的水,例句(12)b表示带着忧郁目光的眼睛,只是单纯表示水里含有铁,眼睛里带着忧郁的目光,即A里有B,不蕴含致使义。而例句(13)就不同了。a表示把那点也包含进来一起仔细讨论,b表示把孩子也算进来,共计5人,即"把/使 B＋VP＋C 里"[①],蕴含致使义。

从上面的讨论中可以得出「含める」与「含む」有如下不同:

① 「因果を含める」是固定搭配,表示"细说道理进行说服",而「含む」没有这种用法。

② 「含める」表示"使受事位移到某处所或某事物中,使受事包含进来",蕴含致使义,受事位移。而「含む」不蕴含致使义,受事不发生位移,只是表示"内部包含某个构成要素或某种情感",或"将某物放入口中,并保持含在嘴里"。

因为「含める」与「含む」的意义不同,所以两者构成的被动句的意义也不同。下面我们来讨论「含められる」与「含まれる」的不同。

前面我们讨论「含める」的用法时,通过检索语料库『中納言 KOTONOHA「現代日本語書き言葉均衡コーパス」』等发现,「含める」可以构成直接被动句。[②]例如:

(14) 財産税の処理方法は多額納入者により便宜な支払方法を決められた。その上、財産税の用途には軍需生産業者の損失に対する国家の補償が<u>含められた</u>。(宮本百合子『今日の日本の文化問題』)

(15) 忠孝とは言っても、忠は孝の接頭語くらいの役目で添えられているだけで、主格は孝のほうにあると言っていいのです。しかし、この孝も、もともとそんな政策の意味が<u>含められて</u>勧奨された道徳ですか

---

① C表示补语。

② 用法④「因果を含める」可以构成保留宾语被动句,例如「私が<u>因果を含められて</u>、雇を解かれたのさ」(泉鏡花『義血侠血』)。本文暂不讨论保留宾语被动句的情形。关于用法①"把某物放入口中",例如「赤子の口に乳首を<u>含める</u>」,在语料库中没有检索到表示这种意义的「含める」的被动句。在语感调查中,日语母语者也认为「含める」一般不能构成直接被动句。

　　ら、上の者はこれを極度に利用して自分の反対者には何でもかでも
不孝という汚名を着せて殺し、権謀詭計の借拠みたいなものにして
しまって……（太宰治『惜別』）

　　前面我们分析过，「含める」表示"使受事位移到某处所或某事物中，使受事包含进来"这样一种动作行为。例句(14)和例句(15)无须施事共现，「軍需生産業者の損失に対する国家の補償」「政策の意味」作「含められる」的主语表受事，受事位移的终点用「に」标记（使用「は/も」时可以省略「に」）。尽管及物动词被动句突出的不是施事，而是受事，但是「含められる」在表达被动义时，蕴含作主语的受事发生位移、事件是由施事（虽然句中可以不出现）的动作行为引起的等意思。

　　关于「含まれる」，小泉等编(1989:454)认为「含む」表示"①将某物放入口中，并保持含在嘴里""②某物或者某集团包含某个部分"时能构成直接被动句，而表示"③内心某种情感呈现于表情"时不能构成直接被动句。例如：

（16）a.　子供がジュースを口に含む。（用法①）

　　　　b.　口の中にジュースが含まれた。

（17）a.　イチゴはビタミンCを多量に含む。（用法②）

　　　　b.　ビタミンCが多量に含まれている。

（小泉等編，1989:454）

　　例句(16)a和例句(17)a中作宾语的「ジュース」「ビタミンC」在例句(16)b和例句(17)b中都作主语。前面我们分析过，「含む」虽然也是及物动词，但不蕴含宾语位移义，这是与「含める」最大的不同之处。被动句也一样，「含められる」蕴含位移义，「含まれる」不蕴含位移义。

　　村木(1991:189,199)认为表包含关系的「含む」和「含まれる」表示的都是一种存在状态，而不是动作行为，被动句式只是更普遍常见的表述方式而已。也就是说，「みかんにはビタミンCが含まれている」与「みかんはビタミンCを含んでいる」都可以成立，但是与后者相比，前者更为多见。

　　正因为「含まれる」不蕴含施事的动作行为，也不蕴含位移，而「含められる」蕴含施事的动作行为，同时也蕴含位移，所以当表示与施事动作行为完全无关、无须伴随位移的事物内部构成关系时，只能使用「含まれる」，不能使用「含められる」。例如：

（18）にこにこしながらうなずく橋本さんに、総理大臣からのお祝い状と百二十歳まで生きた泉重千代さん（沖縄）が書いた「ん」の字のある扇子、記念品を贈った。「ん」は「んと長生きしてください」などの意味が含められている。（『中日新聞』1996）

（19）飲食店予約サイト「ぐるなび」は9月、今年流行する「トレンド鍋」を「みんなでこなべ」と発表。「こなべ」には小鍋や個鍋の意味が含まれ

ている。(『中日新聞』2020)

例句(18)和例句(19)都表示某个字词里包含了某种意思,例句(18)使用「含められる」蕴含施事的动作行为,而例句(19)使用「含まれる」表达「こなべ」含有小锅和单人用锅2层意思,不蕴含施事的动作行为。

由此可见,「含められる」和「含まれる」有如下不同:

① 「含められる」蕴含施事的动作行为和受事位移,使用「に」标记的处所是受事在施事作用下位移至的处所。

② 「含まれる」不蕴含施事的动作行为和受事位移,使用「に」标记的处所是受事的存在处所。

由此可见,「含める」和「含まれる」有如下不同:

① 使用「含める」时,受事作宾语;使用「含まれる」时,受事作主语。

② 「含める」表示施事的动作行为,蕴含致使义,即"使受事位移到某处所或某事物中,使受事包含进来";「含まれる」表示"在某处包含或含有某物",不蕴含致使义。

正因为「含める」和「含まれる」的用法不同,所以可以共现在同一语段中,各表其义。例如:

(20) 大口預金には民間法人預金のみならず公金預金も含まれ、横浜市は水道事業の預金を含め三百五十万円を預金しており、また川崎町では七十四銀行が破綻したため水道事業預金の払出しができず、工事が停頓する事態となり……(柴田善雅『横浜近郊の近代史』)

在例句(20)中,「含まれる」表示「大口預金」包含「公金預金」,即"在大额存款中也含有公款存款"。而「含める」表示的是施事「横浜市」把受事「水道事業の預金」算在一起,「預金」共计350万日元。「含まれる」表示某处包含某事物,「含める」表示施事实施的动作行为,两者各表其义,不能互换,否则句子不能成立。

根据上述「含める」与「含まれる」的使用条件,现在我们来分析一下例句(1)—(3)的偏误用法。例句(1)「日本のアニメは独自の魅力があります。画面が綺麗で、音楽も素晴らしいし、日本特有の要素も〈含めています→含まれています〉」要表达的不是谁把「日本特有の要素」添加进来,而是日本的动漫里包含「日本特有の要素」,所以不能使用「含めています」。不过从语法角度来讲,这个句子也可以使用「含められています」,但是使用「含められています」会蕴含施事的动作行为义,即蕴含"日本特有元素被(动漫制作者)添加到动漫中"的意思。这显然有悖例句的语境,所以句中不能使用「含められています」。例句(2)「例文『彼は評価された』の『評価』の意味はマイナスの意味は〈含めなくて→含まれておらず〉、プラスの意味である」和例句(3)「もう一つは海外からの輸入品の値段には、税金、運賃なども〈含めている→含まれている〉から、高くなるわけだ」也

和例句(1)一样。例句(2)需要表达在「評価」这个词里不含贬义,例句(3)需要表达进口商品的价格里包含了税和运费,需要表达的都是事物内部含有或不含某构成成分,而不是施事使某事物包含进某处,所以这2个句子同样只能使用「含まれる」,不能使用「含める」。

综上所述,应该使用「含める」,还是「含まれる」,其使用条件基本如下:

① 当需要表达施事实施的动作行为,蕴含受事位移义,即施事"使某物包含进某处"时,只能使用「含める」,不能使用「含まれる」。

② 当需要表达某处包含或含有某事物,不蕴含受事位移义时,只能使用「含まれる」,不能使用「含める」。

2.3 应该使用「と思う」，还是「と考えられる」?

「思う」和「考える」都是心理动词，「と思う」和「と考えられる」都可以用来表述某种思考和判断。但什么情况下需要使用「と思う」，什么情况下需要使用「と考えられる」，对日语学习者来说是一个难点，所以我们常常可以看到日语学习者用错的句子。例如：

（1）生活環境と生活習慣の違いが中日両国の魚に関する諺の差の原因だ〈と思う→と考えられる〉。（学部4年生/学習歴3年半/滞日0/レポート）

（2）こうした背景には男性の大部分の時間が仕事で奪われ、残るわずかな時間で家族と付き合わなければならない為、さらに知人や友人と過ごす余裕がなくなる〈と思います→と考えられます〉。（M1/学習歴6年半/滞日0/感想文）

（3）その語感で扱えない言葉の場合、仕方がなくても、できるだけ多くのテーマの蓄積をしなければいけない〈と考えられる→と思う〉。（M1/学習歴5年/滞日0/作文）

（4）非常に貧乏な社会から今の豊かな社会になりました。中国人として私は中国に生まれ、非常に自慢できること〈と考えられます→と思います〉。（M1/学習歴5年/滞日1年/作文）

例句（1）和例句（2）中只能使用「と考えられる」，不能使用「と思う」；例句（3）和例句（4）正好相反，只能使用「と思う」，不能使用「と考えられる」。那么，使用「と思う」和「と考えられる」有什么不同呢？

例句（1）—（4）有2个问题：第一个问题是动词「思う」和「考える」的选择条件，第二个问题是主动句和被动句的选择条件。我们先来讨论动词「思う」和「考える」选择条件的问题。

小泉等编（1989:105）认为「と思う」表示对某事物进行判断和预测、表达愿望和决心等精神活动。例如：

（5）そんな馬鹿なことは二度とやるまいと思った。

（6）私はこの答えは間違っている<u>と思う</u>。

（7）ふるさとをなつかしい<u>と思う</u>。

（以上例句来自小泉等编，1989：105）

例句（5）—（7）都是「私」作「思う」的主语（也可以隐去），表行为主体，例句（5）表述的是第一人称主语的心理活动，例句（6）和例句（7）表述的是第一人称主语的思考和判断。グループ・ジャマシイ編著（1998：57-58）认为「と思う」用于表述说话人的主观判断、个人意见等，当需要表达第三者的意见、判断或信念时，使用「と思っている」。①

关于「と考える」的用法，小泉等编（1989：151）认为有如下2种：

① 表示对某事物进行有条理的思考、判断及预测。

② 表示内心决定要做某事，常接续在动词意志形后。

例如：

（8）<u>彼</u>はこの発明が実用化されるとすばらしいことだ<u>と考えた</u>。（小泉等编，1989：151）（用法①）

（9）<u>私</u>はそれを「野性の者」<u>と考える</u>。（前田耕作『ディアナの森』）（用法①）

（10）そのあくる日、仕事部屋に入った<u>古橋</u>は、机の左右に読みたい本や日記があるからそっちへ気を惹かれて仕事が出来ないのだと思いつき、書棚の本や日記を押入れに移そう<u>と考える</u>。（井上ひさし『吉里吉里人』）（用法②）

例句（8）—（10）中的主语分别是「彼」「私」「古橋」，都是表思考行为的主体。例句（8）表达第三人称主语「彼」的思考判断，例句（9）表达第一人称主语「私」的思考判断，例句（10）表达第三人称「古橋」的内心决定。

田，泉原，金编著（1998：246）认为「考える」与「思う」不同，「考える」表示的是为了解答"为什么？怎么做？"等疑问而开动脑筋进行分析思考，而「思う」表示某人某事在心中瞬间产生的某种直观感觉，或某种情感涌上心头等。森田（1989：265-266）也认为「考える」表示对原因理由等进行细致分析的思考过程，而「思う」表示的是一刹那的判断，以及对某事物感性单一的把握。例如：

（11）痛い<u>と思う/考える</u>。

（12）新しい会社を作ろう<u>と思う/考える</u>。

（以上例句来自森田，1989：265-266）

在例句（11）中，「痛いと思う」表示内心感知外部刺激后，将其判定为「痛い」，

---

① 如「私は自分のしたことが正しいと<u>思っている</u>」（グループ・ジャマシ編著，1998：58）所示，第一人称作主语时，也可以使用「と思っている」，但意思与「と思う」不同。两者的不同请参照グループ・ジャマシ編著（1998：58）。

而「痛いと考える」则伴随思考过程,通过思考分析做出推测性判断。例句(12)中的「と思う」和「と考える」都可以表示行为主体内心决定做某事,但是两者不同。「新しい会社を作ろうと思う」只能用于第一人称作主语的句子,表达说话人的意志和决心,而「新しい会社を作ろうと考える」的主语不受人称的限制,在表示内心的决定时蕴含思考义。

从上面的讨论中可以看出,「と思う」和「と考える」都可以表示行为主体的判断、预测及某种决心,但两者有如下不同:

①「と思う」在用于肯定句时,作主语的必须是第一人称,而「と考える」的主语不受人称限制,既可以是第一人称,又可以是第三人称。

②「と思う」表述的是第一人称即说话人的直观感受和主观判断,而「と考える」表示主语对事物进行思考、判断、预测及内心的决定,同时蕴含分析思考的过程。

以下我们再来看「と考える」的被动句与主动句的不同。

小泉等编(1989:151)认为「と考える」表示"内心决定要做某事"时,不能构成被动句,但是在表示"对某事物进行有条理的思考、判断及预测"时,可以构成被动句。例如:

(13) 西宮市議会の田中章博議長(54)が6月3日、甲子園浜浄化センターの通水式で、女性軽視とも受け取れる発言をしたことをめぐり、10日開会した定例議会で同議長は「女性べっ視につながると考えられても仕方ない。深く反省し、抗議を謙虚に受け止めて発言を取り消す」と陳謝した。(『朝日新聞』1991)

(14) 一般的に英語は世界の共通語だと考えられているが、実際には英語が通じない国はいくらもある。(グループ・ジャマシイ編著,1998:322)

(15) このままでは、日本の映画産業は落ち込む一方だと考えられる。(グループ・ジャマシイ編著,1998:322)

例句(13)和例句(14)都无须明示行为主体。在例句(13)中,「私(の発言)」作主语,表受事,表示说话人自己(的发言)被别人认为「女性べっ視につながる」。グループ・ジャマシイ編著(1998:322)认为例句(14)中的「と考えられている」用来陈述某种被普遍接受的想法,即"一般认为/人们认为……",多用于陈述这种普遍想法不对或需要修正的情形。由此可见,「と考えられる」表被动时,无须行为主体共现或补不出行为主体,表述的是第三人称行为主体对某事物进行分析思考、判断及预测。

例句(15)与例句(13)—(14)不同,日本語教育学会編(2005:205-206)认为「と考えられている」表普遍想法,而「と考えられる」可用于陈述说话人的观点。

グループ・ジャマシイ編著(1998:322)认为例句(15)中的「と考えられる」用于陈述说话人基于某种依据做出的判断,且该判断是一种客观存在。这是因为「考える」是心理动词,「と考えられる」不仅可以表示被动,在很多情况下还可以用来表示自发和可能,即"不由自主地认为……""可以认为……"。也就是说,例句(15)中的「と考えられる」的前景义是自发,背景义为可能,这2个语义根据语境的需要可以从背景走到前景,也可以从前景走到背景。当「と考えられる」用于否定句时,我们发现「考えられない」与「とは」共现,表达可能义,此时不蕴含自发义。例如:

(16) この難解な文章を10歳の子供が書いた<u>とは</u>とても<u>考えられない</u>ね。

　　　(グループ・ジャマシイ編著,1998:322)

例句(16)中的「とは考えられない」不表自发和被动,而是表示可能,即"想不到……""难以想象……"。

「考えられる」除了可以表示被动、自发和可能外,还可以表示尊敬。例如:

(17) 内大臣はせきこむように早口で答えた。「お上は、戦争を終末までつづけるのは無駄なことだ<u>と考えられ</u>、憂慮されておられる」。(半藤一利『聖断』)

日本語記述文法研究会編(2009b:242)认为当需要表达说话者对话题中的人物及其行为状态表示尊敬时,可使用「(ら)れる」形式。在例句(17)中,「考えられる」的主语是「お上」,「考えられる」是敬语表达,表示对「お上」的一种敬意。「考えられる」表尊敬时是有条件的,主语不能是第一人称,只能是第二人称或第三人称,这是因为一般来说不能自己对自己使用敬语。

由此可见,「と考える」和「と考えられる」有如下不同:

① 「と考えられる」可以用来表示自发、尊敬或可能,但是「と考える」没有这种用法。

② 「と考える」可以接续在动词意志形等后面,表示行为主体(第一人称或第三人称)内心决定要做某事,但是「と考えられる」没有这种用法(表尊敬时除外)。

③ 「と考える」表示主语对事物进行思考、判断、预测及内心的决定,而「と考えられる」只用于表示对事物的思考是自发产生的,或能够如此认为,焦点在自发或可能上。

④ 「と考えられている」可用于表达被普遍接受的观点,而「と考えている」没有这种用法。

结合上述「と思う」「と考える」「と考えられる」的使用条件,可以得出「と思う」和「と考えられる」有如下不同:

① 「と考えられる」可以用来表示自发、尊敬和可能,但是「と思う」没有这种

用法。

②「と思う」要求第一人称作主语,用来表达说话人对某事物进行直观感性的判断和预测,也可以用来表达说话人的愿望和决心等,但是「と考えられる」通常不要求主语共现,表达说话人一种自发性的思考或可能的思考。

正因为「と思う」与「と考えられる」的表义功能不同,所以两者可以共现在同一语段中,各表其义。例如:

(18) 相澤さんは、「これらは妊娠中に一定の頻度で起こりうる症状。妊婦さんは、ワクチン接種による影響が気になると思うが、割合を見ると、接種で産科的な症状が増えたということはないと考えられる」と話す。(『朝日新聞』2022)

例句(18)中的「と思う」表示说话人的主观判断,而「と考えられる」表示可能,即"可以认为"的意思。句中的「と思う」与「と考えられる」不能互换,否则意思会发生变化。

根据上述「と思う」和「と考えられる」的使用条件,现在我们来分析一下例句(1)—(4)的偏误用法。例句(1)「生活環境と生活習慣の違いが中日両国の魚に関する諺の差の原因だ〈と思う→と考えられる〉」中使用「と思う」本身符合语法规则,没有错。但是,这个句子不是要表达说话人自己的主观判断和个人意见,而是需要表可能义,即"可以认为 A 是 B 的原因",因此句中需要使用「と考えられる」,而不是「と思う」。不过,如果句子需要表达说话人的主观判断,而不是"可能"的意思的话,这个句子是对的。例句(2)「こうした背景には男性の大部分の時間が仕事で奪われ、残るわずかな時間で家族と付き合わなければならない為、さらに知人や友人と過ごす余裕がなくなる〈と思います→と考えられます〉」也和例句(1)一样,需要表达的是可能义,而不是说话人的主观判断,因此句中也需要使用「と考えられる」,而不是「と思う」。同样,如果需要表达说话人的主观判断,而不是"可能"的意思的话,原句也是对的。从上述分析可以看出,「と思う」主观性强,而「と考えられる」客观性强,前者表示说话人自己的某种主观判断,后者表示一种事实,蕴含大家都能够如此认为的意思。

例句(3)—(4)与例句(1)—(2)正好相反。例句(3)「その語感で扱えない言葉の場合、仕方がなくても、できるだけ多くのテーマの蓄積をしなければいけない〈と考えられる→と思う〉」需要表达的是说话者的主观判断和个人主张,即"我认为必须要积累尽可能多的题目",不是"可以如此认为"的可能义,所以不能使用「と考えられる」,只能使用「と思う」。例句(4)「非常に貧乏な社会から今の豊かな社会になりました。中国人として私は中国に生まれ、非常に自慢できることと〈と考えられます→と思います〉」和例句(3)相同,需要表达的也是说话

人的主观判断,即"我生在中国,身为一名中国人,我觉得是一件值得自豪的事",所以也只能使用「と思う」,不能使用「と考えられる」。

综上所述,应该使用「と思う」,还是「と考えられる」,其使用条件基本如下:

① 当主语是第一人称,需要表达说话人对事物进行主观感性的思考、判断、预测及内心的决定时,只能使用「と思う」,不能使用「と考えられる」。

② 当句中无须出现主语,需要表达自发出现的思考、判断或能够如此思考、判断,同时蕴含分析思考的过程时,只能使用「と考えられる」,不能使用「と思う」。

2.4 应该使用「と考える」,
还是「と思われる」?

「と考える」和「と思われる」都可以用来表述某种思考和判断,什么情况下需要使用「と考える」,什么情况下需要使用「と思われる」,对日语学习者来说是一个难点,所以我们常常可以看到日语学习者用错的句子。例如:

(1) そのため、本論文では、「まだ」との比較をしながら、「もう」という言葉を深く探りたい〈と思われる→と考える〉。(学部4年生/学習歴3年半/滞日0/卒論)

(2) 語彙は異なる言語間の相違が最も明白な分野であるといわれるように、色彩語を研究する意義もある〈と思われる→と考える〉。(学部4年生/学習歴3年半/滞日0/卒論)

(3) 自己の価値を実現するためには、教育はなくてはならない〈と思われる→と考え〉、教育を通じて、なにかしたいとか、何かしようという自覚が芽生えた。(学部4年生/学習歴3年半/滞日1年/卒論)

(4) この点は、被験者の根本的な学習能力に役に立つかどうか考える余地がある〈と考えている→と思われる〉。(M1/学習歴5年/滞日1年/作文)

例句(1)—(3)中只能使用「と考える」,不能使用「と思われる」;例句(4)正好相反,只能使用「と思われる」,不能使用「と考える」。那么,使用「と考える」和「と思われる」有什么不同呢?

与2.3节相同,例句(1)—(4)也有2个问题:第一个问题是动词「考える」和「思う」的选择条件,第二个问题是主动句和被动句的选择条件。

我们在2.3节讨论了「と考える」和「と思う」有如下不同:

① 「と思う」在用于肯定句时可作主语的必须是第一人称,而「と考える」的主语不受人称限制,既可以是第一人称,又可以是第三人称。

② 「と思う」表述的是第一人称即说话人的一种直观感受和主观判断,而「と考える」表示主语对事物进行思考、判断、预测及内心的决定,同时蕴含分析思考的过程。

关于「と思う」和「と思われる」，在第1章1.21节我们分析了两者的使用条件：

① 当第一人称作主语，需要表达说话人对某事物进行的主观判断和预测，或表达说话人的愿望和决心等时，只能使用「と思う」，不能使用「と思われる」。

② 当第一人称作主语，需要表达说话人出现的不由自主地"认为"这种心理动作，或需要使用自发表达的方式来委婉地表达自己的"认为"时，只能使用「と思われる」，不能使用「と思う」。

③ 当第三人称作主语，需要表达第三人称主语的心理动作，且无须敬语表达时，通常需要使用「と思っている」，不能使用「と思う」或「と思われる」。当需要表达被动义，而且无须经验者共现，或补不出经验者时，既可以使用「と思われる」，也可以使用「と思われている」。但是，除了公开发布的信息等表达外，最常用的还是「と思われている」。

结合上述「と考える」「と思う」「と思われる」的使用条件，可以得出「と考える」和「と思われる」有如下不同：

①「と考える」可以接在动词意志形等后面，表示行为主体的内心决定，但是「と思われる」没有这种用法（表尊敬时除外）。

②「と思われる」可以用来表示被动、自发和尊敬，但是「と考える」没有这些用法。

③「と考える」表示主语对事物进行思考、判断、预测及内心的决定，蕴含分析思考的过程，而「と思われる」表示说话人不由自主地产生某种直观判断和情感，或使用这种自发的表达方式委婉地表达自己的"认为"。

正因为「と考える」与「と思われる」的表义功能不同，所以两者可以共现在同一语段中，各表其义。例如：

（5）そんなことを思った瞬間、内匠頭は頭痛に襲われ、寒気を感じ出した。「おかしい……」と思いつつも、規定の時間までは柳之間に詰めていた。お犬小屋の話を嫌って早退した<u>と思われて</u>はまずい<u>と考えた</u>からだ。（堺屋太一『峠の群像』）

（6）私は懐疑的だ。ベーシック・インカムの給付額は、予算などの関係上、どこにおいても大きなものではなく、不平等是正の効果は控えめだろう。支給額を大きくすることは、特に米国のような分断された国においては、政治的に可能ではない<u>と思われる</u>。一方、富裕層はベーシック・インカムを支えるための彼らに対する増税に反対するだろうから、格差是正にはつながらない<u>と考える</u>。（『毎日新聞』2022）

例句（5）「お犬小屋の話を嫌って早退した<u>と思われて</u>はまずい<u>と考えた</u>か

らだ」中的「と思われては」表示被动,不是主语「内匠頭」认为,而是"(被)别人"认为;而「と考えた」则是主语「内匠頭」的思考行为,句子表示"因为<u>他考虑到</u>要是<u>被人认为</u>是不喜欢谈论狗窝而早退了,那就不好了"。例句(6)中的「と思われる」是一种婉转表达,表示说话人不是自主地认为,而是不由自主地产生的想法;而「と考える」表示说话人通过分析思考而做出的判断。可见,在这2个句子中,「と考える」和「と思われる」各司其职,各表其义,两者不能互换。

根据上述「と考える」和「と思われる」的使用条件,现在我们来分析一下例句(1)—(4)的偏误用法。例句(1)「本論文では、『まだ』との比較をしながら、『もう』という言葉を深く探りたい〈と思われる→と考える〉」需要表达的是说话人在自己的论文中想要进行的研究,而不是婉转表达不由自主的想法,所以句中只能使用「と考える」,不能使用「と思われる」。例句(2)「語彙は異なる言語間の相違が最も明白な分野であるといわれるように、色彩語を研究する意義もある〈と思われる→と考える〉」需要表达的是说话人自己通过分析思考做出的判断,即"我认为研究色彩词也是有意义的",不是说话人不由自主产生的想法,同时也不能表尊敬或人们普遍的看法,所以句中也只能使用「と考える」,不能使用「と思われる」。例句(3)「自己の価値を実現するためには、教育はなくてはならない〈と思われる→と考え〉、教育を通じて、なにかしたいとか、何かしようという自覚が芽生えた」和例句(2)一样,需要表达说话人分析认为教育是不可缺失的,不是要表达自发、被动和尊敬,所以也只能使用「と考える」,不能使用「と思われる」。

例句(4)正好相反。在例句(4)「この点は、被験者の根本的な学習能力に役に立つかどうか考える余地がある〈と考えている→と思われる〉」中,使用「と考えている」本身符合语法规则,没有错。但是,需要表达的不是说话人现在是如何认为的,而是说话人用"不由自主地认为"这个方式来委婉地表达自己的观点,可以需要选择使用「と思われる」,而不是「と考えている」。

综上所述,应该使用「と考える」,还是「と思われる」,其使用条件基本如下:

① 当行为主体(第一人称、第三人称等)作主语,需要表达行为主体经过分析做出的判断或内心决定时,只能使用「と考える」,不能使用「と思われる」。

② 当需要表达行为主体(通常为第一人称)出现的不由自主地"认为"这种心理动作,需要使用自发表达的方式来委婉地表达自己的"认为"时,只能使用「と思われる」,不能使用「と考える」。

③ 当无须行为主体共现或补不出行为主体,需要表达被动义,即表示作主语的受事"被认为……",或客观表述一种普遍的看法时,只能使用「と思われる」,不能使用「と考える」。

④ 当需要表尊敬时,只能使用「と思われる」,不能使用「と考える」。

2.5　应该使用「と聞く」，
还是「と言われる」?

　　「と言われる」是「と言う」的被动形式，与「と聞く」一样，都用来表示说话人自己听到别人的说话内容。例如：

（1）回答ありがとうございます。大丈夫だと聞いて安心しました。(『国語研日本語ウェブコーパス』)

（2）とくに手の震えは、ものすごく不安でしたが、どちらも薬をやめればおさまるものなので大丈夫だと言われて安心しました。(『国語研日本語ウェブコーパス』)

　　在例句（1）和例句（2）中，「と聞く」与「と言われる」都是表示说话人听到的内容，表达的意义看似相近，其实不同。日语学习者如果不能很好地理解两者的区别，就容易用错。我们在『YUKタグ付き中国語母語話者日本語学習者作文コーパス』中就能看到这样的偏误现象。例如：

（3）4、5人の後輩が昨日活動のとき「先輩、先輩」と真剣に呼びました。本当に驚きました。その時「先輩」〈と聞いたら→と言われて〉、なんとなく複雑な気持ちがしました。嬉しいやら敬われるやら、その時の気持ちは言葉だけでは表せません。(学部2年生/学習歴1年/滞日0/作文)

（4）よく「現代の若者がだめだ」「今の若者のマナーが悪い」〈と聞いた→と言われる〉。確かに、一部の若者が学校でいじめをしたり、規則やルールなどに違反したりして社会に悪い影響をもたらした。しかし、マナーのよい若者もけっこういると思う。電車の中で席を譲ったり、街角で熱心に赤の他人を助けたりする若者もよく見られる。だから一口で現代の若者のマナーが悪いか言えないわけだ。(学部4年生/学習歴3年/滞日0/作文)

　　例句（3）和例句（4）中都应该使用「と言われる」，不能使用「と聞く」。我们使用语料库『国語研日本語ウェブコーパス』进行了检索，结果发现当「と」标记的内容与例句（3）和例句（4）相似时，既可以使用「と聞く」，又可以使用「と言われる」。例如：

(5) a. 俺の先輩は小さい。いや、俺より小さい先輩だけでなく、もっと背の高い先輩もたくさんいるのだが。それでも「先輩」と聞いて真っ先に思い浮かぶのは、図書委員会の中在家先輩よりも、小さくて、変わった色をした、火薬委員長なのはどういうことだろうか。(『国語研日本語ウェブコーパス』)

b. 我が母校より、実習生きております。つい「先輩」と言われると、なんだか嬉しい。(『国語研日本語ウェブコーパス』)

(6) a. このあたりはよく運転マナーが悪いと聞くのだが,本当ヒドいのう。(『国語研日本語ウェブコーパス』)

b. よく若者のマナーが悪いと言われますが、案外おばちゃんたちも、鞄で席を占領していたり横入りしたりと、マナー悪いこともありますよね。(『国語研日本語ウェブコーパス』)

例句(5)—(6)中「と」标记的内容与例句(3)—(4)相似,但例句(5)a—(6)a使用的是「と聞く」,例句(5)b—(6)b使用的是「と言われる」。那么,「と聞く」与「と言われる」究竟有什么不同呢?

小泉等編(1989：157)认为「聞く」有如下4种用法：

① 用耳朵感受声音、言语等。

② 从他人那里听说某事。

③ 倾听对方的愿望、听取忠告等。

④ 向他人询问自己不知道的事。

例如：

(7) 弘はステレオで音楽を聞いた。(用法①)

(8) 私は友人から彼女の結婚のことを聞いた。(用法②)

(9) 順子は弘のわがままを聞いてやっている。(用法③)

(10) 弘は隣の人に今何時かを聞いた。(用法④)

(以上例句来自小泉等編,1989：157)

上述4种不同的用法中,本节主要讨论用法①和用法②。

「と言われる」与「と聞く」不同,「と言われる」是「と言う」的被动形式。小泉等編(1989：36-37)认为「と言う」有5种用法：

① 言语行为。

② 如实地传递传下来的事情。

③ 称呼人的名字或物的名称。

④ 用某种说法来表达另一种说法,或用别的语言表达。

⑤ 发出声响。

例如：

（11）<u>恵子は健二に来月外国に行くと言った</u>。（用法①）

（12）ここは昔、海であった<u>という</u>。（用法②）

（13）弟の名前を弘<u>といいます</u>。（用法③）

（14）<u>東京の人は「ひゃく」を「しゃく」という</u>。（用法④）

（15）<u>階段がみしみしという</u>。（用法⑤）

（以上例句来自小泉等编，1989：36）

「と言う」如果需要主语共现时，通常要求施事作主语，如用法①④⑤。当言语行为的施事无法补出时，表示的是一种抽象的言语行为，如用法②③。按照被动句的组句规则，使用「と言われる」时，作主语的不能是施事，只能是受事或话题。例如：

（16）<u>先生</u>に明日も文化祭に来いよ<u>と言われた</u>のですが、なんだかんだでまだ実習の反省やお礼状を書かなきゃいけないので無理かなぁと……（『国語研日本語ウェブコーパス』）

（17）<u>校長先生</u>からも、初めて<u>私</u>、奥さん<u>と言われた</u>わ。父は二月には卒業の上、結婚式を挙げる心算でいるらしいわ。（大磯輝男『異國に祈る』）

（18）<u>このあたりは海であったといわれる</u>。（小泉等编，1989：37）

（19）夏の夜空に輝く代表的な星、ベガは、またの名を織り姫と言います。アルタイルは彦星、そしてデネブ。これらを結んだ三角の明るい<u>一等星達</u>は、夏の大三角形<u>と言われています</u>。（『国語研日本語ウェブコーパス』）

例句（16）和例句（17）中的「先生」「校長先生」是施事，用「に」「から」标记，句中主语均为「私」。例句（18）和例句（19）中的「このあたり」「一等星達」是话题，作主语，施事没有出现，例句（18）表示传闻，例句（19）表示名称。

井上（1976a：78）认为被动句表示主语所表示的人或事物受作用、受影响。在有生物作主语的被动句中，这种受影响的意义非常明确，有的动词构成的被动句蕴含受到有利或不利影响的意义，而无生物主语的被动句没有这种蕴含义。例句（16）和例句（17）是有生物「私」作主语，「と言われる」蕴含「私」受到言语行为的影响、有被别人说的意思；而例句（18）和例句（19）是无生物作主语，没有这种蕴含义。

据此，「と言われる」句式的意义可以归纳如下：

① 接在名词后面，表示事物或人"被称为……"。

② 接在简体句后面，且主语是有生物时，表示有生物受到他人言语行为的作用和影响。

③ 接在简体句后面，句中主语表示话题时，表示传闻，即"据说""大家都这么说"的意思。

「と言われる」和「と聞く」都可以表示传闻。「ここは昔海だったと聞く」和「このあたりは海であったといわれる」不同,「と言われる」的施事一般为不特定多数,例如「人々に」「みんなに」,表示"大家都这么说……",有历史传说的意思。而「と聞く」只表示听者从某处直接听到某内容,不蕴含别人说的或历史传说的意思。澤西(2002:33,45)认为「と聞く」一般用于客观地表达说话人把握到的比较确凿的信息的情况。

由此可见,「と聞く」与「と言われる」最大的不同在于:「と聞く」句中一般施事作主语,表示施事直接获取某种信息;「と言われる」句中一般话题作主语,表示别人怎么说。

据此,我们再来分析一下例句(5)和例句(6)。例句(5)a「『先輩』と聞いて真っ先に思い浮かぶのは……」表示的是"我听到「先輩」这个词",并不是表示"我被人称呼为「先輩」",所以使用「と聞く」。例句(5)b与例句(5)a不同,例句(5)b「つい『先輩』と言われると、なんだか嬉しい」表示的是"我被实习生称为「先輩」",蕴含主语受影响义,而不是我听到「先輩」,所以使用「と言われる」这种被动形式。

例句(6)都是表示传闻。例句(6)a「このあたりはよく運転マナーが悪いと聞くのだが、本当ヒドいのう」表示的是说话人自己听到的比较确凿的信息,不是很多人都这么说,所以使用「と聞く」。而例句(6)b「よく若者のマナーが悪いと言われますが……」表示的是"很多人都这么说……",但并不是说话人自己"听"到的信息,所以使用「と言われる」。

正因为「と聞く」和「と言われる」的使用条件不同,所以两者可以共现在同一语段中。例如:

(20)2月17日に面談した30代の元派遣社員の男性は「仕事の話があると言われて喜んで出社したのに、期間が1日だけと聞き、バカにされたと思った。正社員と同じように働いていたのだから、使い捨てにしないでほしい」と憤っている。(『毎日新聞』2009)

例句(20)中的「仕事の話があると言われて」表示别人说的内容,「期間が1日だけと聞き」表示说话人自己直接听到的内容。「と聞く」和「と言われる」各表其义,各尽其职。

根据上述「と聞く」和「と言われる」的使用条件,现在我们来分析一下例句(3)和例句(4)的偏误用法。在例句(3)「その時『先輩』〈と聞いたら→と言われて〉、なんとなく複雑な気持ちがしました」中,使用「と聞く」在句法上是成立的,但这里不是要表达"我"听到「先輩」这个词,而是要表达"我"被别人叫作「先輩」,所以使用「と言われる」这种被动形式符合语境要求,自然贴切。

例句(4)「よく『現代の若者がだめだ』『今の若者のマナーが悪い』〈と聞いた

→と言われる〉」需要表达的是传闻。这种传闻并非说话人自己直接获取的,而是别人说的,所以尽管使用「と聞く」符合语法规则,但使用「と言われる」可以蕴含"很多人都这么说……"义,以此表达"道听途说"的传闻,从而避开自己直接听到或获取信息的责任。

综上所述,在表示"听到"或"听说"等义时,应该使用「と聞く」,还是「と言われる」,其使用条件基本如下:

① 当需要表达说话人直接听到或获取某种信息,而不是大家都这么说,或历史传说,或道听途说时,只能使用「と聞く」,不能使用「と言われる」。

② 当需要表达大家都这么说,或历史传说,或道听途说时,只能使用「と言われる」,不能使用「と聞く」。

2.6 应该使用「を受ける」，
还是「を与えられる」?

小泉等编(1989:16-17)认为「与える」表示将自己的所有物给别人,给对方工作、权利、机会,给对方好的或者不好的影响,给对方忠告、提醒,等等。例如:

(1) 外国の大学がその研究者に博士号を与えた。

(2) 先生は生徒に宿題をたくさん与えた。

(3) 台風がこの地域に被害を与えた。

(4) 先生は生徒たちに注意を与えた。

(以上例句来自小泉等编,1989:16-17)

「与える」主动句的句式可以归纳为「NP(施事)が/は＋NP(与事)に＋NP(受事)を＋与える」。在第1章1.24节我们分析过,当句中主语表接受者,需要表达主语接受施事实施某种动作行为并受到其影响时,使用被动句式「NP(受影响者・与事)が/は＋NP(受事)を＋与えられる」。这一被动句式表达的意义跟「NP(接受者)が/は＋NP(受事)を＋受ける」似乎相同。例如:

(5) ウェルキンとファルディオは功労賞を与えられ、晩餐会へ招かれてますって!(『国語研日本語ウェブコーパス』)

(6) 青年団は市から功労賞を受けた。(小泉等编,1989:57)

例句(5)和例句(6)都是表示作主语的人或组织被授予「功労賞」,例句(5)使用的是「を与えられる」,例句(6)使用的是「を受ける」,「を与えられる」与「を受ける」表达的意义看似相同,但是两者并不一样。我们在『YUKタグ付き中国語母語話者日本語学習者作文コーパス』中可以看到在应该使用「受ける」的地方错误地使用了「与えられる」的偏误现象。例如:

(7) この調査によると、今の大学生は欧米の文化に影響を〈与えられ→受け〉、伝統観念が薄くなったと言われている。(学部4年生/学習歴3年半/滞日0/卒論)

(8) 歴史的に見れば、どの国の言語でも、外来語の導入から離されない。日本語も外来語の影響を〈与えられた→受けた〉言語の一つである。

（学部4年生/学習歴3年半/滞日0/卒論）

（9）中国では芸能界がまだゆっくりと発展中である。中国は改革開放以来ずっと日本文化の影響を〈与えられる→受けている〉。（学部4年生/学習歴3年半/滞日0/作文）

例句（7）—（9）都用「を」标记受事「影響」，都需要使用「受ける」，不能使用「与えられる」。是不是「影響」不能与「与えられる」共现呢？对此我们使用语料库『中納言KOTONOHA「現代日本語書き言葉均衡コーパス」』『国語研日本語ウェブコーパス』进行了检索，结果发现「影響を与えられる」与「影響を受ける」都是成立的。例如：

（10）a. 東北の方々は今回の津波で漁や貝類と海藻類の養殖に打撃を受けました。このことにより、日本の生活と食文化は大きな影響を与えられるという問題に直面しています。（『国語研日本語ウェブコーパス』）

　　　 b. 飛鳥文化は仏教が盛んだった百済の影響を受けて生まれたそうですし、百済王国滅亡後に日本で花開いた白鳳文化は亡命百済人の手によるところ大だと言います。（木島光絵『ふりかえ』）

（11）自分はあらゆるところから良い影響を受けていますか？良い影響を与えられていますか？（『国語研日本語ウェブコーパス』）

例句（10）a使用的是「影響を与えられる」，例句（10）b使用的是「影響を受ける」。例句（11）既使用了「影響を受ける」，又使用了「影響を与えられる」。也就是说，「影響を与えられる」这种用法也是成立的。既然如此，为什么例句（7）—（9）中使用「影響を与えられる」会被判断为偏误用法呢？「影響を与えられる」与「影響を受ける」有什么不同呢？

被动句从形式上可以分为2种：一种是使用「（ら）れる」的被动句，称作有标被动句；另一种是不使用「（ら）れる」，但句子表被动义的被动句，称作无标被动句。「影響を与えられる」属于有标被动句，「影響を受ける」属于无标被动句。我们在1.25节中讨论「～を受ける」时认为：当主语作施事时，「受ける」表施事的意志性动作行为；当主语作受影响者，「～を受ける」不表施事的意志性动作行为，而表某种结果，属于被动用法。我们这里讨论的是「～を受ける」表被动义的用法。

村木（1991：234）认为「影響を受ける」这种由动名词和功能动词构成的表达方式常用于报刊，以及社论、法律、机械类的说明书等文章中，是一种不体现个体差异的表述方式。总的来说，「影響を受ける」是对事件进行客观中立叙述的无标被动句式，而「影響を与えられる」是蕴含特殊含义的有标被动句。

也就是说，「影響を与えられる」与「影響を受ける」的不同反映在说话人对事件表述的蕴含义上。例如：

（12）私には正直デビューはどうでもいいんです。ただ、それによって<u>嵐が何らかの影響を与えられる</u>のだとしたら、それはかなり嫌。(『国語研日本語ウェブコーパス』)

（13）<u>称徳天皇</u>は、中国の唐の則天武后に多くの<u>影響を与えられた</u>。則天武后（624～705）690年、唐から週に改めた。龍門石窟に大仏をつくった。……称徳天皇もそれにならったといわれている。(『国語研日本語ウェブコーパス』)

例句（12）表示「嵐」受到某种影响，句中蕴含施事或原因，即某事物给予了「嵐」某种影响，所以「嵐」才会因此受到了某种影响。例句（13）也是如此。句子表示「則天武后」给了「称徳天皇」很多影响，所以「称徳天皇」才会因此受到很多影响。这2个句子也可以说成「嵐が何らかの影響を受ける」「称徳天皇は、中国の唐の則天武后に多くの影響を受けた」，但是蕴含义发生了变化。「影響を与えられる」蕴含施事、原因，而「影響を受ける」只表述主语受到何种影响，不蕴含施事、原因。

「影響を与えられる」与「影響を受ける」的不同在于：

①「影響を与えられる」蕴含施事实施「与える」动作行为义或事件发生的原因。

②「影響を受ける」表示说话者客观地描述某人或某事物受到影响，不蕴含施事施以影响的动作行为，也不蕴含事件发生的原因。

换句话说，如果需要蕴含施事或原因，需要使用「影響を与えられる」，不能使用「影響を受ける」；如果无须蕴含施事或原因，需要使用「影響を受ける」，不能使用「影響を与えられる」。

例句（10）和例句（11）中的「影響を受ける」与「影響を与えられる」的不同正是如此。例句（10）a「<u>このことにより、日本の生活と食文化は大きな影響を与えられる</u>という問題に直面しています」需要表达的是「このこと」给予了「日本の生活と食文化」很大的影响，「このこと」表示事件发生的原因，也可以理解为原因施事。可能日语学习者会有疑问：既然如此，为什么不使用主动句「<u>このことは、日本の生活と食文化に大きな影響を与える</u>」来表达呢？主动句与被动句最大的不同是，及物动词主动句作主语的通常都是施事（包括原因施事、主事等），突出施事实施某种动作行为，而及物动词被动句作主语的通常是受事，隐去施事或不凸显施事但又蕴含施事。而例句（10）b与例句（10）a不同，「<u>飛鳥文化は仏教が盛んだった百済の影響を受けて生まれたそうですし</u>」需要表达的是主语「飛鳥文化」受到「百済」的影响，无须蕴含「百済」对「飛鳥文化」施以影响的意思，所以例句（10）a使用「影響を与えられる」，而例句（10）b使用「影響を受ける」。例句（11）中「影響を受ける」与「影響を与えられる」的不同也是如此。

　　根据上述「影響を与えられる」和「影響を受ける」的使用条件,现在我们来分析一下例句(7)—(9)的偏误问题。例句(7)「この調査によると、今の大学生は欧米の文化に影響を〈与えられ→受け〉、伝統観念が薄くなったと言われている」用于学术论文中,需要表达的是「今の大学生」受到了「欧米の文化」的影响,无须蕴含施加影响的施事,所以句中只能使用「影響を受ける」,不能使用「影響を与えられる」。

　　例句(8)「日本語も外来語の影響を〈与えられた→受けた〉言語の一つである」、例句(9)「中国は改革開放以来ずっと日本文化の影響を〈与えられる→受けている〉」与例句(7)一样,需要客观地表述日语受到外来语的影响、中国受到日本文化的影响,都不需要蕴含施加影响的施事,所以这2个句子也都只能使用「影響を受ける」,不能使用「影響を与えられる」。

　　综上所述,当「影響」用作宾语、句子需要表示主语受到某种影响时,应该使用「を受ける」,还是「を与えられる」,其使用条件基本如下:

① 当需要客观地表述主语受到影响,不蕴含施加影响的施事或动作行为发生的原因时,只能使用「を受ける」,不能使用「を与えられる」。

② 当需要蕴含或表述施加影响的施事或动作行为发生的原因时,只能使用「を与えられる」,不能使用「を受ける」。

第 3 章

不及物动词与及物动词被动句的偏误研究

3.1　应该使用「ある」，还是「見られる」?

　　田，泉原，金編著(1998:58)认为「ある」表示事物(包括人)的存在，与之相对的是「ない」。而「見られる」是「見る」的被动形式，可以表示自发、被动、可能和尊敬等意思①。「ある」和「見られる」似乎是2个意义完全不同的动词，但是志波(2009:231-232)认为「Nに/で(は)対象が見られる」与存在句的句式相近，表示可以看到在某处存在某事物。広瀬，庄司編著(1994:638)也认为「見られる」可以表示「現象や状態・ようすなどがよく<u>ある</u>といっこと」。例如:

(1) 大地震のときには、地面の隆起や陥没などの現象が<u>見られる</u>。(広瀬，庄司編著,1994:638)

　　如果将例句(1)中的「見られる」替换为「(よく)ある」，也符合语法规则，但问题是两者表达的意思是否真的相同。换句话说，如果两者表达的意思相同，那么下面的用法就不应该被看作偏误用法了。

(2) 今日は天気がとてもよく、ちょうど日曜日だから観光地に賑やかな光景が〈ある→見られる〉。(学部3年生/学習歴2年半/滞日0/翻訳)

(3) 図3は連体助詞「の」の不使用の全体像である。「名詞〈○→の〉」という誤用パターンが最も多く、次に「X＋助詞〈○→の〉」という誤用パターンが〈ある→見られる〉ものの、「名詞〈○→の〉」に比べれば非常に少ない。(D1/学習歴7年/滞日3年/論文)

(4) 今色々な国から料理を取り入れて、料理の種類も豊富になってきました。日本には中華料理店が〈見られて→あり〉、チャーハンや酢豚といった中国の特有の料理が食べられます。(学部2年生/学習歴1年半/滞日0/作文)

---

① 「V(ら)れる」一般可以表示被动、可能、自发和尊敬。但是能使用「(ら)れる」形式表示自发的动词是有限的，日本語記述文法研究会編(2009a:285)认为一般仅限于「思う」「偲ぶ」「想像する」等部分表示思考、感觉和感情的动词。寺村(1982:272)、森田(2006:69)、森(2013:14)都认为「見る」这个词表自发时要用「見える」，而不是「見られる」。但是，志波(2009:201-202)认为当「見られる」的主语是无生物受事时，「見られる」表自发义、可能义还是被动义界限模糊。

（5）周知のとおり、日本人は話す時、単刀直入ではなく曖昧で婉曲的に自分の考えや気持ちを表すことがよく〈見られる→ある〉。（学部4年生/学習歴3年半/滞日0/卒論）

例句（2）和例句（3）中需要使用「見られる」，不能使用「ある」；例句（4）和例句（5）正好相反，需要使用「ある」，不能使用「見られる」。那么，使用「ある」和「見られる」有什么不同呢？

小泉等編（1989：31）认为「ある」用作谓语动词时，有如下13种用法：

① 存在某物。
② 在人群中存在某特定的人，也可替换为「いる」。
③ 拥有某物、特定的人、感情、观点、能力等。
④ 某事物内含某物。
⑤ 承认某事件的存在。
⑥ 存在某一段距离和时间。
⑦ 属性上有一定的重量、宽度、长度等。
⑧ 处于某种地位或状态中。
⑨ 发生某事，举行某种集会等。
⑩ 来联络。
⑪ 写着某内容。
⑫ 使用句式「ことがある」表示事件或行为发生的可能性，即"有时……"。
⑬ 使用句式「ことがある」表示人经历过某事，即"曾经……"。

例如：

（6）机の上に本が2冊ある。（用法①）
（7）多数の賛成者があった。（用法②）
（8）彼には二人の子供がある。（用法③）
（9）この野菜にはビタミンが豊富にある。（用法④）
（10）彼はこの問題に責任がある。（用法⑤）
（11）駅まで距離が2キロある。（用法⑥）
（12）この機械は重さが100キロある。（用法⑦）
（13）彼は会長の職にある。（用法⑧）
（14）ここで交通事故があった。（用法⑨）
（15）友達から電話があった。（用法⑩）
（16）伝言板に「少し遅れる」とあった。（用法⑪）
（17）静岡でもたまに雪が降ることがある。（用法⑫）
（18）私は外国に行ったことがある。（用法⑬）

（以上例句来自小泉等編，1989：31-32）

在例句(6)—(18)中,「ある」的用法虽然各有不同,但是有2个共同的特点:①都表示某事物及人的存在、所有,或某事件的发生;②存在或拥有的事物以及发生的事件用「が」标记,存在的处所使用「に」标记。森田(1989:89)认为「ある」作谓语动词时表示对事物的存在做出肯定的判断。

前面提过「見られる」是「見る」的被动形式,小泉等编(1989:495)认为「みる」用作谓语动词时,有如下10种用法(见表1①):

表1　「見る」的用法

用法	例句	能否构成直接被动句
① 从视觉上感知到事物的颜色形状等	(19) 洋子は私の顔をじっと<u>見た</u>。	○
② 作为学习或娱乐,观看演出或参观名胜等	(20) 私たちは京都の古いお寺や神社を<u>見た</u>。	×
③ 浏览查阅资料等	(21) 毎朝彼は新聞を<u>見る</u>。	×
④ 用舌头或手等试探味道、温度、事物的状态等	(22) 彼女は料理の味を<u>見た</u>。	×
⑤ 观察对方反应或情况如何	(23) 与党は野党の出方を<u>見た</u>。	×
⑥ 承担起工作或监护某人的职责	(24) 親が子供の勉強を<u>見る</u>。	○
⑦ 医生给病人看病	(25) 医者が病人を<u>診る</u>。	○
⑧ 预测	(26) 易者が私の手相を<u>見た</u>。	○
⑨ 依据某种情况进行思考,做出某个判断	(27) 与党は野党を軽く<u>見ている</u>。	○
⑩ 经各种努力,终于达成某个结局	(28) 委員会はやっと意見の一致を<u>見た</u>。	×

从例句(19)—(28)中可以看出,使用「見る」的主动形式时,都需要施事作主语,句子都表示施事实施「見る」这个动作行为,「見る」既可以表具体的视觉感知行为,如例句(19)—(21),又可以表示抽象的认知判断行为,如例句(27)等。小泉等编(1989:495)认为当表示用法②③④⑤⑩时「見る」不能构成直接被动句,表示其他用法时也很少使用被动句,或使用被动句时常出现不太自然的情况,经常看到的被动句如下:

---

① 表1为本文作者自制,非原文所有。

（29）僕はみんなからじろじろ<u>見られた</u>。（用法①）

（30）野党は与党から軽く<u>見られている</u>。（用法⑨）

（31）患部が専門医によって入念に<u>見られた</u>。（用法⑦）

（以上例句来自小泉等编，1989:495）

例句（29）—（30）的主语是「僕」「野党」，都是有生物，表受事，「みんな」「与党」用「から」标记，表施事。例句（29）表示"我被大家盯着看（得难受）"，例句（30）表示"在野党被执政党看不起"，都表示作主语的人（包括组织）被别人如何看或看待，说话者从主语有生物受事的视点表述某人受到事件的影响。例句（31）的主语是「患部」，也表受事，但与例句（29）、例句（30）不同，「患部」是无生物，施事「专门医」用「によって」标记。例句（31）不是表述某人受到事件的影响，而是客观中立地表述"伤口得到了专科医生细致的检查"。

由此可见，当「見られる」表被动时，施事可以共现。换句话说，虽然文中没有施事共现，或无须补出施事，但实际上蕴含施事。例句「大地震のときには、地面の隆起や陥没などの現象が<u>見られる</u>」就是如此。句中虽然无须施事共现或无须补出施事，但蕴含施事，这是与无须施事共现也补不出施事的「ある」最大的不同。

「見られる」不仅可以表示被动，在很多情况下还可以用来表示可能。日本語記述文法研究会編（2009a:279）认为可能句式表达的是动作行为的主体意欲进行某动作行为时，是否有能力或有条件实现该动作行为，动作行为的主体可以使用「が」或「に」标记，受事可以用「が」或「を」标记。国際交流基金編（1982:45）认为「見られる」表示行为主体是否具备实现「見る」这个行为的条件。森田（2006:69）认为「見られる」表"能看到……"时，是说话者的一种判断，表述的是施事积极实施的行为结果（「話し手の判断と作為の結果」）。例如：

（32）屋上に上がれば富士山が<u>見られる</u>。

（33）どこから<u>見られる</u>のか？—窓から<u>見られる</u>のだ。

（以上例句来自森田，2006:69）

例句（32）表达在「屋上に上がれば」这个条件下能够看到富士山，例句（33）表达在「窓から」这个视点条件下能够看到。由此可见，表可能义的「見られる」表示的是在一定条件下能够看到某受事。

我们再来看下面的例句：

（34）新潟市では積雪のない日が続くが、明け方の最低気温は氷点下のことが多く、地中の水分が地表にしみ出て凍結する「霜柱」がよく<u>見られる</u>。（『毎日新聞』1997）

在例句（34）中，「霜柱」作主语，表示受事，「見られる」既可以表可能义，又可以表被动义，即"可以看到"与"（被人们）看到"为表里关系，哪个语义首先被激活，需要依靠语境来判断。也就是说，当例句（34）中的「見られる」的前景义表可能义

时,背景义为被动义;当前景义表被动义时,背景义为可能义。①

（35）放射性物質が付着した微粒子による出血の可能性を指摘する声もあるが、「そうであれば出血以前に鼻腔（びこう）内にびらんや炎症の所見が<u>ある</u>はずだが、それが<u>見られない</u>」とし、「出血の仕方や治療法もすべて通常の鼻血で、微粒子の影響は考えにくい」と指摘した。（『毎日新聞』2014）

在例句（35）中,「ある」与「見られない」同时使用,「ある」表示存在,不蕴含施事,而「見られない」表示"观察不到",蕴含施事。句中的「ある」与「見られない」不能互换,否则句子不能成立。再例如:

（36）砂漠では、よく蜃気楼が<u>見られる</u>そうです。（広瀬,庄司編著,1994:638）

在例句（36）中,「見られる」不能替换为「ある」,因为「蜃気楼」是需要观察的,而并非客观存在。

从上面的讨论中可以看出,「ある」和「見られる」有如下不同:

① 「ある」只能用来表达某处存在或拥有某事物,不蕴含施事,与"观察"等蕴含义无关。

② 「見られる」无论表示自发、可能还是被动,都与施事有关,或要求施事共现,或不要求或无须施事共现但蕴含施事义,而不是单纯的某处存在或拥有某事物。

根据上述「ある」与「見られる」的使用条件,现在我们来分析一下例句（2）—(5)的偏误用法。例句（2）「今日は天気がとてもよく、ちょうど日曜日だから観光地に賑やかな光景が〈<u>ある→見られる</u>〉」需要表达的是可观察到的景象,而不是某处存在或拥有某事物,所以需要使用「見られる」,不能使用「ある」。例句（3）「『名詞〈○→の〉』という誤用パターンが最も多く、次に『X＋助詞〈○→の〉』という誤用パターンが〈<u>ある→見られる</u>〉ものの、『名詞〈○→の〉』に比べれば非常に少ない」需要表达在『YUKタグ付き中国語母語話者日本語学習者作文コーパス』里能观察到的结果,所以需要使用「見られる」,不能使用「ある」。

例句（4）和例句（5）正好相反。在例句（4）「日本には中華料理店が〈<u>見られて→あり</u>〉、チャーハンや酢豚といった中国の特有の料理が食べられます」中,使用「見られる」本身符合语法规则,没有错。但是,这个句子需要表达的是日本有中华料理店,而不是通过观察发现的,所以不能使用「見られる」,需要使用「ある」。例句（5）「周知のとおり、日本人は話す時、単刀直入ではなく曖昧で婉曲的に自分の考えや気持ちを表すことがよく〈<u>見られる→ある</u>〉」,如果需要表达"观

---

① 志波（2009:201-202）也认为「見られる」表达的可能义、被动义之间界限模糊。

察"义,这个句子就是对的,但是此句无须蕴含施事,也无须表达观察义,只表达一种客观的存在,所以就只能使用「ある」,不能使用「見られる」。

综上所述,在表示事物的存在等意思时,应该使用「ある」,还是「見られる」,其使用条件基本如下:

① 当需要表达某处存在或拥有某事物,不蕴含被施事观察到或可以观察得到的现象,即不蕴含被动、可能等意思时,只能使用「ある」,不能使用「見られる」。

② 当需要表达被施事观察到或可以观察得到的现象时,只能使用「見られる」,不能使用「ある」。

3.2　应该使用「表れる」,还是「表される」?

　　「表れる」与「表す」是配对动词。「表れる」读作「あらわれる」,「表す」读作「あらわす」。用汉字标记时,根据语境的需要,「あらわれる」可以写作「表れる」「現れる」「顕れる」,「あらわす」可以写作「表す」「現す」「著す」「顕す」。汉字不同当然意思也不一样,但语法作用没有变化,所以这里不做细分。这是因为汉字基本都是后来加上去的,而不是由汉字决定读音。

　　「表れる」为不及物动词,作谓语时,要求受事作主语。「表す」是及物动词,被动形式是「表される」。「表される」作谓语时,要求受事充当主语。也就是说,「NPが＋表される」与「NPが＋表れる」这2个句式的主语都为受事。例如:

(1) 彼女は日本が大好きですし、母国で五輪があるのは特別なことです。日本に出発する直前に髪の色を赤と白の日の丸カラーにしたのも、五輪に対する気持ちが表れています。(『毎日新聞』2016)

(2) 市内20校、計78点の応募作品から、各校の図書館担当の教諭らによる2次の審査で特選が選ばれた。表彰式で鳴尾中の川上由美子教諭が「中学生として素直な気持ちが表され、漏れた作品も捨てがたかった」と講評した。(『毎日新聞』2002)

　　例句(1)使用的是「表れる」,例句(2)使用的是「表される」,在2个句子中「気持ち」都作主语,也都为受事。因为2个表达方式看起来很相似,所以日语学习者常常分不清两者的不同,容易用错。例如:

(3) 社会は強く結束した集団となっている。集団に溶け込むことに日本人の性格が〈表されている→表れている〉。(学部3年生/学習歴2年半/滞日0/作文)

(4) 中国人の「自己中心」という考え方に対し、日本人の場合は「他者中心」という考え方が言語意識や言語行動に〈表されている→表れている〉。したがって、日本語のほうがよりあいまいで、発話者の思想を抑えるのが普通である。(学部4年生/学習歴3年半/滞日0/レポート)

(5) もう一つの表4の4の「憂き節繁き川竹」と5の「川竹の流れの身」で〈表

れた→表されている〉のは日本人の安定した生活に対する追求である。(学部4年生/学習歴3年半/滞日0/卒論)

（6）単なる状態を表すとき、金田一（1950）によると、第四種の動詞のテイル形で〈表れる→表される〉が、工藤（1995）はこれを「時間の中での展開性」の問題にしておらず、「脱アスペクト化」と指摘した。(M2/学習歴5年半/滞日1年半/レポート)

例句（3）和例句（4）中只能使用「表れる」,不能使用「表される」。例句（5）和例句（6）正好相反,句中只能使用「表される」,不能使用「表れる」。那么,使用「表れる」和「表される」有什么不同呢?

首先我们来看「表れる」与「表す」的不同。

小泉等编（1989:30）认为「あらわれる」有如下2种用法:

① 表示原本隐藏的看不见的事物出现或呈现到某事物表面上来。

② 表示感情、思想、症状、结果等表现出来。

例如:

（7）数人の男が物かげから現れた。(用法①)

（8）夫の顔に不満の表情が表れた。(用法②)

（以上例句来自小泉等编,1989:30）

例句（7）使用「現れる」时,表示的是作主语的「数人の男」从看不见的地方位移到看得见的地方,表述的是「数人の男」的位移变化。森田（1989:89）认为这种「あらわれる」表述的是原本看不到的事物显现出来,与之相对的是「隠れる」。例句（8）表示丈夫脸上表露出不满的神情,即某种情感在某处表现出来。森田（1989:89）认为当「あらわれる」表示内心某种情感在表情、态度、语言、文章、绘画或音乐等中表现出来时,与之相对的是「消える」。也就是说,不及物动词「あらわれる」表示某种结果状态,这种结果状态的出现不涉及外力的作用。

关于「あらわす」的用法,小泉等编（1989:29）认为有如下4种①:

表1　「あらわす」的用法

用法	例句	能否构成被动句
① 使原本隐藏看不见的事物显现	（9）花嫁が会場に姿を現した。	×
② 将感情、思想、症状、结果等表现出来	（10）夫は驚きを顔に表した。	×
	（11）考えを言葉に表す。	○

---

① 表1为本文作者根据原文自制。

续　表

用法	例句	能否构成被动句
③ 某事物指示别的事物，表示	（12）この絵は戦争の愚かさを<u>表している</u>。	○
④ 著书发布于世	（13）その作家は今度初めて長編小説を<u>著した</u>。	○

　　例句（9）「花嫁が会場に姿を<u>現した</u>」虽然也蕴含主语「花嫁」的位移变化，但句子凸显的是施事「花嫁」实施「姿を現す」这个动作行为。小泉等编（1989:29）认为及物动词「あらわす」用作用法①时，宾语一般为「姿・部分・事」这一类词。也就是说，主语与宾语之间具有所属关系、整体与部分的关系，如例句（9）中的「姿」从属于「花嫁」，这种意义的「あらわす」不能构成被动句。

　　「あらわす」用作用法②"将感情、思想、症状、结果等表现出来"时，如例句（10）所示，「夫」作主语表施事，「驚き」作宾语表受事，受事呈现的处所使用「に」标记，句子表示施事将某种情感表现在「顔」这一身体部位，与不及物动词句「夫の顔に驚きが<u>表れた</u>」表达的事件几乎相同。但是不及物动词句凸显的是受事「驚き」的结果状态，而「夫は驚きを顔に<u>表した</u>」凸显的是由施事实施的动作行为。「あらわす」在表"将情感表现在脸/表情上"时也不能构成被动句。

　　除了上述「顔」这样的身体部位外，小泉等编（1989:29）认为「あらわす」的受事出现的场所还可以是「図・言葉・事」这一类词，如例句（11）「考えを言葉に<u>表す</u>」，受事「考え」出现的场所是「言葉」，这时可以构成被动句，如例句（14）。此外，「あらわす」用作用法③"某事物指示别的事物，表示"及用法④"著书发布于世"时，也可以构成被动句，如例句（15）和例句（16）。

（14）「ロードマップ」という名称にも、東京都の<u>考えが表された</u>。（『毎日新聞』2020）

（15）柿本人麻呂の「あしひきの山鳥の尾のしだり尾のながながし夜をひとりかも寝む」を描いた作品。……「もくもくと立ち上る煙は画面を突き出て、また画面に戻ってくる。ここに時間の長さ、つまり<u>夜の長さが表されています</u>」。（『毎日新聞』2022）

（16）<u>本書</u>はこの運動の先頭に立ってきた著名な弁護士によって<u>著された</u>。（『毎日新聞』2014）

　　例句（14）—（16）的主语分别是「考え」「夜の長さ」「本書」，都表受事。例句（14）和例句（15）中无须共现施事，例句（16）中使用「によって」标记施事。益岡（1987:191-192）认为在与施事有关的句子中，主动句表达的是施事引发了某事

件,而被动句更加关注事件的发生,施事退居幕后。奥津(1992:5)认为说话者的视点决定了句中谁作主语,当说话者的视点置于施事时,使用主动句;当说话者的视点置于受事时,使用被动句。例句(14)—(16)表达的视点都不在施事上,而在受事上,使用被动句客观地表述事件结果。

由此可见,「あらわす」的主动句和被动句有如下不同:

① 当表示"使原本隐藏看不见的事物显现""将某种感情表现在某身体部位上"时,只能使用「あらわす」的主动句,不能使用其被动句。

② 当表示"将感情、思想、症状、结果等表现到某事物中""某事物指示别的事物,表示""著书发布于世"时,「あらわす」的主动句和被动句都可以成立。当表达的视点置于施事,施事作主语,表示施事的动作行为时,只能使用「あらわす」的主动句;当表达的视点置于受事,受事作主语,施事退居幕后,客观地表述事件结果时,只能使用被动句。虽然被动句中无须施事共现,但事件不是自然出现的结果,而是由某种外力所致。

从上面的讨论中可以看出,「あらわされる」与不及物动词「あらわれる」都可以将"出现的事物"作主语,但是两者的意义和使用条件不同。工藤(1990:96)认为及物动词被动句与不及物动词句根本差别在于是否蕴含引发事件的施事,被动句成立的前提是存在施事或外力的作用。也就是说,「あらわれる」表述的结果状态不涉及外力的作用。与之相对,「あらわされる」蕴含施事,表述的事件结果是外力所致,因此当需要表达某事物出现是外力所致时,只能使用「あらわされる」,不能使用「あらわれる」。

例句(1)与例句(2)的不同正是如此。例句(1)「彼女は日本が大好きですし、母国で五輪があるのは特別なことです。日本に出発する直前に髪の色を赤と白の日の丸カラーにしたのも、五輪に対する気持ちが表れています」表示「五輪に対する気持ち」自然而然地流露出来。而例句(2)「中学生として素直な気持ちが表され、漏れた作品も捨てがたかった」表示「中学生として素直な気持ち」被参赛者表现出来,蕴含施事实施「作品に素直な気持ちを表す」这个动作行为。

「あらわされる」除了表示上述"某事物被表现出来"外,还可以是用法③和用法④的「あらわす」的被动形式,即表示"某事物(通过/由……)表示出来""某书(由……)著成",如例句(15)和例句(16),此时都不能使用「あらわれる」。

从上面的讨论中可以看出,「あらわれる」和「あらわされる」有如下不同:

① 「あらわれる」表示某事物变化的结果或状态,不蕴含外力所致。

② 「あらわされる」表示某事物变化的结果或状态,但蕴含外力所致。

正因为「あらわれる」与「あらわされる」的表义功能不同,所以两者可以共现在同一语段中,各表其义。例如:

(17) これにより、テキストの投稿がなくとも類似する投稿を収集でき、さ

らには画像に<u>表れている</u>投稿者の無意識のインサイト（消費者の行動や思惑、それらの背景にある意識構造のようなもの）まで分析できるようになります。分類結果は、「Objects」「Scenes」「Actions」「Logos」ごとに色分けされ、その画像数の多さが円の大きさで<u>表されます</u>。

（『日経テレコン』2018）

在例句（17）中，「表れている」表示「投稿者の無意識のインサイト」在画像里自然而然表现出来，而「表されます」不是「その画像数の多さ」自然而然表现出来的，而是被某施事用圆的大小表现出来的。「表れる」和「表される」各司其职，各表其义，两者不能互换，否则句子不能成立。

根据上述「あらわれる」与「あらわされる」的使用条件，现在我们来分析一下例句（3）—（6）的偏误用法。例句（3）「社会は強く結束した集団となっている。集団に溶け込むことに日本人の性格が〈表されている→表れている〉」需要表达日本人的性格自然呈现或体现在某事物中，不蕴含施事实施「性格を表す」这个动作行为，因此需要使用「表れる」，不能使用「表される」。例句（4）「中国人の『自己中心』という考え方に対し、日本人の場合は『他者中心』という考え方が言語意識や言語行動に〈表されている→表れている〉」和例句（3）一样，需要表达"以他人为中心的思维方式自然而然地表现在言语意识和言语行动中"，也不蕴含引发事件的施事，因此也需要使用「表れる」，不能使用「表される」。

例句（5）—（6）与例句（3）—（4）正好相反。例句（5）「もう一つの表4の4の『憂き節繁き川竹』と5の『川竹の流れの身』で〈表れた→表されている〉のは日本人の安定した生活に対する追求である」蕴含施事通过某种方式手段实施「表す」这个动作行为，而不是自然地出现，所以句中只能使用「表される」，不能使用「表れる」。例句（6）也和例句（5）一样，例句（6）「単なる状態を表すとき、金田一（1950）によると、第四種の動詞のテイル形で〈表れる→表される〉が……」也需要在表达事件的客观结果的同时蕴含施事使用某种方式实施「表す」这个动作行为，因此需要使用「表される」，不能使用「表れる」。

综上所述，当表示事物出现等意思时，应该使用「表れる」，还是「表される」，其使用条件基本如下：

① 当需要表达某事物的出现是一种自然的结果或状态，不蕴含外力所致时，只能使用「表れる」，不能使用「表される」。

② 当需要表达或蕴含某事物的出现不是一种自然的结果或状态，而是外力所致时，只能使用「表される」，不能使用「表れる」。

3.3 应该使用「折れる」,还是「折られる」?

「折れる」与「折る」是配对动词。「折れる」为不及物动词,用作谓语时,不能要求施事作主语,只能要求受事作主语,如例句(1)。「折る」是及物动词,被动形式是「折られる」。「折られる」作谓语时,也不能要求施事作主语,但受事在句中有 2 种形式:一种是与例句(2)一样,受事作主语;另一种与例句(3)一样,作主语的不是受事,而是受影响者,受事继续作宾语留在宾语的位置(这种形式被称作保留宾语被动句)。

(1) ところが、女性が「帰宅したくない」と暴れたため、巡査長が女性の両腕を背中に回して制止しようとすると、<u>左腕が折れた</u>という。(『毎日新聞』2003)

(2) JR 高畠駅(山形県高畠町)で 5 月、発泡スチロール像「青鬼くん」の<u>左腕が折られた</u>。(『朝日新聞』2021)

(3) 八千代市でも 6 日午後 11 時ごろ、同市の男性会社員(29)が男 2 人組に殴られて現金 40 万円を奪われ、7 日午前 1 時 40 分ごろには船橋市東船橋で同市の男性会社員(40)が<u>左腕を折られて</u>、現金約 7 万円を奪われた。(『毎日新聞』2002)

例句(2)和例句(3)虽然都用来表示“左手被弄折了”,但各自表达的焦点不同。这种不同不是本文讨论的范围,所以不再赘述。

「折れる」和「折られる」都不能要求施事作主语,所以从构句规则来看,两者相似。究竟什么时候应该使用「折れる」,什么时候应该使用「折られる」,日语学习者往往容易混淆,常常用错。例如:

(4) この夏休み、私の友達の中の一人が、自動車事故で、病院に運ばれました。指が〈<u>折られて→折れて</u>〉、肉も裂けました。(学部 3 年生/学習歴 2 年半/滞日 0/作文)

(5) なぜなら、二人の子供が博物館のルールに従わず、直接手で展示品に触れて、ガラスの翼が〈<u>折られてしまった→折れてしまった</u>〉。(M1/学習歴 5 年/滞日 0/感想文)

例句(4)和例句(5)中都是受事作主语,都只能使用「折れる」,不能使用「折られる」。那么,使用「折れる」和「折られる」有什么不同呢?

首先我们来看「折れる」与「折る」的不同。小泉等編(1989:109-111)认为「折れる」有如下4种用法:

① 弯曲重叠。

② 棒状物折断。

③ 改变前行的方向,拐弯。

④ 撤回自己的看法而服从他人的想法。

例如:

(6) 服のえりが<u>折れている</u>。(用法①)

(7) 落雷で木が二つに<u>折れた</u>。(用法②)

(8) 男はその角を右に<u>折れた</u>。(用法③)

(9) 弘は両親の説得に<u>折れた</u>。(用法④)

(以上例句来自小泉等編,1989:109-111)

早津(1987:85;1990:71)认为「折れる」是表示事物的属性或物理特征发生变化的不及物动词,这种变化既可以是由于事物本身具备的性质或力量而自然发生的变化(「内発的な変化」),又可以是由外因引发的某种变化(「外因的な変化」)。

例句(6)和例句(7)中的主语分别是「服のえり」「木」,都是无生物,表受事,句子都表示受事的形状变化结果。例句(8)和例句(9)的主语分别是「男」「弘」,都是有生物,句子表示某人的方向变化。这里的主语虽然是有生物,但不是施事,而是主事,或称作主体,因为谓语表述的是主语动作行为的一种结果,而不是主语的意志性动作。

早津(1987:96)认为配对不及物动词描述的是受事的变化,不涉及施事的致使作用。例句(7)「落雷で木が二つに<u>折れた</u>」中虽然共现了「落雷」这个外因,但是早津(1987:97)认为当事件是由某种自然力引发的变化时,使用受事作主语、表述受事变化的不及物动词句要更自然。

由此可见,不及物动词「折れる」作谓语动词时,要求变化的主体作主语,句子表示某种变化的结果状态,不涉及施事。

关于「折る」的用法,小泉等編(1989:109)认为有如下3种[①]:

表1 「折る」的用法

用法	例句	能否构成直接被动句
① 折叠	(10) 優子は紙を二つに<u>折った</u>。	○

---

① 表1为本文作者根据原文自制。

用法	例句	能否构成直接被动句
② 折断某棒状物	（11）弘はマッチ棒を二つに<u>折った</u>。	○
	（12）足の骨を<u>折る</u>。	○（他人の身体部分）/ ×（自分の身体部分）
③ 弯曲身体的关节部位	（13）母は腰を<u>折って</u>お辞儀をした。	×

在例句（10）、例句（11）和例句（13）中，「折る」的意义虽然各有不同，但是作主语的「優子」「弘」「母」都表示施事，作宾语的「紙」「マッチ棒」「腰」都表示受事，句子表示施事作用于受事，使受事发生变化。表1所示的「折る」的3个用法中，用法①和用法②常可以构成被动句。例如：

（14）古い本は傷があったり、<u>ページが折られたり</u>しているだろう。繰り返し読んだ本はボロボロになっているに違いない。（『毎日新聞』2015）

（15）<u>バットが折られた</u>。（小泉等编，1989：109）

在例句（14）和例句（15）的被动句中，分别是无生物「ページ」「バット」作主语，表受事，句子虽然无须施事共现，但蕴含施事，即「ページが折られたり」「バットが折られた」不是一种自然的结果状态，而是由某个施事实施「折る」这个动作后造成的结果状态。与汉语中的"树枝断了"和"树枝被折断了"的不同相似。前者在汉语中是不及物动词，表示是树枝自己断的，是一种自然的结果状态；后者在汉语中是及物动词的被动句，蕴含施事，表示树枝不是自己断的，而是外力所致。

从上面的讨论中可以看出，受事作主语时，既可以使用不及物动词「折れる」，又可以使用及物动词「折る」的被动形式「折られる」。早津（1990：70-72）通过对小说和报刊进行调查统计发现，「折る」这类表示使事物的物理属性和存在状态发生变化的配对及物动词，使用被动句的频率非常低，反而「折れる」这样的不及物动词句更常用。当需要强烈表达受事的变化是由施事引发或施事有意为之的结果时，才使用「折る」的直接被动句。

例句（1）和例句（2）的不同就是如此。在例句（1）「女性が『帰宅したくない』と暴れたため、巡査長が女性の両腕を背中に回して制止しようとすると、<u>左腕が折れた</u>という」中，虽然"左腕骨折了"是一个结果，但不是「巡査长」的行为引起的。即「巡査長」的行为与"左腕骨折了"未必是因果关系，这里只表述结果状态，不涉及动因。而例句（2）「JR高畠駅（山形県高畠町）で5月、発泡スチロール像

『青鬼くん』の<u>左腕</u>が<u>折られた</u>」就不同了,句中使用的是及物动词被动句,表述"左腕断了"不是自然折断,而是被什么人或什么外因弄断的。

正因为「折れる」与「折られる」的表义功能不同,所以两者可以共现在同一语段中,各表其义。例如:

（16）JR西日本は20日、踏切で<u>遮断棒が折られ</u>、輸送障害が生じるケースを減らすため、折れ曲がってもすぐ復元する遮断棒を開発したと発表した。9月末までに全踏切の3分の1の約1800カ所に導入する。JR西によると、鉄道会社で初の試みで、<u>遮断棒が折れる</u>ケースを昨年度の約1800件から70%も減らせるという。(『毎日新聞』2011)

在例句(16)中,「遮断棒が折られ」表示「遮断棒」是由于人为或者某外因而断掉的,「遮断棒が折れる」则只表述「遮断棒」断掉,不涉及外因。

根据上述「折れる」与「折られる」的使用条件,现在我们来分析一下例句(4)和例句(5)的偏误用法。在例句(4)「この夏休み、私の友達の中の一人が、自動車事故で、病院に運ばれました。指が〈<u>折られて→折れて</u>〉、肉も裂けました」中,受事「指」作主语,需要表达于指骨折这个结果,不涉及是否由施事或其他外因造成,因此句中只能使用「折れる」,不能使用「折られる」。例句(5)「二人の子供が博物館のルールに従わず、直接手で展示品に触れて、ガラスの翼が〈<u>折られてしまった→折れてしまった</u>〉」和例句(4)一样,需要表达的是"玻璃材质的翅膀断了"是一个自然的结果,并不需要表述他人或外因造成这个结果,因此句中只能使用「折れる」,不能使用「折られる」。

综上所述,当受事作主语时,应该使用「折れる」,还是「折られる」,其使用条件基本如下:

① 当需要表达受事变化的结果,不涉及施事或外因所致时,只能使用「折れる」,不能使用「折られる」。日语中,即便叙述的事件是由某种自然力或外力引发的,也更倾向于使用不及物动词句表述受事的变化结果,这样能使表述的事件就如自然发生的一般。

② 当需要表达受事变化的结果,且强烈蕴含施事或外因所致时,只能使用「折られる」,不能使用「折れる」。

3.4 应该使用「～化になる」，还是「～化される」?

　　北原編（2021:260）认为「化」接续在名词等后面，构成一个新的名词，表示某物变成某种性质或状态，如「美化」「機械化」「自由化」。「～化」后接「する」构成サ变动词，如「入園料を無料化する」，强调使事物发生变化。

　　「NP＋になる」这个句式很常见，我们在报刊中也很容易看到例句，如例句（1）。而当「～化する」作及物动词时，可以构成被动句，如例句（2）和例句（3）。

（1）市町村の担当課窓口でアンケートに答えると、その場でバッグがもらえる。アンケートは「普段買い物袋を持参していますか」「レジ袋が<u>有料化になったら</u>どうしますか」などといった簡単なもので数分で記入できる。（『毎日新聞』2007）

（2）北九州市内のスーパー71店が6月1日からレジ袋を<u>有料化する</u>。（『毎日新聞』2018）

（3）スーパーやコンビニなど小売店でのプラスチック製レジ袋があすから<u>有料化される</u>。（『毎日新聞』2020）

　　但是，「～化になる」和「～化する」各自所构成的句式不同。「～化になる」构成句式「NP（受事）が～化になる」。在这个句式中，要求受事作主语，而不是施事作主语，表示作主语的受事发生变化，具有某种性质或状态。而「～化する」构成句式「NP（施事）が＋NP（受事）を～化する」，要求施事作主语，而不是受事作主语，表示施事使受事发生变化，使其具有某种性质或状态。在例句（1）「レジ袋が<u>有料化になったら</u>どうしますか」中，受事「レジ袋」作主语，表示「レジ袋」收费制度发生变化，变成收费制。在例句（2）「北九州市内のスーパー71店が6月1日からレジ袋を<u>有料化する</u>」中，施事「北九州市内のスーパー71店」作主语，受事「レジ袋」作宾语，表示北九州市内71家超市从6月1日开始让所有「レジ袋」的收费制度都发生变化，一律变成收费制。例句（3）是与与物动词主动句式「NP（施事）が＋NP（受事）を～化する」相对应的被动句，要求受事作主语，表示受事「プラスチック製レジ袋」变成收费制，蕴含外力所致的意思。

例句(1)「NP(受事)が～化になる」与例句(3)「NP(受事)が～化される」都可以表示某种结果,但是两者的使用条件不同,通常不能互换使用。例如:

(4) 中国で《文学少女》といいます。この本は野村美月と言う人が書きました。二〇〇八年にこの本は〈漫画化になりました→漫画化されました〉。そのあと、二〇一〇年にアニメ化もされました。(学部1年生/学習歴半年/滞日0/作文)

(5) そして、資源の利用は以前より〈最適化になっています→最適化されています〉。それは新しい点かもしれません。だから、中国の新四大発明と言われています。(学部2年生/学習歴2年/滞日0/作文)

(6) 飲茶が、民衆の日常生活と広く結びついたことであり、もう一つは、茶文化が唐宋時代の華麗から〈簡略化になっていった→簡略化されていった〉ことである。(学部4年生/学習歴3年半/滞日0/卒論)

(7) 中国語において、動作行為が具象化か〈形式化になる→形式化される〉場合がある。(M1/学習歴5年/滞日1年/作文)

例句(4)—(7)中都是受事作主语,但都只能使用「～化される」,不能使用「～化になる」。这是为什么呢? 此外,什么时候应该使用「～化になる」,什么时候应该使用「～化される」呢?

田窪(1986:82-83)认为「～化」表示「ある性状・状態に～すること/なること」,其基本功能是构成表示状态变化的サ变动词,也就是说「～化する」相当于一个后缀,其词干部分表示变化结果,这个サ变动词表示将成为词干表示的状态或性状。「～化する」既可以用作不及物动词,如「風化する」「老化する」,表示自然发生的事件,又可以用作及物动词,如「～を映画化する」「～をシナリオ化する」,表示外力致使某种状态或性状实现。很多「～化する」兼有及物动词用法和不及物动词用法。①

本文主要讨论「～化する」的及物动词用法,特别是用作及物动词构成被动句时所需要满足的条件。例句(4)中的「漫画化する」只具有及物动词用法②,而例句(5)—(7)中的「最適化する」「簡略化する」「形式化する」兼有及物动词用法和不及物动词用法。无论「～化する」是否具有不及物动词用法,用作及物动词构成被

---

① 小林(2000)认为有的「～化する」是从及物动词用法扩展到不及物动词用法的,如「実用化する」;而有的「～化する」则是从不及物动词用法扩展到及物动词用法的,例如「本格化する」。木山,玉岡(2011)通过统计证明了大部分兼有及物动词用法和不及物动词用法的「～化する」都具有一定的偏向性,有的更偏向于用作不及物动词,有的更偏向于用作及物动词。这不是本文讨论的范围,所以不展开论述。

② 本文主要参照以往研究并通过日语语料库检索来确认「～化する」是否有及物动词用法或不及物动词用法。当存在「NP(受事)が＋～化す/し」这样的例句时,则判断该动词具有不及物动词用法;当存在「NP(受事)を＋～化す/し」这样的例句时,则判断该动词具有及物动词用法。

动句时,如例句(8)和例句(9)所示,都要求受事作主语,句子表达的是客观的事件结果,同时蕴含施事。

> (8) 時代小説からライトノベルまでこの10年の間に幅広い小説が<u>漫画化された</u>が、純文学の漫画化は多くはない。(『朝日新聞』2012)
>
> (9) 現行の行政の体制には「省庁や自治体ごとにシステムが<u>最適化されて</u>共通性や汎用性が乏しい。全体のデジタル化が進まない」と苦言を呈した。(『朝日新聞』2020)

那么,什么时候能使用「～化になる」呢? 小泉等編(1989:380-382)认为「なる」有14种用法(见表1)。

表1 「なる」的用法

用法	例句
① 某事物变成其他事物	(10) ひょこがにわとりに<u>なる</u>。
② 达到或变成某个数量、金额、时期或状态等结果	(11) 息子は来年20歳に<u>なる</u>。
③ 产生某种关系或状态	(12) 娘が結婚して山本家と親戚に<u>なる</u>。
④ 患病	(13) 父が病気に<u>なった</u>。
⑤ 事物能发挥其他事物的代理功能,或能起某种作用	(14) 酒はよい運動に<u>なる</u>。
⑥ 某事情定下来	(15) 開催地が名古屋に<u>なった</u>。
⑦ 某集团或事物由某物构成	(16) この家は5室から<u>なる</u>。
⑧ 达成	(17) 私たちのチームは悲願の優勝が<u>なった</u>。
⑨ 使用句式「～の手[筆]になる～」,表示由某人制成	(18) この像は快慶の手に<u>なる</u>ものである。
⑩ 使用句式「V(過去形)ことになる」,表示将某事物结果上视同于别的事物	(19) この仕事は一応終わったことに<u>なる</u>。
⑪ 使用句式「V(連用形)そうになる」,表示"眼看着就要……"	(20) 私はくしゃみが出そうに<u>なった</u>。
⑫ 使用句式「おV(連用形)になる」,表尊敬	(21) 先生が本をお読みに<u>なる</u>。
⑬ 使用句式「V(未然形)なければならない」,表示必须	(22) 私はすぐ帰ら<u>なければならない</u>。
⑭ 使用句式「V(連用形)てはならない」,表示禁止做某事	(23) アパートでペットを飼ってはなら<u>ない</u>。

从表1中可以看出,「～になる」接续在名词后面时,通常表示的是用法
①—⑥,表示自然而然的变化结果。^①野村(1978:120)认为「～化」本身就表示某
种运动变化,通过「～化する」这种サ变动词的形式才稳定下来,虽然也存在「～
化」用作名词的情况,如「経営の<u>合理化</u>をはかる」,但这是サ变动词名词化的用
法,句中的「合理化」表示的是「合理化すること」。田窪(1986:83)认为「～化」用
作名词时强调变化过程。如「日本の国際政治での<u>孤立/孤立化</u>」所示,「孤立」强
调状态,而「孤立化」强调变化过程。由此可见,「～化」即便用作名词,也是表示某
个变化过程。「～化」出现在句式「～化になる」中时也是如此。

（24）選挙の候補者を一般に公募することが党の<u>近代化になる</u>。(五味等,
2006:10)

（25）私は住基ネットを完全に否定することはできません。基盤が完成す
れば、役所で年金や証明書を受ける時などに、早く処理をしてもらえ
ます。仕事の<u>簡略化になる</u>し、待ち時間も減るでしょう。(『朝日新
聞』2002)

（26）商品やサービスの本体価格に消費税分を加えた「総額表示」が4月か
ら<u>義務化になった</u>。(『日経テレコン』2021)

在例句(24)「選挙の候補者を一般に公募することが党の<u>近代化になる</u>」中,
「党の近代化」表示「党が近代的になる/党を近代的にする」^②这个变化过程,句子
蕴含「党の近代化」这个变化进程,因此可以理解为「～ことが党の近代化につな
がる」^③。例句(25)「仕事の<u>簡略化になる</u>」蕴含"工作简易化"这样一种变化进程。
例句(26)「『総額表示』が4月から<u>義務化になった</u>」不是表示「総額表示」变成了
义务,「義務化」蕴含这是一个逐步推行的过程的意思,「義務化になった」表示已
进入义务化这个进程。由此可见,「X化になる」都不是表示变成X这个结果,而
是表示自然形成某种变化进程,或进入某个变化进程。

从上面的讨论中可以看出,当需要表示事物的结果或状态时,使用「NP(受
事)が～になる」,但通常不使用「NP(受事)が～化になる」。使用「NP(受事)
が～化になる」时,表示形成或进入某个变化过程。

例句(1)「<u>レジ袋が有料化になったら</u>どうしますか」也可以说成「レジ袋が
<u>有料になったら</u>どうしますか」,但两者不同。「レジ袋が<u>有料になったら</u>どうし
ますか」表示直接的结果,不蕴含制度变化的过程;「レジ袋が<u>有料化になったら</u>
どうしますか」表示的不是直接的结果,而是制度变化的过程。

---

① 参照北原(2021:1237)。
② 「近代化する」兼有及物动词和不及物动词的用法。
③ 五味等(2006:10)。

正因为「～化になる」与「～化される」的表义功能不同,所以两者可以共现在同一语段中,各表其义。例如:

(27) 改正消防法は、06年6月以降に新築された全住宅に火災警報器の設置を義務付けており、既存の住宅についても、遅くとも11年までに設置が<u>義務化される</u>。ところが、国民生活センターによると、大都市圏の相談・苦情が目立つ。秋田県横手市の60代の1人暮らし女性宅には約1年前、「市から来た」と男2人が訪問。家に上がりこむと「<u>義務化になった</u>ので取り付けます」と勝手に台所に警報器を設置したうえ、その場で現金を払わせて領収書を渡さなかったという。(『毎日新聞』2007)

例句(27)中的「義務化される」和「義務化になった」都用来表示某种结果,所不同的是,前者蕴含外力所致的意思,而后者没有这个蕴含义,只是表达某种蕴含过程义的结果。两者不能互换,否则表达的意义发生改变。

根据上述「～化になる」与「～化される」的使用条件,现在我们来分析一下例句(4)—(7)的偏误用法。例句(4)「二〇〇八年にこの本は〈<u>漫画化になりました→漫画化されました</u>〉」需要表达的是外力所致,这本书被制作成了漫画。这里的「漫画化される」中的「化」的意思已经淡化,实际上表示的就是某种结果,所以这个句子还可以说成「二〇〇八年にこの本は漫画になりました」。由于「漫画化になる」蕴含过程义,这与本文需要表达的意思不符,所以被看作偏误用法。

例句(5)「資源の利用は以前より〈<u>最適化になっています→最適化されています</u>〉」、例句(6)「もう一つは、茶文化が唐宋時代の華麗から〈<u>簡略化になっていった→簡略化されていった</u>〉ことである」、例句(7)「中国語において、動作行為が具象化か〈<u>形式化になる→形式化される</u>〉場合がある」与例句(4)相同,需要表达的都是外力所致义,所以不能使用「～化になる」,需要使用「NP(受事)が～化される」。

综上所述,应该使用「～化になる」,还是「～化される」,其使用条件基本如下:

① 当需要表达受事的变化结果由外力所致时,只能使用「～化される」,不能使用「～化になる」。

② 当需要表达某种结果,同时又需要蕴含形成或进入某个变化过程义,且与外力无关时,需要使用「～化になる」,不能使用「～化される」。

3.5　应该使用「かかる」，还是「かけられる」?

　　「かかる」与「かける」是配对动词。根据语境的需要，「かかる」可以写作「掛かる」「懸かる」「架かる」「係る」，「かける」可以写作「掛ける」「懸ける」「架ける」「賭ける」。标记汉字不同，意思也不一样，但语法功能没有变化，所以这里不做细分。

　　「かかる」是个不及物动词。「かける」为及物动词，其被动形式是「かけられる」。「かかる」和「かけられる」用作谓语时，都可以由受事充当主语。例如：

（1）イタチが<u>わなにかかった</u>。（小泉等編，1989:129）。

（2）約500年前に若い山伏「玄冲」が<u>わなにかけられて</u>殺されたと伝えられる修験道の聖地・求菩提山の石塚周辺で、自生するミツマタの白と黄の花が咲き乱れている。（『毎日新聞』2019）

　　例句（1）和例句（2）分别是「イタチ」和「玄冲」作主语，都表受事，句子都表示某有生物落入陷阱。2个表达方式看起来很相似，所以日语学习者常常分不清两者的不同，容易用错。例如：

（3）最近は下痢ばかりで、電車の中であるポスターを見た。「下痢、夏の罠」。やはり、私も夏の罠に〈<u>かけられた→かかった</u>〉。（M1/学習歴5年/滞日1年/感想文）

（4）辺鄙なところに住むので、交通に時間がかかってしまう。たくさん時間が無駄に〈<u>かけられてしまった→かかる</u>〉ので、自分をスキルアップさせるとか、よりよい仕事を見つける機会が少なくなる。（学部3年生/学習歴3年/滞日0/感想文）

　　例句（3）和例句（4）中都只能使用「かかる」，不能使用「かけられる」。那么，使用「かかる」和「かけられる」有什么不同呢？

　　首先我们来看「かかる」与「かける」的不同。

　　小泉等編（1989:120）认为「かかる」有19种用法（见表1）。

表 1 「かかる」的用法

用法	例句
① 某物挂在高处垂下来	（5）木の枝に服が<u>かかっている</u>。
② 锅、壶等置于灶上等	（6）ガスコンロにやかんが<u>かかっている</u>。
③ 以天空、山等为背景，月亮、云、彩虹出现	（7）空に虹が<u>かかっている</u>。
④ 某物架在某个空间	（8）川に橋が<u>かかる</u>。
⑤ 雾气等弥漫	（9）あたりに霧が<u>かかった</u>。
⑥ 覆盖某物的表面	（10）本にカバーが<u>かかっている</u>。
⑦ 绳子等缠绕在某物上	（11）箱にリボンが<u>かかっている</u>。
⑧ 手或脚等到达、够着某物	（12）男の指が銃の引き金に<u>かかった</u>。
⑨ 某物被加重、加力、加负荷	（13）屋根に雪の重みが<u>かかる</u>。
⑩ 掉入陷阱，受到暗示或药物等的作用	（14）イタチがわなに<u>かかった</u>。
⑪ 钥匙、按钮、机械等起作用	（15）ドアにかぎが<u>かかっている</u>。
⑫ 某事情交付至某议程	（16）新製品の件が会議に<u>かかった</u>。
⑬ 花费时间、精力、费用等	（17）旅行に金が10万円<u>かかる</u>。
⑭ 开始做某事	（18）職員たちは仕事に<u>かかった</u>。
⑮ 疑惑、困扰、期待、作用等波及某处	（19）会社に迷惑が<u>かかる</u>。
⑯ 播放音乐、电影等	（20）店内にはレコードが<u>かかっていた</u>。
⑰ 进入某个时期或某场所	（21）試合は後半に<u>かかった</u>。
⑱ 某事物的成败决定于某事	（22）彼の名誉はその裁判に<u>かかっている</u>。
⑲ 请医生等进行诊断	（23）父は医者に<u>かかっている</u>。

从表1中可以看出，不及物动词「かかる」的用法非常丰富，不仅可以将受事作主语，表述一种自然的结果状态，如例句（7）「空に虹が<u>かかっている</u>」，还可以表述一种不涉及施事的结果，如例句（6）「ガスコンロにやかんが<u>かかっている</u>」。

小泉等编（1989：127-129）认为「かける」有16种用法（见表2）。

表2　「かける」的用法

用法	例句
① 将某物挂在高处垂下来	（24）紳士は帽子かけに帽子を<u>かけた</u>。
② 将锅、壶等置于灶上等	（25）母がガスコンロにやかんを<u>かけた</u>。
③ 横跨某个空间架起某物	（26）市が川に橋が<u>架けた</u>。
④ 在高处制作或挂起某物	（27）小鳥が軒に巣を<u>かける</u>。
⑤ 把某物覆盖到别的物体上，或把液体、粉末浇洒在某处	（28）祖父は植木に水を<u>かけた</u>。
⑥ 用工具把某物或某处打扫干净	（29）子供たちは廊下に雑巾を<u>かけた</u>。
⑦ 将绳子等缠绕在某物上	（30）店員は箱にリボンを<u>かけた</u>。
⑧ 将物品的边沿置于他物之上	（31）父は屋根にはしごを<u>かけた</u>。
⑨ 给某物加重、加力、加负荷	（32）弘は左足に体重を<u>かけた</u>。
⑩ 设置陷阱，使对方受到暗示或药物等的作用	（33）猟師たちはきつねをわなに<u>かけた</u>。
⑪ 使钥匙、按钮、机械等起作用	（34）父がドアに鍵を<u>かけた</u>。
⑫ 将某事情交付至某议程	（35）政府は予算案を国会に<u>かけた</u>。
⑬ 花费时间、精力、费用等	（36）委員会は審議に時間を<u>かけた</u>。
⑭ 使疑惑、困扰、期待、作用等波及对方	（37）人々はその家族に盗みの疑いを<u>かけた</u>。
⑮ 相乘	（38）先生は7に5を<u>かけた</u>。
⑯ 请医生等对人或动物进行诊断	（39）母は娘を医者に<u>かけた</u>。

在例句（24）—（39）中，「かける」的主语都表施事，而不是受事，句子都表示施事主动实施的动作行为。当表达的意义与表1中「かかる」的意义具有对应性时，「かける」都蕴含致使义。如例句（24）「紳士は帽子かけに帽子を<u>かけた</u>」表示的是作主语的施事「紳士」致使受事「帽子」位移到某处。除了「眼鏡をかける」「椅子に腰をかける」这种表示动作施及说话者自身的情况外[①]，「かける」常可以构成直接被动句。例如：

（40）大きな額が壁に<u>掛けられた</u>。

---

① 通常称为"反身动词"（「再帰動詞」）。

（41）ブレーキが<u>かけられた</u>。

（以上例句来自小泉等编，1989：129）

例句（40）和例句（41）的主语分别是「大きな額」和「ブレーキ」，都表受事。虽然句中无须共现施事，但是都蕴含施事，句子不能表达自然形成的结果状态，而是明确表达由某个施事实施「かける」这个动作后形成的结果状态。早津（1990：72）认为配对动词中，由于「かかる」这类不及物动词可以表示不涉及外因的自然结果，因此当表述的事件结果蕴含施事的存在，以及施事行为的意图和目的性时，需要使用及物动词「かける」的被动句。

从上面的讨论中可以看出，受事作主语时，既可以使用不及物动词「かかる」，又可以使用及物动词「かける」的被动形式「かけられる」。「かかる」表达的是某种自然结果或不言及外力作用的客观结果；「かけられる」则明确蕴含施事，表达的是由某施事的动作行为造成的结果状态。

例句（1）和例句（2）的不同就是如此。例句（1）和例句（2）都是受事作主语。在例句（1）「イタチが<u>わなにかかった</u>」中，使用不及物动词表达"鼬鼠落入陷阱"这个事件结果，不言及施事。而例句（2）「約500年前に若い山伏『玄冲』が<u>わなにかけられて殺された</u>」使用及物动词被动句，蕴含施事，表述的是施事设置陷阱而导致的事件结果，即"玄冲<u>落入他人设置的陷阱</u>而被杀"。

正因为「かかる」与「かけられる」的表义功能不同，所以两者可以共现在同一语段中，各表其义。例如：

（42）もうひとつは、<u>入場税がかけられた</u>ことです。当時五〇円の会費にも<u>入場税がかかって</u>、私たちにすれば怒り心頭です。なけなしのお金でやっているのに、そこから税金を取られてしまう。（『毎日新聞』1993）

例句（42）中的「入場税がかけられた」蕴含某施事征税这个动作行为，表示"被征收了入场税"；而「五〇円の会費にも<u>入場税がかかって</u>」只表示"50日元的会费也要交入场税"这个结果，不言及施事征税这个行为。句中的「かかる」与「かけられる」不能互换，否则意义发生改变。

根据上述「かかる」与「かけられる」的使用条件，现在我们来分析一下例句（3）和例句（4）的偏误用法。例句（3）「『下痢、夏の罠』。やはり、私も夏の罠に〈<u>かけられた→かかった</u>〉」需要表示"我也落入了腹泻这个夏日陷阱"，这是一种自然结果，而不是谁设置陷阱而导致的，因此只能使用「かかる」，不能使用「かけられる」。例句（4）「たくさん時間が無駄に〈<u>かけられてしまった→かかる</u>〉ので、自分をスキルアップさせるとか、よりよい仕事を見つける機会が少なくなる」也只需要表示"很多时间都白费了"这样一种结果，而不是某个施事所实施的动作行

为而导致的结果,并且日语中通常不能表述"时间被'我'浪费了"[①],因此也只能使用「かかる」,不能使用「かけられる」。

综上所述,当受事作主语时,应该使用「かかる」,还是「かけられる」,其使用条件基本如下:

① 当只需要表达某个客观结果,不言及该结果是施事所致时,只能使用「かかる」,不能使用「かけられる」。

② 当需要表达某个结果是施事(非第一人称)所致时,只能使用「かけられる」,不能使用「かかる」。

---

① 角田(2009:48-49)根据名词层次理论指出,当施事是第一人称时,通常情况下,日语使用被动句是不自然的。

3.6　应该使用「隠れた＋NP」，
　　还是「隠された＋NP」?

　　「隠れる」与「隠す」是配对动词。「隠れる」是不及物动词，要求受事作主语，表示某种状态和结果；「隠す」是及物动词，要求施事作主语，受事作宾语，表示施事实施"隐藏"等动作行为，其被动形式是「隠される」。「隠される」与「隠れる」一样，都要求受事作主语。当受事用作被修饰成分时，定语小句中有时使用「隠される」，有时使用「隠れる」。例如：

(1) 霧島市には、まだまだ<u>隠された魅力</u>がたくさんあると思います。(鹿児島県霧島市『広報きりしま』)

(2) 小さな街もそれぞれに<u>隠れた魅力</u>がある。近代化という単一の基準に縛られない地域の良さを守ってほしい。(『中日新聞』2005)

　　例句(1)和例句(2)中的「隠された」和「隠れた」都作定语修饰「魅力」，表达的意思非常相似，所以日语学习者常常分不清两者的不同，容易用错。例如：

(3) 例えば、『風の谷』の中に〈<u>隠れた→隠された</u>〉真の主題は「自然と自然に生きている動植物と人間はどうやって共存していくべきなのか」ということであろう。(学部4年生/学習歴3年半/滞日0/卒論)

(4) 本論文を書くことによって、「箸の国」と呼ばれる日本に深く触れ、箸が単なる二本の棒ではなく、その後ろに〈<u>隠れた→隠された</u>〉歴史や文化への理解を深めることができ、丁寧に箸を使うようになった。(学部4年生/学習歴3年半/滞日0/作文)

　　例句(3)和例句(4)的定语小句中都只能使用「隠された」，不能使用「隠れた」。这是为什么呢?

　　小泉等編(1989:127)认为「隠れる」有4种用法(见表1)。

表1　「隠れる」的用法

用法	例句
① 隐藏到看不见的地方	（5）真一は木の陰に隠れた。
② 以一种不为人知的状态存在	（6）そこに事件の真相が隠れている。
③ 身份高贵的人去世	（7）将軍がお隠れになった。
④ 背着某人偷偷做某事	（8）弘は親に隠れてタバコを吸っている。

关于「隠す」的用法，小泉等编（1989：126）认为有2种（见表2）。

表2　「隠す」的用法

用法	例句	能否构成直接被动句
① 隐藏某物，使之看不见	（9）健二はズボンの汚れをかばんで隠す。	○
② 隐瞒	（10）医師は患者に病名を隠した。	○

从表1和表2中可以看出，「隠れる」的用法①②与「隠す」的用法①②具有对应性。在例句（5）和例句（6）中，分别是受事「真一」「事件の真相」作主语，句子表示「真一」「事件の真相」藏在某处，但都不涉及外力作用，即不是施事所致。相反，在例句（9）和例句（10）中，分别是施事「健二」「医師」作主语，受事「ズボンの汚れ」「病名」作宾语，表示施事致使受事隐藏起来不让人看到或知道。

（11）財宝が金庫に隠された。（小泉等编，1989：126）

与主动句例句（9）和例句（10）不同，在被动句例句（11）中，「財宝」作主语，表受事，句子虽然无须施事共现，但蕴含施事，即「財宝」藏在金库是由施事实施「隠す」这个行为造成的。

从上面的讨论中可以看出，不及物动词「隠れる」和「隠される」都是表示某事物隐藏起来的结果状态，「隠れる」不蕴含外力作用，而「隠される」蕴含由某施事的行为所致的意思。也就是说，「隠れる」与「隠される」的不同在于是否蕴含外力作用上。

「隠れる」与「隠される」作定语时的不同也是如此。如例句（1）「霧島市には、まだまだ隠された魅力がたくさんあると思います」表达的重点在于需要表示"被隐藏起来的、尚未发现的魅力"，即蕴含施事义，所以使用「隠された」。例句（2）「小さな街もそれぞれに隠れた魅力がある」表达的重点在于表示某种结果，不蕴含施事的动作行为，所以使用「隠れた」。例句（1）也可以使用「隠れる」，说成

「霧島市には、まだまだ<u>隠れた魅力</u>がたくさんあると思います」;同样例句(2)也可以使用「隠される」,说成「小さな街もそれぞれに<u>隠された魅力</u>がある」。但是替换之后,两者表达的重点发生变化,与原来的表达意图不同。

正因为「隠れた＋NP」和「隠された＋NP」的表义功能不同,所以两者可以共现在同一语段中,各表其义。例如:

(12) 売り手も、買い手も売買契約の前提として、譲渡対象の債権に問題があるのを知っていたなら、「<u>隠れた瑕疵</u>」ではなく、「<u>隠された瑕疵</u>」となる。(『日本経済新聞』2000)

例句(12)中的「隠れた瑕疵」表示隐蔽的瑕疵,不蕴含谁将其隐藏起来这样的动作行为;而「隠された瑕疵」蕴含施事的动作行为,表示被人隐藏起来的瑕疵。

根据上述「隠れる」与「隠される」的使用条件,现在我们来分析一下例句(3)和例句(4)的偏误用法。例句(3)「例えば、『風の谷』の中に〈隠れた→隠された〉真の主題は『自然と自然に生きている動植物と人間はどうやって共存していくべきなのか』ということであろう」中使用「隠れた」本身符合语法规则,没有错,但是这里需要表述被创作者蕴藏于《风之谷》中的真正主旨,需要表述施事的行为,因此需要使用「隠された」,不能使用「隠れた」。例句(4)与例句(3)一样。例句(4)「箸が単なる二本の棒ではなく、その後ろに〈隠れた→隠された〉歴史や文化への理解を深めることができ、丁寧に箸を使うようになった」需要表达"被藏在筷子背后的历史文化",即筷子背后的历史文化是施事的动作行为而造就的,因此也需要使用「隠された」,不能使用「隠れた」。

综上所述,当作定语时,应该使用「隠れた＋NP」,还是「隠された＋NP」,其使用条件基本如下:

① 当需要表达不涉及外力而自然处于隐藏状态的某事物时,只能使用「隠れた＋NP」,不能使用「隠された＋NP」。

② 当需要表达由于施事的动作行为而处于隐藏状态的某事物时,只能使用「隠された＋NP」,不能使用「隠れた＋NP」。

3.7　应该使用「残る」,还是「残される」?

　　「残る」和「残す」为配对动词。「残る」是不及物动词,用作谓语时,要求受事作主语。「残す」是及物动词,被动形式是「残される」。「残される」用作谓语时,也可以由受事充当主语。例如:

(1) 板鼻宿木嶋本陣跡には旧本陣書院の建物が残っています。(塩澤裕(『中山道風の旅』)

(2) ちかくには、樺太(サハリン)に伸びていた海底ケーブルを結んだコンクリートの建物が残されている。(鎌田慧『日本列島を往く』)

　　例句(1)使用的是「残る」,例句(2)使用的是「残される」,2个句子中「建物」都作主语,都表受事,句子都表示在某处保留着某建筑。2个表达方式看起来很相似,所以日语学习者常常分不清两者的不同,容易用错。例如:

(3) この一年間、朝早くから夜遅くまで、何も考えずに、ただ一所懸命教室で勉強していたことが印象に〈残された→残っている〉。(学部4年生/学習歴3年半/滞日0/作文)

(4) 昨日受験した方は計7名で、最終的に私ともう一人の若い女性の方が〈残されました→残りました〉。(日本語教員/学習歴14年/滞日13年半/メール)

(5) しかしその前に、五月五日の儀式に関する記載が〈残った→残されていた〉のに、ただ正式に節句とはしていなかった。(学部4年生/学習歴3年半/滞日0/作文)

(6) その点、『YUKコーパス』はVer.11までのすべてのバージョンのデータが〈残っている→残されている〉ため、誤用データの有効性を検証することが可能である。(日本語教員/学習歴20年半/滞日2年/論文)

　　例句(3)和例句(4)中只能使用「残る」,不能使用「残される」。例句(5)和例句(6)正好相反,句中只能使用「残される」,不能使用「残る」。那么,使用「残る」和「残される」有什么不同呢?

　　首先我们来看「残る」与「残す」的不同。

　　小泉等編(1989:400)认为「残る」有5种用法(见表1)。

表1　「残る」的用法

用法	例句
① 某事物的一部分留在原处	(7) 一部の社員が会社に残っている。
② 名声和财产等留给后世	(8) 名が残るような仕事をしたい。
③ 事物的某种状态一直原状留存	(9) この町には昔の城下町の雰囲気が残っている。
④ 对某事物的某种感情一直留存	(10) 彼らは負けた試合に悔いが残った。
⑤ 相扑运动中牢牢地站在摔跤台内	(11) 横綱は何とか体が残って勝った。

　　在例句(7)—(11)中,虽然不及物动词「残る」的用法各不相同,但句子都表示作主语的人或事物留存下来这样的结果状态,且都不涉及外力的作用。

　　关于及物动词「残す」,小泉等編(1989:399)认为也有5种用法(见表2)。

表2　「残す」的用法

用法	例句	能否构成直接被动句
① 把某事物的一部分留在原处,或者把某物放在某处后离开	(12) 夫婦は子供を家に残して出かけた。	○
② 将名声和财产等留给后世	(13) 父は私たちに財産を残した。	○
③ 事物的某种状态一直原状留存	(14) 彼女は母親の面影を残している。	×
④ 对某事物的某种感情一直留存	(15) 彼らは負けた試合に悔いを残した。	×
⑤ 相扑运动中牢牢地站在摔跤台内	(16) 横綱は何とか体を残して勝った。	×

　　从表2中可以看出,「残す」的5种用法与「残る」的5种用法具有对应性。在例句(12)—(16)中,作主语的「夫婦」「父」「彼女」「彼ら」「横綱」表示施事,而不是受事。除了惯用用法外,句子都表示作主语的施事致使受事留存下来。特别是当「残す」表示用法①和用法②时,常可以构成直接被动句。例如:

　　(17) 弘は一人ぽつんと教室に残された。(小泉等編,1989:399)

　　(18) 東京都内の男性には妻と子2人の計3人の相続人がいます。男性が亡くなった時、自宅と預貯金で計6080万円の財産が残されていました。(『朝日新聞』2014)

　　与主动句例句(12)和例句(13)不同,在被动句例句(17)和例句(18)中,分别是「弘」「財産」作主语,表受事,句子虽然无须施事共现,但蕴含施事,即「弘」「財産」留下来是某施事的动作行为造成的结果状态。

　　从上面的讨论中可以看出,受事作主语时,既可以使用不及物动词「残る」,又可以使用及物动词「残す」的被动形式「残される」。「残る」表述的是不涉及外力作用的结果状态,而「残される」蕴含施事,表述的是由某施事的动作行为造成的结果状态。

　　也就是说,「残る」与「残される」的不同在于是否涉及外力作用上,例句(1)和例句(2)的不同就是如此。例句(1)和例句(2)中都是无生物「建物」作主语。例句(1)「板鼻宿木嶋本陣跡には旧本陣書院の<u>建物が残っています</u>」使用不及物动词表述"建筑物(自然)保留下来"这个客观结果,不涉及外力作用。而例句(2)「ちかくには、樺太(サハリン)に伸びていた海底ケーブルを結んだコンクリートの<u>建物が残されている</u>」使用的是及物动词被动句,表达的是"(被)留下建筑物",即不是自然留存下来,而是被人留下来的。不过,即便是由某施事引发的结果,寺村(1982:151)认为当描述眼前某事件的结果状态时,日语也常常使用不及物动词句等表达方式,把事件描述得就如同自然发生的一样。

　　正因为「残る」与「残される」的表义功能不同,所以两者可以共现在同一语段中,各表其义。例如:

　　(19) 鈴木さんは震災時、1985年に新築したこの家に家族6人で暮らしていた。……建物の海側は削られるように破壊されたが、かろうじて流されずに<u>残った</u>。震災後、地区には壊れた住宅などが点々と<u>残されていた</u>が、市が早期の建物撤去を促したこともあり、数カ月間で次々と姿を消した。(『毎日新聞』2021)

　　在例句(19)中,「残った」表示房子没有被海啸冲走,留存下来;「残されていた」表示地震之后,毁坏的房屋等没有撤除,而被留了下来。句中「残る」与「残される」不能互换,否则句子不能成立或者意义发生改变。

　　根据上述「残る」与「残される」的使用条件,现在我们来分析一下例句(3)—(6)的偏误用法。例句(3)「この一年間、朝早くから夜遅くまで、何も考えずに、ただ一所懸命教室で勉強していたことが印象に〈<u>残された→残っている</u>〉」需要表示无生物受事「～こと」留在记忆中,这是一种自然而然的结果,而不是外力所致,因此只能使用「印象に残る」,不能使用「印象に残される」。在例句(4)「昨日受験した方は計7名で、最終的に私ともう一人の若い女性の方が〈<u>残されました→残りました</u>〉」中,有生物受事「私ともう一人の若い女性の方」作主语,需要表示的是"最终留下来了"这个事件结果,是有生物受事主观努力留下的结果,不是要表达被动的留下,因此无须蕴含外力作用,所以句中也只能使用「残る」,不能

使用「残される」。

与之相反，例句(5)「しかしその前に、五月五日の儀式に関する記載が〈<u>残った→残されていた</u>〉のに、ただ正式に節句とはしていなかった」中，使用「残る」这个句子本身符合语法规则。但是，该句需要表达的是有关5月5日仪式的记载是人为留存下来的，因此需要使用「残される」，不能使用「残る」。例句(6)与例句(5)一样。例句(6)「その点、『YUKコーパス』はVer.11までのすべてのバージョンのデータが〈<u>残っている→残されている</u>〉ため、誤用データの有効性を検証することが可能である」需要表达数据是人为保存下来的，因此也需要使用「残される」，不能使用「残る」。

综上所述，当需要表达"留存"等意思时，应该使用「残る」，还是「残される」，其使用条件基本如下：

① 当需要表达某人或某事物留存下来，不涉及该结果是外力所致时，只能使用「残る」，不能使用「残される」。

② 当需要表达某人或某事物留存下来，且蕴含该结果是外力所致时，只能使用「残される」，不能使用「残る」。

3.8　应该使用「普及する」，
还是「普及される」?

北原编（2021：1434）认为「普及する」兼有及物动词用法和不及物动词用法，如在例句（1）中作不及物动词，在例句（2）中作及物动词。其中例句（2）a是及物动词用法构成的主动句，例句（2）b是及物动词用法构成的被动句。

（1）不眠に代表される不安が広がる中で、様々な睡眠情報が入り乱れ、正しい睡眠の知識が普及していない。(『朝日新聞』2004)

（2）a. 保健師は、1地区住民に対しては、結核症の新しい知識を普及し、感染予防にかなった個人の健康生活が地域社会全体の健康の質的向上となるよう働きかける。(山下武子『地域精神保健指導論;感染症保健指導論』)

　　 b. 巣を出たひなは飛べるものと、ほとんどの人が思っている。正しい知識が普及されていない。(『中日新聞』1995)

「普及する」的及物动词用法与不及物动词用法有什么不同，什么时候使用「普及する」的主动句，什么时候使用「普及する」的被动句，对日语学习者来说是一个难点，在『YUKタグ付き中国語母語話者日本語学習者作文コーパス』中我们可以看到用错的句子：

（3）江戸時代、儒教主義は女子教育の重要方針となり、『女四書』『女大学』『烈女伝』などが教材として広く〈普及された→普及した〉。(学部4年生/学習歴3年半/滞日0/卒論)

（4）最近、Xという翻訳のソフトが〈普及されている→普及している〉。各国の言語を自動的に切り替えるだけでなく、中国の方言、例えば、蘇州語もいくつか導入されている。(M1/学習歴5年/滞日1年/作文)

（5）黄酒、果実酒、薬酒、葡萄酒などが発展し、飲酒は上流社会だけでなく、民間にも〈普及された→普及した〉。(M3/学習歴6年半/滞日0/修論)

例句（3）—（5）中只能使用「普及する」，不能使用「普及される」。那么，使用「普及する」和「普及される」有什么不同呢？

首先我们来看「普及する」作不及物动词时的情况。北原编（2021∶1434）认为「普及する」作不及物动词时表示「社会一般に広く行き渡ること」。

（6）最近は一般家庭にも<u>体脂肪計が普及しています</u>が、どのようなメカニズムで測定するのですか。（飯島裕一『健康ブームを問う』）

（7）そのうえで、どんな治療を受けるかは、患者が自分で決める、という<u>考えが普及している</u>。（『朝日新聞』2004）

在例句（6）和例句（7）中，「普及する」作不及物动词，主语分别是「体脂肪計」「考え」，都表受事。也就是说，「普及する」作不及物动词时，要求受事作主语，句子表示"某事物广泛普及"，不涉及施事。

接下来我们来看「普及する」作及物动词时的情况。

（8）共同チームは都道府県の家畜保健衛生所を通して<u>診断技術を普及していく</u>。（『日経テレコン』1996）

（9）七味唐辛子の老舗、八幡屋礒五郎（長野市）はハワイ限定の七味を発売した。……同社は近年、七味の海外販売を強化している。日系スーパーで開催する日本食フェアなどへの参加を2019年度までは年々増やしており、<u>七味文化を普及している</u>。（『日経テレコン』2020）

（10）保健師は、1地区住民に対しては、結核症の新しい<u>知識を普及し</u>、感染予防にかなった個人の健康生活が地域社会全体の健康の質的向上となるよう働きかける。（山下武子『地域精神保健指導論 感染症保健指導論』）

北原编（2021∶1434）认为「普及する」作及物动词时表示「社会一般に広く行き渡らせること」。例句（8）—（10）的主语分别是「共同チーム」「七味唐辛子の老舗、八幡屋礒五郎」「保健師」，表施事，宾语分别是「診断技術」「七味文化」「知識」，表受事，句子表示"某组织或某人普及某事物"，即施事作用于受事，使受事广泛普及这样一种动作行为。[①]

「普及する」作及物动词时，可以构成直接被动句。例如：

（11）長い間米国の技術は外国で利用されてきた。今後は日本に蓄えられた<u>技術が普及されねばならない</u>。（『朝日新聞』1988）

---

① 北原编（2021∶1434）认为当受事用作宾语时，比「～を普及する」「～を普及させる」这样的使役形式更普遍常见，例如「ノーベル医学生理学賞の受賞が決まった大村智さんは『科学をもっと身近に』との思いから、地元の山梨県で『山梨科学アカデミー』を立ち上げ、研究者による講演会や学校への<u>出張授業を普及させている</u>」（『東京新聞』2015）。北原编（2021∶1816）认为兼有及物动词用法和不及物动词用法的サ变动词，「～を○○する」与「～を○○させる」的使用条件和表达的意义有时不同，比如「～を○○させる」可以与「に」格施事共现，表示让第三者做某事，也可以表示放任不管等意义，但「～を○○する」不能。「～を○○する」与「～を○○させる」的区别不是本文讨论的中心，因此不展开分析。

（12）国内での文化の活性化は、国外との文化交流と切り離すべきではない と思う。国内で<u>文化</u>が活発に<u>普及されていなければ</u>、より良い国際交流も育たない。わが国では、国際交流を通して文化を活発にする必要もある。（『朝日新聞』1988）

（13）巣を出たひなは飛べるものと、ほとんどの人が思っている。正しい<u>知識</u>が<u>普及されていない</u>。（『中日新聞』1995）

　　早津（1990:72）认为被动句蕴含施事及其动作行为的意图性、目的性等。例句（11）—（13）中分别是「技術」「文化」「知識」作主语，表受事，句子虽然无须施事共现，但蕴含施事。例句（11）表示受事「技術」必须被广泛普及，表述受事的结果状态是由施事实施「技術を普及する」这样的动作行为而形成的。例句（12）表示如果「文化」没有在国内被广泛普及（就培育不出更好的国际交流），例句（13）表示「正しい知識」没有被广泛普及，被动句表述受事的结果状态，同时蕴含该结果是施事没有实施「文化/知識を普及する」这样的动作行为而造成的。

　　也就是说，当受事作主语时，不及物动词用法的主动句「NP（受事）が/は＋普及する」与及物动词用法的被动句「NP（受事）が/は＋普及される」最大的不同在于是否蕴含施事。前者不涉及施事，表述的事件结果如同自然发生的一样；后者蕴含施事，表述的事件是施事的动作行为造成的结果。

　　此外，池上（1981:284；2011:318）认为不同语言类型对同一事件的认知方式有时会出现不同，日语属于「なる」言语类型，更喜欢使用不及物动词句，表述事件就如自然发生的一般。杉村（2013:43）也认为日语有上述倾向，即便事件是人为造成的，也喜欢使用不及物动词句，表述的事件是超越施事的主观能动性而形成的客观结果，这一点日语学习者很难掌握。

　　根据上述「普及する」与「普及される」的使用条件，现在我们来分析一下例句（3）—（5）的偏误用法。在例句（3）「江戸時代、儒教主義は女子教育の重要方針となり、『女四書』『女大学』『烈女伝』などが教材として広く〈<u>普及された→普及した</u>〉」中，受事「『女四書』『女大学』『烈女伝』など」作主语，需要表达《女四书》等书籍已作为教材广泛普及，只需表达自然而然形成的结果，无须涉及施事，因此句中只能使用不及物动词「普及した」，不能使用及物动词的被动形式「普及された」。例句（4）、例句（5）也和例句（3）一样。例句（4）「最近、×という翻訳のソフトが〈<u>普及されている→普及している</u>〉」需要表达翻译软件广泛普及，例句（5）「黄酒、果実酒、薬酒、葡萄酒などが発展し、飲酒は上流社会だけでなく、民間にも〈<u>普及された→普及した</u>〉」需要表达黄酒、果酒、药酒、葡萄酒等普及到民间，都是社会发展自然形成的结果，都无须涉及施事，因此句中都只能使用「普及する」，不能使用「普及される」。

　　与例句（3）—（5）相似的偏误用法还有：

(14) すなわち、一つのポジションに若干の従業員が募集できる。こうして、失業率が大幅に〈減少された→減少した〉。(学部4年生/学習歴3年半/滞日0/卒論)

(15) とはいうものの、灰色は平安時代以後完全に〈消滅され→消滅した〉わけではなく、近代まで皇室に受け継がれてきた。(学部4年生/学習歴3年半/滞日0/卒論)

(16) 衣料品が大量に生産されたことにより、背広の大衆化が〈実現された→実現した〉。(M3/学習歴6年/滞日0/修論)

(17) その原因としては、自分のエネルギーが勉強以外のところに〈分散されて→分散して〉しまったからです。(D2/学習歴10年/滞日2年半/作文)

(18) 『YUKコーパス』Ver.6より『YUKコーパス』Ver.11は、データが顕著に〈増加された→増加した〉ものの、不使用と過剰使用の割合の傾向性はほぼ変化していないことがわかる。(日本語教員/学習歴20年半/滞日2年/論文)

根据北原编(2021:524,707,796,936,1475),「減少する」「消滅する」「実現する」「分散する」「増加する」兼有及物动词用法和不及物动词用法。例句(14)—(18)中都是受事作主语,从句法上来说,使用不及物动词用法的主动句或及物动词用法的被动句都是成立的,但是句中都需要表达自然而然形成的客观结果,不涉及施事所致,无须蕴含施事的动作行为,因此都只能使用不及物动词用法的主动句,不能使用及物动词用法的被动句。

与之相对,例句(19)—(23)中应该使用被动句,不能使用主动句。

(19) 普段そういうことを知っていながら水を無駄にすることがよくあります。……それと同時に、水が〈汚染する→汚染されている〉ことも目立っています。(学部2年生/学習歴1年半/滞日0/作文)

(20) みんなで協力し美しい歌を歌うのは、ストレスが〈解消し→解消され〉、心にゆとりができ、自分の価値と存在を感じることができるので、素晴らしいことなのではないでしょうか。(学部2年生/学習歴1年半/滞日0/作文)

(21) しかし、近年の科学技術の発展により、スマートフォンの機能はずっと〈更新した→更新された〉。連絡だけでなく、音楽を聞くことも、ゲームをすることも、今はテレビと映画を見ることまでできる。(学部2年生/学習歴1年半/滞日0/作文)

(22) 女性労働者の数が増加して、労働形態も多様化してきた。しかし、日本女性の労働環境はまだ〈改善しなくて→改善されていなくて〉、バ

ブル経済の崩壊が原因で、女子学生の厳しい就職問題はずっと存在
していた。(学部4年生/学習歴3年半/滞日0/卒論)

（23）毎年たくさんの新語が生み出されている。それと同時に、新語に関
する翻訳作業も〈展開している→展開されている〉。(学部4年生/学習
歴3年半/滞日1年/卒論)

　　根据北原编(2021:224,267,268,549,1132),「汚染する」「解消する」「更新する」「改善する」「展開する」也兼有及物动词用法和不及物动词用法。例句(19)—(23)中都是受事作主语,都需要表达受事的结果状态,同时蕴含该结果是施事的动作行为所致的意思,因此都只能使用及物动词用法的被动句,不能使用不及物动词用法的主动句。

　　综上所述,当受事作主语时,应该使用「普及する」,还是「普及される」,其使用条件基本如下:

① 当需要表达受事变化的结果,不涉及施事所致时,只能使用「普及する」,
　不能使用「普及される」。日语中,即便叙述的事件是人为造成的,也更倾
　向于使用不及物动词句表述受事的变化结果,这样能使表述的事件如同
　自然发生的一样。

② 当需要表达受事变化的结果,且蕴含施事所致时,只能使用「普及され
　る」,不能使用「普及する」。

3.9　应该使用「見える」，还是「見られる」?

　　「見える」和「見られる」都可以用来表示可能义，作主语的受事也都可以用「が」标记，表示能够看到。例如：

（1）あの山の頂上に登れば、摩周湖の全景が <u>見える/見られる</u>。（森，2013：99）

　　在例句（1）中，使用「見える」和「見られる」句子都是成立的，都可以表示能看到摩周湖全景，两者看似相同，所以日语学习者常常分不清两者的不同，容易用错。例如：

（2）ニュースの中に自然災害や人類の活動によって起きている災害があちこちで〈<u>見える→見られる</u>〉。（M1/学習歴4年/滞日0/感想文）

（3）実は中国語以外に、他の言語にも同じ現象が〈<u>見える→見られる</u>〉。（D2/学習歴10年/滞日2年半/作文）

（4）例えば、日本はGDPが高くて、非常に豊かに〈<u>見られる→見える</u>〉が、実際の人々は生活費やローンに追われ、ぎりぎりで生活している。（学部3年生/学習歴2年半/滞日0/作文）

（5）電車で寝ていたサラリーマンが何人かいて、疲れているように〈<u>見られて→見えて</u>〉、日本の職場の過酷さを感じた。（M1/学習歴5年/滞日1年/感想文）

　　例句（2）和例句（3）中只能使用「見られる」，不能使用「見える」；例句（4）和例句（5）正好相反，句中只能使用「見える」，不能使用「見られる」。那么，使用「見える」和「見られる」有什么不同呢？

　　小泉等編（1989：488）认为「見える」有如下4种用法：

① 颜色、形状、状态等自然而然映入眼帘。

② 视觉上能感知到事物。

③ 从外观上进行判断和推测。

④「来る」的敬语。

　　例如：

（6）窓から海が<u>見える</u>。（用法①）

（7）猫は夜でも目が<u>見える</u>。（用法②）

（8）この眼鏡は遠くがよく<u>見える</u>。（用法②）

（9）選手たちに疲れが<u>見える</u>。（用法③）

（10）ここは昔の競技場に<u>見える</u>。（用法③）

（11）お客さんが<u>見えました</u>。（用法④）

（以上例句来自小泉等编，1989:488）

「見える」表用法①时，如例句（6）所示，表示的是某具体事物自然而然地映入眼帘。

「見える」表用法②时，表示具备某种能力或性质，如例句（7）表示「猫」具有晚上也能看得见东西的能力，例句（8）表示「この眼鏡」的性质，即这副眼镜能看清远处（的事物）。

「見える」表用法③时，表达的都是说话人从外观上做出的某种判断和推测，如例句（9）表示看上去运动员们很疲惫，例句（10）表示这里看起来像是以前的竞技场。

用法④是敬语表达方式，如例句（11）表示"客人来了"。田，泉原，金编著（1998:107）认为「見える」原本表示「誰かが姿を現したのが見える」，因此作敬语时一般表示对第三人称的尊敬。

寺村（1982:272）认为「見える」表示的可能义是一种更偏向于自发的表述方式，与主体的意志无关。森田（2006:69）认为「見える」表示身临其境地描述某事物自然地映入眼帘。也就是说，「見える」表示能看到某事物时，是一种自发的表述方式，表示某具体事物自然而然地映入眼帘，主体不由自主地看到某具体事物。

「見られる」是「見る」的被动形式，可以表示自发、被动、可能和尊敬。「見られる」表可能时，森田（2006:69）认为表述的是说话人的某种判断和某种行为的结果（「話し手の判断と作為の結果」）。例如：

（12）どこから<u>見られる</u>のか？——窓から<u>見られる</u>のだ。

（13）屋上に上がれば富士山が<u>見られる</u>。

（14）少しは<u>見られる</u>顔になりたい。

（以上例句来自森田，2006:68-69）

例句（12）和例句（13）都用来表示「見る」能够实现的意思，这里的可能义指的不是某种事物和情景自然而然地映入眼帘，而是实施动作行为的人能够实现「見る」这个动作行为。例句（12）和例句（13）中的「見る」都可以用「見える」替换，说成「どこから<u>見える</u>のか？—窓から<u>見える</u>のだ」「屋上に上がれば富士山が<u>見える</u>」，但意思完全不同。例句（14）中的「見られる顔」表示"能看得过去的脸"，森（2013:98）认为这种「見られる」表示的是一种内心条件下的可能（「心情可能」），

显然这个句子是不能用「見える」替换，说成「少しは見える顔になりたい」的。

由此可见，「見える」和「見られる」有如下不同：

① 表可能时，「見える」表示某种事物和情景自然而然地映入眼帘，与主体的动作行为无关，而「見られる」表示主体的动作行为能够实现。

②「見える」可以表示人或动物的视力、事物具备"看得清楚/看得远"等某种性质，还可以表示说话人从外观上进行的判断推测，即"看起来……"；「見られる」没有这些用法。

③ 作敬语时，「見える」是「来る」的尊他语，主体为第三人称；而「見られる」是「見る」的尊他语，主体可以是第二人称或第三人称。

据此，我们来看例句(1)「あの山の頂上に登れば、摩周湖の全景が見える/見られる」。当使用「見える」时，表达的是如果爬上那个山顶，摩周湖全景会自然而然地映入眼帘，摩周湖全景自然而然地进入视线，不涉及主体的动作行为。当使用「見られる」时，表达的是在「あの山の頂上に登れば」这个条件下，就能够看到摩周湖全景，看到摩周湖全景是主体实施动作行为的结果。

正因为「見える」与「見られる」的表义功能不同，所以两者可以共现在同一语段中，各表其义。例如：

(15) 大型の液晶テレビが画素数が多く、ハイビジョン放送も見られるのでキレイに見えますが、アナログ地上波を見ると画質は悪いです。

（「Yahoo！知恵袋」2005）

在例句(15)中，「ハイビジョン放送も見られる」表示的是主体的动作行为能够实现，而「キレイに見えます」表示的是高清晰度电视自身所具备的某种性质。显然，句中的「見られる」与「見える」不能互换，否则句子不能成立。

根据上述「見える」与「見られる」的使用条件，现在我们来分析一下例句(2)—(5)的偏误用法。例句(2)「ニュースの中に自然災害や人類の活動によって起きている災害があちこちで〈見える→見られる〉」不是要表达电视新闻播报中随处可见的自然灾害以及人类活动所引起的灾害自然而然地映入眼帘，而是电视新闻播报中我们随处可见自然灾害以及人类活动所引起的灾害，即主体的动作行为能够实现，所以句中不能使用「見える」，需要使用「見られる」。例句(3)「実は中国語以外に、他の言語にも同じ現象が〈見える→見られる〉」需要表达的也是主体能够观察到某种现象，即"除了汉语外，其他语言里也能看到相同的现象"，而不是某个现象自然而然地映入眼帘，所以句中也不能使用「見える」，需要使用「見られる」。

例句(4)—(5)与例句(2)—(3)正好相反。例句(4)「日本はGDPが高くて、非常に豊かに〈見られる→見える〉」需要表达的是说话人从外观上做出的判断和推测，即"日本GDP很高，看起来非常富裕"，所以只能使用「見える」，不能使用

「見られる」。例句(5)「電車で寝ていたサラリーマンが何人かいて、疲れている
ように〈見られて→見えて〉」需要表达的也是说话人从外观上做出的判断和推
测，即"有好几个工薪族在电车上睡着了，他们<u>看起来</u>很疲惫"，所以只能使用「見
える」，不能使用「見られる」。

综上所述，表可能义时，应该使用「見える」，还是「見られる」，其使用条件基
本如下：

① 当需要表达人或动物的视觉能力、事物具备"看得清晰/看得远"等性质，
或表示说话人从外观上进行的判断推测，即"看起来……"时，只能使用
「見える」，不能使用「見られる」。

② 当需要表示某种事物和情景自然而然地映入眼帘，与主体的动作行为无
关时，只能使用「見える」，不能使用「見られる」；当需要表示主体的动作
行为能够实现时，只能使用「見られる」，不能使用「見える」。

3.10 应该使用「分かる」，
还是「知られる」?

「分かる」作谓语动词时，如例句(1)所示，受事通常用「が」标记，作不及物动词。有时也可以用「を」标记受事用作及物动词，如「君は物事の本質をわかっていない」[①]。「分かる」的及物动词用法与不及物动词用法表述的焦点不同，详见于(2018:34)，但这不是本文讨论的范围，所以在此不展开论述，本文主要讨论「分かる」的不及物动词用法。

「知られる」是及物动词「知る」的被动形式，作谓语动词时，如例句(2)所示，也可以用「が」标记受事。

(1) 悪事が警察に<u>分かって</u>しまう。(小泉等編,1989:30)

(2) 偽装が警察に<u>知られた</u>。保険会社と和解する。(『毎日新聞』1995)

例句(1)和例句(2)的受事「悪事」「偽装」都用「が」标记，行为主体都用「に」标记，看起来表达的都是警察知道了某事，但「分かる」与「知られる」各自表达的意思是不同的。不过日语学习者常常分不清楚这种不同，所以容易用错。例如：

(3) どうして将来のことが今の私に〈知られている→分かる〉か。無理です。これが自分の将来のことを思い描けない理由です。(学部3年生/学習歴2年半/滞日0/作文)

(4) 日本人は代々同じ場所で生活し、人々のつながりは強く、きわめて親しかった。そのため、ある動作をすれば、相手は自然に〈知られた→分かった〉のである。(学部4年生/学習歴3年半/滞日0/卒論)

例句(3)和例句(4)中只能使用「分かる」，不能使用「知られる」。那么，使用「分かる」和「知られる」有什么不同呢?

小泉等編(1989:553-554)认为「分かる」有3种用法(见表1)。

---

① 引自北原編(2021:1781)。

表1 「分かる」的用法

用法	例句
① 原本不清楚的事情变清楚	（5）私たちは父の居場所が<u>分かった</u>。
② 能理解或明白某事物的意义/内容/情况/区别、某人的人品/心情/立场等	（6）彼にはドイツ語が<u>分かる</u>。
	（7）母の立場が<u>分かる</u>。
③ 能预测未来	（8）あの人は他人の運命が<u>分かる</u>。

例句（5）—（8）中的「分かる」，虽然用法各有不同，但是有以下共同的特点：受事用「が」标记，需要主体共现时，这个主体通常被称作经验者，使用「に（は）/は」标记。

当表示用法①"原本不清楚的事情变清楚"时，森田（1989：539-540）、日本語記述文法研究会編（2009a：288）认为「分かる」与「見える」「聞こえる」一样，是自发性的行为，表述的是一种自然变化的结果。

当表示用法②"能理解或明白某事物的意义/内容/情况/区别、某人的人品/心情/立场等"和用法③"能预测未来"时，「分かる」蕴含可能义，能表示经验者具备的一种内在能力。[①]

「知る」就不同了。小泉等編（1989：248-249）认为「知る」作谓语动词时有4种用法（见表2）。

表2 「知る」的用法

用法	例句	能否构成被动句
① 获得或记住事物某种知识或信息	（9）生徒たちは授業でコンピュータの構造を<u>知った</u>。	○
② 通过某种体验或感觉来感知某事物	（10）日本人は桜の花で春を<u>知る</u>。	○
③ 充分了解事物的真正意义和价值	（11）己（自分）/恥を<u>知る</u>。	○
④ 认识某人或与某人关系亲密	（12）彼は政治家をたくさん<u>知っている</u>。	○

例句（9）—（12）中的「知る」作主动句谓语动词时，都要求经验者作主语，受事

---

① 参照高橋（2003：31）。

作宾语,表示行为主体对受事的某种认知,不蕴含可能义。但是,被动形式的「知られる」的主语与「分かる」不同,不表经验者,而是表受事。也就是说,「分かる」和「知られる」构成的句式完全不同:

「分かる」的句式:「NP(经验者)に(は)/は＋NP(主语表受事)が分かる」。

「知られる」的句式:「NP(主语表受事)は/が＋NP(经验者)に＋知られる」。

例如:

（13）彼女はみんなによく<u>知られている</u>。(小泉等編,1989:249)

（14）突厥の首長となった阿史那氏が、狼に助けられた伝説はよく<u>知られている</u>。(窪田蔵郎『シルクロード鉄物語』)

（15）申し込む際にメッセージを送ると、これまで使ってきた自分のアカウントが相手に<u>知られてしまう</u>。(『毎日新聞』2022)

例句(13)—(15)中的「彼女」「伝説」「自分のアカウント」作主语,表受事,而非经验者,经验者共现时作状语,用「に」标记,而不是主语。正因为「知られる」是被动形式,所以句中蕴含信息被他人获取的意思。例句(13)—(15)中的「知られる」都不能用「分かる」替换,即例句(13)不能说成「彼女はみんなによく分かる」,例句(14)不能说成「突厥の首長となった阿史那氏が、狼に助けられた伝説はよく分かる」,例句(15)不能说成「……これまで使ってきた自分のアカウントが相手に分かる」。这是因为「分かる」在表示得到某种信息时,还蕴含理解和明白信息内容等意思,而「知られる」只能表示信息被他人获得或知晓,不蕴含理解和明白信息内容等意思。

也就是说,「NP(经验者)に(は)/は＋NP(主语表受事)が分かる」与「NP(主语表受事)は/が＋NP(经验者)に＋知られる」相比,两者的语义焦点不同。「分かる」的语义焦点在于经验者得知某种信息的同时,还理解该信息内容,而「知られる」的语义焦点在于某种信息被经验者获得,只是被获得而已。例句(1)「悪事が警察に<u>分かってしまう</u>」和例句(2)「偽装が警察に<u>知られた</u>」的不同也是如此,前者表示警察得知"坏事"这个信息,并明白其内容,后者只表示「偽装」这个信息被警察获得。

正因为「分かる」与「知られる」的表义功能不同,所以两者可以共现在同一语段中,各表其义。例如:

（16）雷や静電気などの現象は古くから<u>知られていた</u>が、その正体が<u>分かる</u>までには長い時間が必要であった。(國友正和『高等学校物理Ⅰ』)

在例句(16)中,「知られていた」只用来表示雷和静电等现象自古就被人们知晓,但不蕴含是否理解其真相义,而「分かる」表示人们理解和明白其中真相。如果句中的「知られる」与「分かる」互换,意思就会发生变化,背离原来的意思。

根据上述「分かる」与「知られる」的使用条件,现在我们来分析一下例句(3)

和例句(4)的偏误用法。例句(3)「どうして将来のことが今の私に〈知られています→分かります〉か」需要表达经验者「私」并不知晓和明白将来的事情,而不是将来的事情仅仅被「私」知晓,所以句中只能使用「分かる」,不能使用「知られる」。

例句(4)「そのため、ある動作をすれば、相手は自然に〈知られた→分かった〉のである」需要表达对方自然而然地知晓并理解,而不是对方自然而然地被他人获得信息,所以句中也只能使用「分かる」,不能使用「知られる」。

综上所述,当需要表达得知或获得某种信息的意思时,应该使用「分かる」,还是「知られる」,其使用条件基本如下:

① 当需要表达主体得知某种信息并蕴含"能理解、明白其内容"等意思时,只能使用「分かる」,不能使用「知られる」。

② 当仅仅需要表达"某信息被别人获得或知晓",无须蕴含理解其内容的意思时,只能使用「知られる」,不能使用「分かる」。

第 4 章
不及物动词与不及物动词被动句的偏误研究

4.1　应该使用「起きる」，
还是「起きられる」?

　　「起きる」是一个不及物动词[①]，被动形式是「起きられる」，我们常看到由「起きられる」构成的被动句。例如：

（1）朝は眠りが浅いのか、私が子供より先に起きてベッドから出ると2歳半の子供も一緒に起きてしまいます。子供に起きられると、遊ぼうと言い出したり、ご飯にテレビと、自分の身支度さえもままならない状態になります。(「Yahoo！知恵袋」2005)

　　如例句(1)所示，「起きられる」可以表示被动，但受到句法及语义的制约。日语学习者如果没有掌握好「起きられる」的使用条件，就容易出错。例如：

（2）この期待する気持ちを持っている私は日差しのように輝かしいじゃないですか。まだ〈起きられない→起きていない〉こと、つまり未知の世界こそが、人に限りない希望と想像を与えられる気がします。(学部2年生/学習歴2年/滞日0/作文)

（3）毎日テレビを見ると、自然災害や人類の活動によって〈起きられている→起きている〉災害に関するあらゆる情報が得られる。(M1/学習歴4年/滞日0/感想文)

　　例句(2)和例句(3)中只能使用「起きる」，不能使用「起きられる」。这是为什么呢？

　　小泉等編(1989:400)认为「起きる」有4种用法(见表1)。

[①] 本文关于及物动词和不及物动词的界定参照日本語教育学会編(2005:124):「他動詞は自動詞に対するもの。英文法で直接目的詞(direct object)をとるものを他動詞といっていたのを，日本語に持ち込んで『〜を』をとるものを他動詞と呼ぶことにしたものである。ただし『道を歩く』の『道を』などは，直接目的語とは考えられないので，『歩く』は自動詞とされている。」

表1 「起きる」的用法

用法	例句
① 横躺着的人或物站立	(4) 転んだ子供が自分で<u>起きた</u>。
② 起床,不睡觉	(5) 母はいつも朝6時に<u>起きる</u>。
③ 产生或发生某事物、事件、感情、生理现象等	(6) 地震が<u>起きた</u>。
④ 炭等火势变旺	(7) 火が<u>起きる</u>。

　　小泉等編(1989:84)认为「起きる」不能构成直接被动句,当表示用法①和用法②时能构成间接被动句,但是表示用法③和用法④时构成间接被动句会不自然。这是为什么呢?

　　日语根据各种不同的标准对被动句的分类各有不同,根据论元共现的制约,有的研究如寺村(1982:215)将被动句分为直接被动句、间接被动句,有的研究如日本語記述文法研究会編(2009a:237)将被动句分为直接被动句、间接被动句、所有者被动句。两者虽然分类上稍有不同,但是由不及物动词构成的被动句都属于间接被动句,不能构成直接被动句和所有者被动句,在这一点上是相同的。因为「起きる」是一个不及物动词,所以不能构成直接被动句和所有者被动句,只能构成间接被动句。

　　间接被动句是指没有主动句对应的被动句,例如「太郎は一晩中二階の住人に<u>騒がれた</u>」,被动句的主语「太郎」与主动句「住人が騒いだ」所表述的事件没有直接关系,而是受到主动句所表述事件的影响,且通常是受到一种不利的影响。[①]

　　影山(1996:31)将不及物动词分为非作格不及物动词(「非能格動詞」)和非宾格不及物动词(「非対格動詞」)。非作格不及物动词表示主语的意志性动作行为及人的生理活动,作主语的名词表示施事或经验者;非宾格不及物动词表示主语发生某种自然而然的变化,作主语的名词表示受事。非作格不及物动词能构成间接被动句,但是非宾格不及物动词通常不能构成间接被动句。

　　在表1中,当「起きる」表示用法①"横躺着的人或物站立"、用法②"起床,不睡觉"时,如例句(4)「転んだ子供が自分で<u>起きた</u>」、例句(5)「母はいつも朝6時に<u>起きる</u>」所示,有生物「子供」「母」作主语,句子表示有生物施事的行为,这种语义条件下的「起きる」是一个非作格不及物动词。当需要表达某人受到施事实施「起きる」这个行为的影响时,能构成间接被动句,受影响者作主语,使用「に」标记施事。例如:

　　(8) 子供に先に<u>起きられた</u>。(小泉等編,1989:84)

---

① 参照日本語文法学会編(2014:52)。

例句（8）中的「起きる」表示用法②"起床"，受影响者如第一人称作主语（可隐去），句子表示说话人受到「子供が先に起きた」的影响，即"孩子比我先起床，我受到了影响，感到困扰"。

但是，当「起きる」表示用法③"产生或发生某事物、事件、感情、生理现象等"、用法④"炭等火势变旺"时，如例句（6）「地震が起きた」、例句（7）「火が起きる」所示，无生物「地震」「火」作主语，句子表示的不是无生物施事的行为，而是一种自然变化的结果。这种语义条件下的「起きる」是一个非宾格不及物动词，因此不能构成间接被动句。

日本語記述文法研究会編（2009a：240）也认为例句（9）和例句（10）用作间接被动句不自然，这是因为违背了间接被动句的使用条件。柴谷（2000：156）、高见（2011：59）认为间接被动句通常需要表述主语受到某事件的不利影响，并且责任在于被动句中的「に」格名词，因此「に」格名词通常是有生物，这样才能成为追责的对象。①而例句（9）和例句（10）中的「に」格名词是无生物「津波」「地震」，不能成为追责的对象，因此不能使用间接被动句。

（9）＊津波に起さられて、多くの犠牲者が出た。

（10）？朝早く地震に発生されて、驚いて飛び起きた。

（以上例句来自日本語記述文法研究会編，2009a：240）

从上面的讨论中可以看出，「起きる」只有在表示"站立、起床"这样的语义时，才能构成间接被动句，使用「起きられる」。当表示"发生、产生、火势变旺"这样的自然结果时，不能构成间接被动句。

例句（1）正是如此。在例句（1）「朝は眠りが浅いのか、私が子供より先に起きてベッドから出ると2歳半の子供も一緒に起きてしまいます。子供に起きられると、遊ぼうと言い出したり、ご飯にテレビと、自分の身支度さえもままならない状態になります」中，「起きる」表示"起床"，主动句和被动句共现在同一语段中，各表其义。「起きる」表示施事「私」「子供」起床这个行为，「起きられる」表示说话人受到"孩子起床"的影响。

另外，「起きられる」除了表被动外，还可以表可能和敬语等义，这些表义功能与本文的偏误例句无关，所以不再赘述。

根据上述「起きる」与「起きられる」的使用条件，现在我们来分析一下例句（2）和例句（3）的偏误用法。例句（2）「まだ〈起きられない→起きていない〉こと、

---

① 在某些特殊情况下，即使「に」格名词是无生物，构成的间接被动句也是可以成立的，例如「買い物に行った先で雨に降られて困ってしまった」。虽然「（雨が）降る」表示自然的变化结果，但通常被作为非宾格不及物动词。之所以可以构成间接被动句，是因为三上（1972：106）认为风雨雷电等具有强大运动力的事物容易被拟人化，表现出与其他非宾格不及物动词不同的特征。寺村（1982：248）认为「雨に降られる」这样的间接被动句可以看作特殊的例外情况。这与本文讨论的偏误无关，所以暂不详述。

つまり未知の世界こそが、人に限りない希望と想像を与えられる気がします」
需要表达的是"尚未发生的事",而不是"不能发生"这种可能义,或尊敬及被动义
等,所以句中不能使用「起きられる」,只能使用「起きる」。例句(3)「毎日テレビ
を見ると、自然災害や人類の活動によって〈起きられている→起きている〉災害
に関するあらゆる情報が得られる」看起来好像是被动句式「NPによってV(ら)
れる」,但其实不是。句中的「人類の活動によって」不是施事,而是事件发生的原
因,即"由于人类活动而发生的灾害"。另外,句中的动词「起きる」是不及物动词,
在没有受影响者作主语的情况下,通常不能使用被动句,只能使用主动句。

综上所述,应该使用「起きる」,还是「起きられる」,其使用条件基本如下:

① 当受事作主语,表示自然"发生、产生"的意思时,只能使用「起きる」,不能
　　使用「起きられる」。

② 当施事作主语,表示主语"站立、起床"这样的行为,且无须表尊敬或可能
　　时,只能使用「起きる」,不能使用「起きられる」。

③ 当受影响者作主语,施事用「に」标记,表示主语受到他人"站立、起床"等
　　行为的不利影响时,只能使用「起きられる」,不能使用「起きる」。

4.2　应该使用「及ぶ」,还是「及ばれる」?

「及ぶ」是一个不及物动词,不能构成直接被动句,但有时能看到使用「及ばれる」的句子。例如:

（1）続いて、森川宏映・延暦寺一山会議議長が弔辞を述べ「比叡山宗教サミットを開くなど、ご活躍は世界に<u>及ばれた</u>。山田座主が願ってやまなかった世界平和が一日でも早く実現するよう私たちも祈りたい」などと遺徳をたたえ、偉大な指導者の死を悼んだ。(『中日新聞』1994)

（2）それくらいの偽情報を握らせて、内通者を再びリュクサンブール宮に走らせる。御注進に<u>及ばれれば</u>、オルレアン公は大切な証人の身柄を余所に移すに違いない。(佐藤賢一『二人のガスコン』)

从例句（1）和例句（2）中可以看出「及ばれる」这种形式是成立的。虽然如此,但「及ばれる」的使用并非自由,要受到语义及句法的制约,这一点往往不太容易理解,也容易被忽略,所以日语学习者在使用时容易出错。例如:

（3）人間の行いが原因で、地球は苦しんでいます。起こった被害は、私たち人間にも〈<u>及ばれています→及んでいます</u>〉。(学部1年生/学習歴1年/滞日0/作文)

（4）大気汚染は隣国に〈<u>及ばれている→及ぶ</u>〉ほどひどいそうです。(学部2年生/学習歴1年半/滞日0/作文)

（5）その研究では、日本の諺は、例えば動植物に関するもの、気候に関するもの、生活と思考に関するものといったように、日常生活のいろいろな方面に〈<u>及ばれて→及び</u>〉、もっとも代表的であるということが指摘されている。(学部4年生/学習歴3年半/滞日0/卒論)

例句（3）—（5）中都只能使用「及ぶ」,不能使用「及ばれる」。这是为什么呢?
北原编（2021:245）认为「及ぶ」有6种用法(见表1)。

表1 「及ぶ」的用法

用法	例句
① 事物持续扩大达到某处所、范围、程度、时间等	（6）被害は九州から四国に<u>及ぶ</u>。
② 自己的思考和力量等达到某基准	（7）そこまでは考えが<u>及ばなかった</u>。
③「～（する）に及ぶ」表示最终结果	（8）このような経緯で犯行に<u>及んだ</u>。
④ 匹敌，通常使用否定形式	（9）私は到底田中さんに<u>及ばない</u>。
⑤「～に及んで～」表示面临最终状况	（10）この期に<u>及んで</u>しり込みするのか。
⑥「～に及ばない」以反问形式表达没必要做某事	（11）子細に<u>及ばず</u>。

在例句（6）中，「被害」作主语，表示主体达到某个范围，即"受灾情况从九州直至四国"。例句（7）—（11）也都是表示主体到达某个范围，或主体的动作行为到达的范围，对象要求使用「に」标记。例如，例句（7）「そこまでは考えが<u>及ばなかった</u>」表示作主语的「考え」没达到某种高度（的范围），例句（8）「このような経緯で犯行に<u>及んだ</u>」表示某人实施犯罪行为（成为犯罪行为）。在表1中，用法④⑤⑥都是「及ぶ」的惯用用法，都用「に」标记涉及的范围或对象。由此可见，表1中的「及ぶ」表示的意义虽然各有不同，但作主语的都是位移主体，用「に」或「まで」标记位移终点或范围，句子都表示某具体或抽象的事物达到某处所等。

小泉等編（1989:107）认为「及ぶ」不能构成直接被动句，构成间接被动句也不自然。这是为什么呢？

实际上，不及物动词「及ぶ」与及物动词「及ぼす」是配对动词[①]，例如「被害は九州から四国に<u>及ぶ</u>」「台風が近畿一円に<u>被害を及ぼす</u>」（北原，2021:245）。早津（1987:94）认为无生物受事作主语的配对不及物动词相当于三上（1972:107）的「所動詞」，句子表示受事的变化结果，不能构成间接被动句。影山（1996:31）称之为非宾格不及物动词，并指出非宾格不及物动词通常不能构成间接被动句。因此，配对不及物动词「及ぶ」通常是不能构成间接被动句的。

那么，例句（1）和例句（2）中为什么能够使用「及ばれる」呢？例句（1）「ご活躍は世界に<u>及ばれた</u>」、例句（2）「御注進に<u>及ばれれば</u>、オルレアン公は大切な証人の身柄を余所に移すに違いない」中的「及ばれる」不是表示被动，而是表示尊敬。

从上面的讨论中可以看出，不及物动词「及ぶ」只能使用主动形式，不能使用「及ばれる」表被动，但「及ばれる」可以表尊敬。据此，我们来看例句（3）—（5）的偏误用法。例句（3）「人間の行いが原因で、地球は苦しんでいます。起こった被

---

① 参照村木（1991:34）。

害は、私たち人間にも〈及ばれています→及んでいます〉」需要表达"发生的灾害也殃及到我们人类",受事「起こった被害」作主语,无须表示尊敬,因此只能使用「及ぶ」,不能使用「及ばれる」。例句(4)、例句(5)与例句(3)一样。例句(4)「大気汚染は隣国に〈及ばれている→及ぶ〉ほどひどいそうです」、例句(5)「日本の諺は、例えば動植物に関するもの、気候に関するもの、生活と思考に関するものといったように、日常生活のいろいろな方面に〈及ばれて→及び〉」需要表达"大气污染波及邻国""日本的谚语涉及日常生活的许多方面",无生物受事「大気汚染」「日本の諺」作主语,都无须表示尊敬,因此只能使用「及ぶ」,不能使用「及ばれる」。

综上所述,应该使用「及ぶ」,还是「及ばれる」,其使用条件基本如下:

① 当受事作主语,需要表达事态或事物到达某个状态、处所、数量、程度等,且无须表尊敬时,只能使用「及ぶ」,不能使用「及ばれる」。

② 当受事作主语,且需要表尊敬时,可以使用「及ばれる」。

4.3 应该使用「感動する」，还是「感動される」?

　　日语的「感動する」是一个不及物动词①，属于心理动词，从语法规则上讲，其被动形式是「感動される」。但是什么时候使用主动形式，什么时候使用被动形式，日语学习者常常分不清楚，容易用错。例如：

（1）その場面に私は深く〈感動され→感動し〉、涙が溢れました。（学部2年生/学習歴1年半/滞日0/作文）

（2）カササギが、織姫の姿を見て、〈感動された→感動し〉、年に一回、7月7日に、自分の身体で橋を架け糸でつなぐことによって、二人（彼女と彦星）が会えるようにしました。（学部4年生/学習歴3年半/滞日0/卒論）

（3）今日は、友達からいろいろ話を聞いて、〈感動された→感動した〉。（M1/学習歴5年/滞日0/感想文）

例句（1）—（3）中都只能使用「感動する」，不能使用「感動される」。这是为什么呢？

　　首先，我们来看「感動する」构成的主动句。

（4）僕は彼女の後ろ姿に感動した。（田中良成『超貧乏旅』）

　　在例句（4）中，「僕」作主语，表心理活动的主体即经验者，「感動する」表示「僕」自发的心理活动。

　　从语法规则上讲，「感動する」也可以使用被动形式，但是通过检索语料库，我们发现表被动义的「感動される」的例句非常少见，而且解释也因人而异。这可能是因为在表示主体即经验者的心理动作「感動する」时，用主动句就已经足以达意。例如：

（5）愛子さまは、競技後に選手たちが国を越えて、まるで自分のことのように喜び合う姿をご覧になり、感動されたそうだ。（『朝日新聞』2021）

（6）ある重症患者の方が回復、久しぶりに集中治療室を出て廊下の絵に感

_____

① 参照北原編（2021:367）。

動され「生きていて本当に良かった」としみじみと話されたことがあ
りました。(『中日新聞』1989)

在例句(5)中，「感動される」用来表达皇室公主「愛子さま」的心理动作，与
「ご覧になり」一样，表示尊敬，而不是被动。

例句(6)稍稍有点难度。定延利之教授在给于康教授的邮件中写道"句中的
「話された」属于敬语用法，起初「廊下の絵に感動され」是被动用法，不过最终还
是判断为敬语用法。这是因为「感動する」是不及物动词。不过话说回来，如果是
我的话，我会直接使用「感動する」"①。小野尚之教授、岸本秀树教授、高永茂教授
在给于康教授的邮件中也认为「廊下の絵に感動され」是敬语的用法，不表被动。
小野教授认为如果解释为被动义的话，需要说成「感動させられる」「話される」，
但是「話される」解释为被动与句子的主语不符，解释为自发也与句子的主语不
符，表示可能时通常使用「感動できる」「話せる」。②矢泽真人教授在给彭玉全教
授的回信中指出「感動する」本身就是表示自然产生某种感情的动词，通常不使用
「(ら)れる」形式表自发，因为自发态的功能是将有意行为表述成一种无意行为
(「意図的動作の非意図化」)。③

此外，表示某人感动时，除了使用主动句，经常还可以看到如下使用「感動さ
せられる」的例句。

(7)　問:どこで感動したか。

　　大達:子どもたちが、ハラが減ったと泣きながら、大石(久子)先生のケ
　　　　ガを見舞いに行くところ、あの場面などたまらなくいいね。松葉ヅエ

---

① 2022年9月14日定延利之教授写给于康教授的邮件，原文如下:
　興味深い例をありがとうございます。私なら②は迷わず「敬語」、①は一瞬「受身」に目が行きまし
　たが、これもやはり「敬語」と判断します。「感動する」が(英語の"move"と違って)自動詞だからです。
　主体は「方」と、一応、敬意の対象として表現されていますので、この解釈で整合的ではあると思いま
　す。ただし、私なら「感動し」で済ませてしまうところです。この書き手も「集中治療室を出られて」
　とはしていないように、従属節でどこまで敬語を使うかは微妙な問題だと思います。(②指的是「話
　された」、①指的是「廊下の絵に感動され」。)
② 2022年9月14日小野尚之教授写给于康教授的邮件，原文如下:
　「られる」は「受身」「自発」「可能」「尊敬」の判断が微妙な場合がありますが、この場合は、両方とも「尊
　敬」だと思います。主語が「重症患者の方」と尊敬語を使っていることとも符合します。それ以外の
　可能性は、次の理由で排除されると思います。「受身」だと、「感動させられる」「話される」となる(た
　だし、受身の「話される」はこの文の主語とは合わない)。「自発」だと、主語に合わないことと、そもそ
　も「感動する」「話す」の自発用法はないように思います。「可能」だと、「感動できる」「話せる」でしょ
　うか。
③ 2022年9月14日矢泽真人教授给彭玉全教授的微信留言。原文如下:
　こちら(「廊下の絵に感動され」)も、「話された」と同様に敬意と解釈するのが良さそうです。痛む、
　感涙に咽ぶなど、自然と湧き出る感覚を表す動詞は、自発と相性が悪いようです。意図的動作の非
　意図化が自発の機能ですから、見るや思うには自発はつきますが、見えるや思えるにはつきません。
　「変なところに感動された」のような、迷惑の受け身なら使えます。

をついた大石先生が岬の分教場にお別れに行くところもよかった。とにかく、全編を通じて、子どもと先生の間の師弟愛の美しさに<u>感動させられた</u>。(『朝日新聞』1999)

日本語記述文法研究会編(2009a:251)认为由心理动词构成的主动句与使役被动句的不同在于:主动句客观地表述自然产生的某种心理情感,而使役被动句更突出引发心理情感的原因,焦点置于事件的因果关系上。在例句(7)中,「感動した」表述的是自然产生的心理活动,「感動させられた」表达的是"(我)被师生情的美好感动了",蕴含了「師弟愛の美しさが私を感動させる」这样的事件起因。

根据上述「感動する」与「感動される」的使用条件,现在我们来分析一下例句(1)—(3)的偏误用法。例句(1)「その場面に私は深く〈感動され→感動し〉、涙が溢れました」需要表达的是主语「私」自发的心理动作,无须表尊敬,所以句中只能使用「感動する」。如果需要突出致使"我"感动的原因,也可以使用「感動させられる」,但不能使用「感動される」。例句(2)、例句(3)也与例句(1)一样。例句(2)「カササギが、織姫の姿を見て、〈感動された→感動し〉」、例句(3)「今日は、友達からいろいろ話を聞いて、〈感動された→感動した〉」需要表达的也都是作主语的经验者自发的心理动作,无须表尊敬,因此句中也都只能使用「感動する」,不能使用「感動される」。

综上所述,在表示心理动作"感动"时,应该使用「感動する」,还是「感動される」,其使用条件基本如下:

① 当经验者作主语,需要表达经验者自发的心理动作且无须表尊敬时,只能使用「感動する」,不能使用「感動される」。

② 当经验者作主语,需要表达经验者自发的心理动作且需要表尊敬时,可以使用「感動される」。

4.4　应该使用「言及する」, 还是「言及される」?

　　金田一, 池田編(1980:602)和北原編(2021:521)都认为「言及する」是一个不及物动词, 表示「話がある事柄に触れること。言い及ぶこと」「話題がある事柄に及ぶこと」。从「言及する」的释义来看, 似乎跟4.2节所述的「及ぶ」有相似之处。那么, 「言及する」是不是和「及ぶ」一样是非宾格不及物动词且不能使用被动句呢? 事实并非如此。例如:

(1) 省エネルギーはエネルギー対策の一つの重要な方策としていつでも言及されるが……(金田一, 池田編, 1980:602)

　　从例句(1)中可以看出, 「言及される」表被动是成立的。那么, 什么时候使用主动句, 什么时候使用被动句呢? 如果分不清主动句与被动句在使用条件上的不同, 就容易用错。例如:

(2) 一期一会の理念は『山上宗二記』という早期の茶本で〈言及した→言及されている〉。(学部4年生/学習歴3年半/滞日0/卒論)

(3) 旧暦七月七日は女性にとって特別な意義がある。《孔雀東南飛》の中で「七日」について〈言及した→言及されている〉。ここの「七日」というのは「七月七日」である。(学部4年生/学習歴3年半/滞日0/卒論)

(4) 上記のように、戦後日本の女子教育に関する研究は主に日本の法律、経済、政策などの面から、変遷及びその変遷原因を分析している。しかし、戦後の日本女子自身の教育への希望や需要についてはほとんど〈言及していない→言及されていない〉ようである。(学部4年生/学習歴3年半/滞日1年/卒論)

　　例句(2)—(4)中都只能使用「言及される」, 不能使用「言及する」。那么, 使用「言及する」和使用「言及される」有什么不同呢?

　　首先, 我们来看「言及する」的主动用法。

(5) 副看守長らが、革手錠を締め替えた事実については言及していなかった。(『朝日新聞』2002)

（6）前の2人と異なり、小泉首相は極めて明快に「自分」の責任に<u>言及した</u>。（長谷川慶太郎『小泉改革を邪魔するのはオヤメなさい』）

（7）最初の本格的な会計原則書といわれるサンダース・ハットフィールド・ムーアの『会計原則ステートメント』は，まず序文の冒頭で資本と利益の区別の重要性に<u>言及している</u>。（安藤英義『簿記会計の研究』）

在主动句例句（5）—（7）中，分别是「副看守長ら」「小泉首相」「サンダース・ハットフィールド・ムーアの『会計原則ステートメント』」作主语，都是表示施事，使用「に」或「について」标记言及的对象或话题，句子表达的是施事的动作行为。

我们还经常能看到「言及する」的被动用法。例如：

（8）このように、作品の冒頭近くで、ロマン派詩人コールリッジの詩「老水夫行」が<u>言及されている</u>。（廣野由美子『批評理論入門』）

（9）この劇のいちばん最初の部分に、シーザーがローマ帝国の王冠を捧げられた時の態度について<u>言及されている</u>。（谷沢永一『人間通と世間通』）

（10）効果を検証していた独立行政法人製品評価技術基盤機構の六月の発表では、有効な消毒方法が限定的であり、手指消毒の効果について<u>言及されなかった</u>。（『中日新聞』2020）

在被动句例句（8）—（10）中，所言及的对象作主语或话题，施事无须共现，句子表达的不是"施事言及某内容"这样一种动作行为，而是"某内容有（被）言及"这样一种客观的事件结果。

从上面的讨论中可以看出，「言及する」的主动句要求施事作主语，可以构成句式「NP（施事）が/は＋NP（对象）に＋言及する」。构成被动句时，原本在主动句中用「に」提示的对象在被动句中作主语，构成句式「NP（对象）が/は＋言及される」。实际上，三上（1972：105）、日本語記述文法研究会編（2009a：23）认为这样的动词属于及物动词，构成的被动句属于直接被动句，不同于间接被动句，因为间接被动句中的主语原本不是主动句中的句子成分。也就是说，关于「言及する」这样的动词属于及物动词还是不及物动词，学界存在不同的见解。词典上通常按照是否能够用「を」标记宾语来区分及物动词与不及物动词，因为「言及する」的对象不能使用「を」标记，所以将其划分至不及物动词。但是，从能构成直接被动句「NP（对象）が/は＋言及される」这个特征来看，「言及する」又可以看作及物动词。无

论将其归类为及物动词还是不及物动词[①],「言及される」表被动时,都用于表受事的结果状态。

除此之外,「言及される」还可以表尊敬,但是这与本文的偏误无关,所以不再展开论述。

正因为「言及する」与「言及される」的表义功能不同,所以两者可以共现在同一语段中,各表其义。例如:

（11）弁護団は意見陳述で救済法案にも言及し、不備を指摘した。弁護団などによると、救済法案の骨子は「優生手術等を受けた方が、多大な身体的・精神的な苦痛を受けたことについて、深く反省しおわびする」などとし、一時金の支給などが盛り込まれた。同法の違憲性については言及されていない。(『朝日新聞』2018)

在例句(11)中,主动句「弁護団は意見陳述で救済法案にも言及し」的主语是「弁護団」,表施事,言及的对象用「に」标记,句子表示"辩护团也提及了救济法案",表述的是施事实施的动作行为。而「同法の違憲性については言及されていない」无须施事共现,表达的不是施事的动作行为,而是客观的事件结果,即"关于该法案的违宪性并没有(被)提及"。

根据上述「言及する」的主动句与被动句的使用条件,现在我们来分析一下例句(2)—(4)的偏误用法。在例句(2)「一期一会の理念は『山上宗二記』という早期の茶本で〈言及した→言及されている〉」中,施事没有共现,不是要表达谁在书中提到了一期一会的理念,而是要表达一期一会的理念在书中被提及。也就是说,需要表达的不是施事的动作行为,而是客观的事件结果,所以需要使用被动句,而不能使用主动句。例句(3)「『孔雀東南飛』の中で『七日』について〈言及した→言及されている〉」、例句(4)「戦後の日本女子自身の教育への希望や需要についてはほとんど〈言及していない→言及されていない〉ようである」与例句(2)一样,需要表达的不是谁提到了某话题,而是某话题有无(被)提及,表述一种客观的事件结果,而不是施事的动作行为,所以2个句子均需要使用被动句,不能使用主动句。

与例句(2)—(4)相似的偏误用法还有:

（12）上述した内容からわかるように、中国でも日本でも日中氏名の比較

[①] 本文关于及物动词和不及物动词的界定参照日本語教育学会编(2005:124):「他動詞は自動詞に対するもの。英文法で直接目的詞(direct object)をとるものを他動詞といっていたのを,日本語に持ち込んで『～を』をとるものを他動詞と呼ぶことにしたものである。ただし『道を歩く』の『道を』などは,直接目的語とは考えられないので,『歩く』は自動詞とされている。」中国大学常用的日语教材对动词的分类符合该界定基准,如《综合日语》(第4册)等将「言及する」界定为不及物动词,因此在章节安排上,我们将本文纳入第4章。

についてあまり〈触れていない→触れられていない〉。（学部4年生/学習歴3年半/滞日0/卒論）

（13）日本語教育の場合、日本語教師はプラス待遇表現を詳しく説明しているが、マイナス表現はあまり〈触れていない→触れられていない〉のが現状である。（M1/学習歴5年/滞日1年/作文）

　「触れる」与「言及する」一样，当需要表达施事涉及某内容这样的言语行为时，使用主动句式「NP（施事）が/は＋NP（対象）に＋触れる」；当无须施事共现，需要表达客观的事件结果时，使用被动句式「NP（対象）が/は＋触れられる」。例句（12）和例句（13）都不是要表达施事的动作行为，而是需要表达客观的事件结果，因此都只能使用被动句，不能使用主动句。

　综上所述，应该使用「言及する」，还是「言及される」，其使用条件基本如下：

① 当施事作主语或话题，需要表达施事言及某内容且无须表尊敬时，只能使用「言及する」，不能使用「言及される」。

② 当受事作主语或话题，需要表达事件的客观结果，而不是施事的动作行为时，只能使用「言及される」，不能使用「言及する」。

4.5　应该使用「孤立する」，
还是「孤立される」?

　　金田一，池田编(1980:715)认为日语的「孤立」是一个名词，后接「する」构成
サ变动词「孤立する」，并且是一个不及物动词。「孤立する」和「孤立される」这2
种表达方式都是存在的。例如:

(1) 相談に乗ってくれるはずの姉はモスクワに離れているとあって、彼女
　　は宮廷で<u>孤立した</u>。(石田敦士『歩いて書いたヨーロッパの歴史』)

(2) 大雪の日、私は善蔵さんのお宅へ往診に伺いました。……集落のはず
　　れにある善蔵さんのお宅に近づくと、雪のため車が入ることができま
　　せん。それどころか、ひざのあたりまで積もっている雪をかいた跡が
　　全くないのです。「まさか<u>孤立されている</u>のでは」。心配になって、車
　　からお宅に電話してみると、すぐに奥さんが出て、「1歩も家の外に出
　　られないのよ」。とてもお困りの様子でした。(『朝日新聞』2017)

　　例句(1)和例句(2)都是表示某人处于孤立状态，例句(1)中使用的是「孤立す
る」，例句(2)中使用的是「孤立される」。但「孤立する」和「孤立される」的使用条
件不同，日语学习者如果分不清两者的区别，就容易用错。例如:

(3) もし集団で自己主張したりすると、〈<u>孤立される</u>→<u>孤立する</u>〉ことにな
　　るかもしれない。(学部4年生/学習歴3年半/滞日0/卒論)

(4) 今の高齢者たちは、孫などの世話をする人が多くて、家族との繋がり
　　がまだ強く残っている。そのため、〈<u>孤立される</u>→<u>孤立する</u>〉ことはま
　　だ少ないのではないだろうか。(M1/学習歴4年/滞日0/感想文)

(5) 大学時代、クラスメートのAさんは、同じ寮に住んでいる人のお金を
　　盗みました。それ以来、彼女は〈<u>孤立されました</u>→<u>孤立しました</u>〉。
　　みんなは彼女のことを「盗人」と呼びました。(D2/学習歴10年/滞日2
　　年半/作文)

　　例句(3)—(5)中都只能使用「孤立する」，不能使用「孤立される」。这是为什
么呢?

　　首先我们来看「孤立する」。北原编（2021:605）认为「孤立する」表示「他との
つながりや他からの助けがなく、一つまたは一人だけで存在すること」。例如：

（6）《ドミノ荘》──それが、村人たちがマンスフィールド氏の山荘につけ
　　　た呼び名だった。その《ドミノ荘》が、いま雪の中で孤立している。（山
　　　口雅也『ミステリーズ』）

（7）市によると、半島では道路が津波のがれきや土砂災害で寸断され、全
　　　13集落が孤立した。（『毎日新聞』2021）

（8）ある父子家庭の女児は、父親が仕事で約1カ月間不在の間、洗濯も調
　　　理もできず、学校で周囲から孤立した。（『毎日新聞』2017）

　　例句（6）—（8）中的主语分别是「その《ドミノ荘》」「全13集落」「ある父子家
庭の女児」。例句（6）表示主语「その《ドミノ荘》」孑然立在雪中，例句（7）表示主
语「全13集落」处于孤立无援的状态，例句（8）表示主语「ある父子家庭の女児」在
学校与周围的人存在距离而处于孤立状态。由此可见，「孤立する」的主动句都表
示主语所表的事物或人处于某种孤立的状态，而不涉及形成这个状态的施事或缘
由。当句中表起点的「NPから」共现，构成句式「NP$_1$が/は＋NP$_2$から＋孤立する」
时，表示主语NP$_1$脱离NP$_2$而处于孤立状态。

　　从上面的讨论中可以看出，「孤立する」表示某人或某事物处于孤立状态，充
当主语的不是有意要实施动作行为的施事，而是无意处于孤立状态的主体。根据
影山（1996:21;2001:8）关于不及物动词的分类标准[①]，「孤立する」属于非宾格不
及物动词，因此不能构成被动句[②]，在语料库中也找不到表被动义的「孤立さ
れる」。

　　也就是说，「孤立される」不能用来表示被动，只能用来表示尊敬义。例如：

（9）小川知事は「孤立されたみなさんには大変な心配をさせている。日常
　　　生活が戻るよう最大限の努力で復旧支援したい」と述べた。（『毎日新
　　　聞』2012）

　　在例句（9）中，「孤立される」不表被动，而是表示尊敬，即表示对状态主体「み

---

①　影山（1996,2001）将不及物动词分为非作格不及物动词和非宾格不及物动词。分类标准如下：「非能格
　動詞として挙げられているのは，主語の意図的な動作・行為を意味する動詞と，人間の生理的な活
　動を意味する動詞である。意図的な主語は動作主（agent），生理的現象の主語は経験者（experiencer）
　と呼ばれることが多い。……非対格動詞は主として状態や位置が変化するもの──対象物（theme）
　と呼ばれる──を主語に取る動詞であり，これらの主語は自分の意志で動作するのではなく，自然
　に何らかの変化を被るものを指している。」（影山，1996:21）「通常，変化は何らかの結果を伴うから，
　〈変化〉は〈状態〉と連動することが多い。〈変化〉だけ，あるいは〈状態〉だけ，あるいは〈変化〉→〈状態〉
　を表す自動詞──要するに，〈行為〉を含まない動詞──は非対格動詞という名前で呼ばれる。」（影
　山，2001:8）
②　非宾格不及物动词不能构成被动句参照影山（1996:31）。

なさん」的敬意。

据此,我们来看例句(1)和例句(2)的不同。在例句(1)「相談に乗ってくれる
はずの姉はモスクワに離れているとあって、彼女は宮廷で<u>孤立した</u>」中,「彼女」
作主语,表示处于孤立状态的主体,句子表达的是"她在宫中孤立无援"。例句(2)
「まさか<u>孤立されている</u>のでは」表示"「善蔵さん」不会处于孤立无援的状态
吧",「孤立され」不表被动,而是表示对状态主体「善蔵さん」的敬意。

当需要表达主体被孤立时,可以使用「孤立させられる」。例如:

(10) いじめられる子どもは集団から<u>孤立させられて</u>「自分が変なのか」
「自分がいけないのではないか」という罪悪感を強める。(『毎日新聞』
1998)

在例句(10)中,「いじめられる子ども」作主语,表主体,句子使用使役被动态
表示被集体孤立,蕴含「集団がいじめられる子どもを孤立させる」这个原因。而
主动句「いじめられる子どもは集団から<u>孤立して</u>」表达的是被霸凌的孩子处于
孤立的状态,不蕴含"被谁孤立"义。

根据上述「孤立する」与「孤立される」的使用条件,现在我们来分析一下例句
(3)—(5)的偏误用法。例句(3)「もし集団で自己主張したりすると、〈<u>孤立され
る→孤立する</u>〉ことになるかもしれない」需要表达"如果在一个集体里主张自
我,就有可能处于孤立无援的境地",主语是「自己主張したりする」这个动作行为
的主体(句中没有出现),「孤立する」表示该主体处于的状态,此句是学术论文中
的表述,无须表尊敬,因此只能使用「孤立する」,不能使用「孤立される」。例句
(4)、例句(5)和例句(3)一样。例句(4)「今の高齢者たちは、孫などの世話をする
人が多くて、家族との繋がりがまだ強く残っている。そのため、〈<u>孤立される→
孤立する</u>〉ことはまだ少ないのではないだろうか」和例句(5)「大学時代、クラス
メートのAさんは、同じ寮に住んでいる人のお金を盗みました。それ以来、彼
女は〈<u>孤立されました→孤立しました</u>〉」都需要表达作主语的「今の高齢者たち」
「クラスメートのAさん」处于孤立的状态,无须表尊敬,因此都只能使用「孤立す
る」,不能使用「孤立される」。

综上所述,应该使用「孤立する」,还是「孤立される」,其使用条件基本如下:

① 当需要表示某人或某事物处于孤立状态且无须表尊敬时,只能使用「孤立
する」,不能使用「孤立される」。

② 当需要表示某人或某事物处于孤立状态且表尊敬时,可以使用「孤立さ
れる」。

4.6　应该使用「なる」,还是「なられる」?

　　「なる」是一个不及物动词,不能构成直接被动句,但是我们在语料库中能看到「なる」构成的间接被动句。例如:

（1）時間をかけると、相手にすわり直され、冷静に<u>なられてしまう</u>おそれがある。ポンポン打つことによって、小県のミスを誘ったとも邪推できる。(『朝日新聞』2005)

（2）……困るなあ！急に勝手に涼しく<u>なられては</u>、残暑を語る原稿の説得力がなくなるではないか。天を仰ぎ、「暑さよ、戻れ」と、こんなに念じたことはない。(『朝日新聞』2021)

　　例句(1)和例句(2)都是由「なる」构成的被动句,但实际上「なる」构成被动句时会受到句法及语义的制约。而这一点往往不太容易理解,所以日语学习者在使用时容易出错。例如:

（3）小説を読むことで、自分の生活がもっとおもしろく〈<u>なられる→なる</u>〉し、自分の成長にもつながります。だから、小説を読むのは大切です。(学部1年生/学習歴1年/滞日0/作文)

（4）第一位と第二位のチームは深い感情を込めている感じがして、選んだシーンも胸がいっぱいに〈<u>なられる→なる</u>〉ようなものだった。私たちが選んだ笑わせるシーンより印象的だっただろう。(学部3年生/学習歴2年半/滞日0/報告書)

（5）2年前、○○というスターが逮捕されて拘置所に入った。犯罪行為があらわに〈<u>なられる→なる</u>〉以前、彼はその容姿のかっこよさから、中国ではすごく人気があって、ファンがいっぱいいた。(M1/学習歴5年/滞日0/感想文)

例句(3)—(5)中只能使用「なる」,不能使用「なられる」。这是为什么呢?

小泉等編(1989:380-382)认为「なる」有14种用法(见表1)。

表1　「なる」的用法

用法	例句
① 某事物变成其他事物	（6）ひよこがにわとりになる。
② 达到或变成某个数量、金额、时期或状态等结果	（7）息子は来年20歳になる。
③ 产生某种关系或状态	（8）娘が結婚して山本家と親戚になる。
④ 患病	（9）父が病気になった。
⑤ 事物能发挥其他事物的代理功能，或能起某种作用	（10）酒はよい運動になる。
⑥ 某事情定下来	（11）開催地が名古屋になった。
⑦ 某集团或事物由某物构成	（12）この家は5室からなる。
⑧ 达成	（13）私たちのチームは悲願の優勝がなった。
⑨ 使用句式「～の手［筆］になる～」，表示由某人制成	（14）この像は快慶の手になるものである。
⑩ 使用句式「V（過去形）ことになる」，表示某事物结果上视同于别的事物	（15）この仕事は一応終わったことになる。
⑪ 使用句式「V（連用形）そうになる」，表示"眼看着就要……"	（16）私はくしゃみが出そうになった。
⑫ 使用句式「おV（連用形）になる」，表示尊敬	（17）先生が本をお読みになる。
⑬ 使用句式「V（未然形）なければならない」，表示必须	（18）私はすぐ帰らなければならない。
⑭ 使用句式「V（連用形）てはならない」，表示禁止做某事	（19）アパートでペットを飼ってはならない。

从表1中可以看出，除了用在固定句式中的用法⑨—⑭外，「なる」作谓语动词表示用法①—⑧时，变化的主体即受事作主语，句子都表示某种自然而然的变化结果。

小泉等编（1989:382）认为「なる」不能构成直接被动句，但能构成间接被动句。例如：

（20）母は父に晩酌が習慣になられて困っている。

（21）奴に重役になられてしまった。

（以上例句来自小泉等编，1989:382）

如例句(20)和例句(21)所示,在间接被动句中「なられる」大多数情况下用来表示受到不利的影响或受害。此时句式中通常要求受影响者作主语,如例句(20)中的「母」不是行为主体,而是受影响者。有的时候受影响者的主语可以不出现,但可以读出,如例句(21)中的受影响者虽然没有出现,但这个受影响者是说话人。柴谷(2000:156)、高见(2011:59)认为间接被动句通常需要表述主语受到某事件的不利影响,且责任在于被动句中的「に」格名词,因此,「に」格名词通常是有生物,这样才能成为追责的对象。在例句(20)和例句(21)中,「に」标记的「父」「奴」,都是有生物,都是事件的责任者。

我们再来看例句(1)和例句(2)。例句(1)「時間をかけると、相手にすわり直され、冷静になられてしまうおそれがある」表述的是说话人一方有可能受到「相手が座り直し、冷静になる」的影响,事件的责任者是有生物「相手」,句子表示主语受到不利的影响。例句(2)「急に勝手に涼しくなられては、残暑を語る原稿の説得力がなくなるではないか」也是如此。句中虽然没有出现用「に」标记的有生物责任者,但是依然表达的是说话人受到不利的影响。

通过上面的讨论可以得知「なる」的主动句和被动句有如下不同:

① 在主动句中,变化的主体作主语,既可以是有生物,也可以是无生物,句子表示某种自然而然的变化结果。

② 在被动句中,需要受影响者作主语,表示主语受到不利的影响或某种伤害。

「なられる」除了可以表示上述被动义,还可以表示尊敬义,但这与本文讨论的偏误例句无关,所以不对此展开论述。

正因为「なる」与「なられる」的表义功能不同,所以两者可以共现在同一语段中,各表其义。例如:

(22) この男はあとで猫をちょっと怒らせるだけの価値があるか?それとも溜息つくような結果に<u>なって</u>、おまけに猫にも不機嫌に<u>なられてしまうか</u>。(松久淳『an・an』)

在例句(22)中,主动句「溜息つくような結果に<u>なって</u>」表示事件的自然变化结果,而被动句「猫にも不機嫌に<u>なられてしまう</u>」中,「この男」作主语,表受影响者,句子表达的是「この男」遭受到「猫が不機嫌になってしまう」所表事件的不利影响。句中「なる」与「なられる」不能互换,否则句子不能成立。

根据上述「なる」与「なられる」的使用条件,现在我们来分析一下例句(3)—(5)的偏误用法。在例句(3)「小説を読むことで、自分の生活がもっとおもしろく〈なられる→なる〉し、自分の成長にもつながります」中,作主语的「自分の生活」并非受影响者,句子需要表达的是受事的变化结果,即"通过阅读小说,自己的生活会变得更有意思",而不是受到不利的影响或需要表达尊敬,因此句中只能使

用「なる」，不能使用「なられる」。例句（4）、例句（5）和例句（3）一样。例句（4）「第一位と第二位のチームは深い感情を込めている感じがして、選んだシーンも胸がいっぱいに〈<u>なられる→なる</u>〉ようなものだった」和例句（5）「犯罪行為があらわに〈<u>なられる→なる</u>〉以前、彼はその容姿のかっこよさから、中国ではすごく人気があって、ファンがいっぱいいた」作主语的都不是受影响者，句子需要表达的也都是受事的变化结果，而不是受到不利的影响或需要表尊敬，因此这2个句子也只能使用「なる」，不能使用「なられる」。

综上所述，应该使用「なる」，还是「なられる」，其使用条件基本如下：

① 当变化的主体即受事作主语，需要表达主体的变化结果，且无须表尊敬时，只能使用「なる」，不能使用「なられる」。

② 当受影响者作主语，变化的主体用「に」标记，需要表达作主语的受影响者受到某事件的不利影响或某种伤害时，只能使用「なられる」，不能使用「なる」。

4.7　应该使用「発展する」，
还是「発展される」?

　　北原編(2021:1336)认为「発展する」是一个不及物动词，如「社会が発展する」「話が思わぬ方向へ発展する」。「発展する」的被动形式是「発展される」，我们在『YUKタグ付き中国語母語話者日本語学習者作文コーパス』中常常看到日语学习者将「発展する」和「発展される」用错的句子。例如:

(1) 雅楽は中国と朝鮮から伝わった音楽というだけではなく、日本で長い伝統を受け継ぎながら、さらに〈発展された→発展した〉音楽です。(学部3年生/学習歴2年/滞日0/スピーチ)

(2) 日本の茶道文化は中国の宋の時代の禅院茶をもとに〈発展された→発展した〉ものであり、始めから禅宗と結び付いていたのである。(学部4年生/学習歴3年半/滞日0/卒論)

(3) 普通話は方言に基づいて〈発展された→発展した〉言語なので、方言との違いがあるとともに、内在的な相関性もある。(M1/学習歴5年/滞日0/感想文)

例句(1)—(3)中都只能使用「発展する」，不能使用「発展される」。这是为什么呢? 小泉等編(1989:426)认为「発展する」有2种用法(见表1)。

表1 「発展する」的用法

用法	句式	例句
① 表示事物的规模、势力成长壮大	① [组织/活动/事/处所/心理] {が/は} ([事/处所] {に/へ}) 発展する	(4) 小さな漁港が国際貿易港に発展した。 (5) うらみが殺人事件に発展する。
② 表示情场得意，通常使用「発展している」	② [人] {が/は} 発展する	(6) 山田君は最近かなり発展している。

　　在表1中，「発展する」用作不及物动词且与本文偏误有关的是用法①"表示

事物的规模、势力成长壮大"。例句（4）和例句（5）的主语分别是「漁港」「うらみ」，表变化的主体，即受事，句子表示受事自然而然的变化结果。

小泉等编（1989：426）认为「発展する」不能构成直接被动句，虽然能构成间接被动句，但是很少见。例如：

（7）妻にやたら発展されて困っている。（小泉等編，1989：426）

在例句（7）中，「発展する」也是用作不及物动词，构成间接被动句，说话人作主语，表示受影响者，句子表示说话人受到「妻が発展する」的不利影响。

从上面的讨论中可以看出，「発展する」是一个不及物动词，通常使用主动句式「NP（受事）が/は＋発展する」表示受事的发展变化。江口（1989：771）认为サ变不及物动词用作及物动词时，需要使用使役形式「～を○○させる」。「発展する」也是如此。当表达某施事或原因致使受事发展时，需要使用使役句式「NP（施事）が/は＋NP（受事）を＋発展させる」，例如「人口の増加は都市を発展させる」（小泉等編，1989：426）。

除此之外，在日语语料库中也可以看到「発展する」与「を」格名词共现的情形。例如：

（8）百美子さんは「日本と中国はアジアのリーダー的存在。これからは利害を度外視し、いかに子孫を発展していけるかに力を注いでいけたら」と静かに手を合わせた。（『朝日新聞』2002）

（9）首相は「日本にとっては韓国が、韓国にとっては日本が最も重要な隣国であり、お互いに信頼しながら関係を発展していかなければならない」と指摘。（『毎日新聞』2005）

（10）もし人格のないものが無闇に個性を発展しようとすると、他を妨害する、権力を用いようとすると、濫用に流れる。（『中日新聞』1998）

（11）女性議員が全体に増えていかなければならない。しかも、選挙という大変難しい壁を乗り越え議席を得て、キャリアを発展し続けなければ、閣僚にはなり得ない。（『朝日新聞』2002）

在例句（8）—（11）中，「発展する」与「を」格名词共现时，句中主语与宾语之间存在领属关系①，如例句（8）中作宾语的「子孫」是主语「日本と中国」的「子孫」。例

① 「発展する」通常用作不及物动词，与「を」格受事共现时，主语和宾语之间的语义关系受到严格的限制，对于这类动词应该看作不及物动词，还是兼有及物与不及物的「自他両用動詞」，学界尚未有定论。须贺（1995）、铃木（1985）将「NPを＋終わる/かわる/あく」看作是不及物动词句，姚（2007）称之为「変化性自動詞構文」或「再帰性自動詞構文」。本文通过例句收集，发现「NPを＋発展する」与「NPを＋終わる/かわる/あく」具有相似性，如主语与宾语间的语义关系、与相对应的及物动词句之间的语义差别等。此外，不同的词典都一致认为「発展する」是不及物动词，用法上通常也不能构成直接被动句，因此本文也将「発展する」看作不及物动词，归入第4章"不及物动词与不及物动词被动句的偏误研究"，而其他能构成直接被动句的「自他両用動詞」相关的偏误，归入第3章"不及物动词与及物动词被动句的偏误研究"。

句(9)—(11)也是如此。例句(9)中的「関係」、例句(10)中的「個性」、例句(11)中的「キャリア」也都分别从属于主语「韓国、日本」「人格のないもの」「女性議員」，否则句子不能成立^①，且日语母语者从语感判断，都认为这种情况下不能构成「子孫/関係/個性/キャリアが発展される」这样的直接被动句(除非用作敬语)。

上面讨论了「発展する」不能构成直接被动句，但是在日语语料库中我们能看到少量受事作主语、谓语动词使用「発展される」的情形。例如：

（12）メンガーの経済理論はウィーザー、（主著『社会経済の理論』千九百十四年）とベーム・バヴェルク、（主著『資本と資本利子』千八百八十四～八十九年）によって<u>発展されました</u>。（福田泰久『経済学の歴史に学ぶ』）

（13）日ソ両国は、両国のより一層の相互理解が<u>発展される</u>ための人的交流を図ることを合意する。（『毎日新聞』1990）

关于例句(12)和例句(13)是否自然，日语母语者的语感判断存在分歧，认为句子表达的意义能懂，但自己大都不会这么用，例句(12)更倾向于使用「発展させられました」，例句(13)更倾向于使用「両国のより一層の相互理解を発展させるため」等表达方式。也就是说，「発展する」与一些不及物动词一样(如「NPがわかる/NPをわかる」「NPに反対する/NPを反対する」「NPに賛成する/NPを賛成する」)，开始出现及物动词用法，但尚未被普遍认可。因此，从语法规范角度来讲，本文只能暂时将「発展する」作及物动词构成直接被动句继续看作偏误用法，等到「発展する」的被动用法成为普遍用法时，本文讨论的重点可能会变为何时该用主动句，何时该用被动句了。

结合其他章节的讨论可以看出，不及物动词「発展される」可以用在间接被动句中表主语受到他人发展的不利影响，也可以表尊敬，但通常不能构成直接被动句表示受事的发展变化。

根据上述「発展する」与「発展される」的使用条件，现在我们来分析一下例句(1)—(3)的偏误用法。例句(1)「雅楽は中国と朝鮮から伝わった音楽というだけではなく、日本で長い伝統を受け継ぎながら、さらに〈<u>発展された→発展した</u>〉音楽です」需要表达的是受事「雅楽」的发展变化，句中无须表尊敬，因此需要使用「発展した」，如果在表述受事结果的同时，还需要蕴含施事的致使作用时，可以使用「発展させられた」。

例句(2)、例句(3)也与例句(1)一样。例句(2)「日本の茶道文化は中国の宋

---

① 若将例句(8)—(11)中的宾语更换为不具有所属关系的名词，例如说成「日本と中国はいかに他国の子孫を発展していけるか」「日本と韓国が中国とアメリカの関係を発展し」「人格のないものが無闇に他人の個性を発展しようとすると」「女性議員が男性議員のキャリアを発展し続けなければ」，日语母语者从语感判断，一致认为这样的句子是不自然的。

の時代の禅院茶をもとに〈発展された→発展した〉ものであり」需要表达的是受事「日本の茶道文化」的发展变化，因此只能使用「発展した」或蕴含施事动作行为的「発展させられた」，不能使用「発展された」。例句(3)「普通話は方言に基づいて〈発展された→発展した〉言語なので」需要表达的是受事「普通話」自然而然的发展变化，因此也只能使用「発展した」，不能使用「発展された」。

综上所述，在表示事物的发展变化时，应该使用「発展する」，还是「発展される」，其使用条件基本如下：

① 当受事作主语，需要表达受事自然而然的发展变化，且无须表尊敬时，只能使用「発展する」，不能使用「発展される」。

② 当受事作主语，需要表达受事自然而然的发展变化，且需要表尊敬时，可以使用「発展される」。

③ 当受影响者作主语，需要表达主语由于他人发展而受到不利影响时，只能使用「発展される」，不能使用「発展する」。

4.8 应该使用「びっくりする」，还是「びっくりされる」?

金田一,池田编(1980:1643)认为「びっくり」的汉字写作「吃驚」「喫驚」,是一个副词,后接「する」构成一个不及物动词,属于心理动词。「びっくりする」的被动形式是「びっくりされる」。日语学习者在使用「びっくりする」时,常常分不清什么时候使用主动句,什么时候使用被动句,容易用错。例如:

(1) お母さんが私の趣味についてそう思っていることに〈びっくりされた→びっくりした〉。(M1/学習歴5年/滞日1年/感想文)

(2) 「赤ずきん」を小さい頃と全く違う視点からもう一回見て、かなり〈びっくりされた→びっくりした〉。(M1/学習歴5年/滞日1年/感想文)

(3) 金剛三味院についたら、お坊さんが出迎えに来てくださることにすごく〈びっくりされた→びっくりした〉。(M1/学習歴5年/滞日1年/感想文)

例句(1)—(3)中都只能使用「びっくりする」,不能使用「びっくりされる」。那么,使用「びっくりする」和「びっくりされる」有什么不同呢?

小泉等编(1989:444)认为「びっくりする」表示"吃惊",可以构成表1中的3种句式。

表1 「びっくりする」的用法

句式	例句
① [人/有生物]{が/は}([人/有生物/事/物]{に/で})びっくりする	(4) 観客は奇妙な動物にびっくりしている。 (5) ものすごい雷の音でびっくりした。
② [人]{が/は}句子{の/こと}に びっくりする	(6) 私は学生の日本語が急に上手になったのにびっくりした。
③ [人]{が/は}句子て びっくりする	(7) 私は友人が10キロやせたと聞いてびっくりした。

从表1中的句式和例句可以看出,「びっくりする」用作谓语动词时,要求人或有生物作主语,表经验者,句中可以共现原因,使用「に」或「で」等标记。

小泉等编(1989:444)认为「びっくりする」不能构成直接被动句,但是可以构成间接被动句。这一点与之前讨论过的非作格不及物动词被动句的特点相同。例如:

(8) 結婚を打ち明けると、友人にびっくりされてしまった。(小泉等編,
　　　1989:444)

(9) 高校までは数学や理科の分野に興味があった。だからか、大学で文学
　　　部に行ったことで周囲や親にびっくりされた。(『朝日新聞』2019)

在例句(8)中,第一人称作主语(可隐去),表示受影响者,不是「びっくりする」这个心理动作的经验者,经验者是用「に」标记的「友人」,句子表示说话人受到「友人がびっくりしてしまった」的影响。例句(9)和例句(8)一样,也是说话人自己作主语,表受影响者,句子表示说话人受到「周囲や親がびっくりした」的影响。日本語記述文法研究会編(2009a:241)认为间接被动句通常表示主语感到困惑、不希望出现的事件,例句(8)和例句(9)即是如此。

由此可见,当「びっくりされる」表示被动时,需要受影响者作主语,心理动词「びっくりする」的经验者不能作主语。如果需要经验者共现,只能使用「に」标记,作状语,句子表示的是主语受到某人惊讶行为的影响,而且大多数情况下这类被动蕴含意外、困惑或受害等意思。

与其他心理动词被动句一样,在大多数情况下「びっくりされる」作敬语。例如:

(10) このあたりは、田に出ている人が多いですから、時鐘として朝6時と
　　　 11時半、それに午後5時の3度、6回ずつ鐘を鳴らします。実はこれ、
　　　 タイマーがついていて自動式。人がいないのに撞木が動いて鐘をつ
　　　 くので、参拝の方がびっくりされることがあるんです。(『毎日新聞』
　　　 2008)

例句(10)中的「参拝の方」作「びっくりされる」的主语,表经验者,而不是表受影响者,「びっくりされる」不是表被动,而是表尊敬。

「V(ら)れる」不仅可以表示被动,还可以表示尊敬、自发和可能。那么,「びっくりされる」能不能表自发呢? 堀川(1992:173)认为「びっくりする」本身就表示自然而然地产生某种感情或心理,通常可以用「に」标记原因,构成主动句「XがYに~」,这样的感情动词不能使用「(ら)れる」形式表自发。因此,「びっくりされる」不能表自发。

表示主语惊讶的心理动作时,除了使用「びっくりする」的主动句,与其他心理动词一样,我们还能看到使用「びっくりさせられる」的例句。例如:

（11）世の中の変化の激しさには、まったく<u>びっくりさせられる</u>よ。（日本
語記述文法研究会編，2009a：251）

日本語記述文法研究会編（2009a：251）认为例句（11）的使役被动句与「世の
中の変化の激しさには、まったくびっくりするよ」这个主动句很相近，都是经验
者作主语，都可以用「に」标记原因，表达的意义也相似。这种由心理动词构成的
主动句与使役被动句的不同在于：主动句客观地表述自然产生的某种心理情感，
而使役被动句更突出引发心理情感的原因，焦点置于事件的因果关系上。

从上面的讨论中可以看出，「びっくりされる」的基本义是尊敬和被动。相比
之下，表尊敬要比表被动更加常用，这是因为表被动时，需要受到句式和语义的制
约，即要求受影响者作主语，经验者只能使用「に」标记且不能作主语。

正因为「びっくりする」与「びっくりされる」的表义功能不同，所以两者可以
共现在同一语段中，各表其义。例如：

（12）能勢の妻はその夜も、食卓テーブルで熱心に本を読んでいた。「お帰
りなさい。ちっとも気がつかなかった。」妻は<u>びっくりした</u>ように言
う。能勢は毎晩こんなふうに、帰ってくるたびに自分の妻に<u>びっく
りされる</u>のだ。（『朝日新聞』1999）

在例句（12）中，「びっくりした」的主语是「妻」，表经验者，句子表示"妻子就
像很吃惊一样地说着"。使用「びっくりされる」时，「能勢」作主语，表示受影响
者，句子表示「能勢」受到「自分の妻がびっくりする」所表事件的影响，蕴含困惑
义。经验者「自分の妻」在被动句中不能作主语，只能使用「に」标记。

根据上述「びっくりする」与「びっくりされる」的使用条件，现在我们来分析
一下例句（1）—（3）的偏误用法。在例句（1）「お母さんが私の趣味についてそう
思っていることに〈<u>びっくりされた→びっくりした</u>〉」中，第一人称作主语（可隐
去），表经验者，句子需要表达经验者的心理活动，无须表尊敬，所以只能使用
「びっくりする」，不能使用「びっくりされる」。

例句（2）、例句（3）也与例句（1）一样。例句（2）「『赤ずきん』を小さい頃と全
く違う視点からもう一回見て、かなり〈<u>びっくりされた→びっくりした</u>〉」和例
句（3）「金剛三昧院についたら、お坊さんが出迎えに来てくださることにすごく
〈<u>びっくりされた→びっくりした</u>〉」需要表达的也都是作主语的经验者（说话人
自己）的心理动作，无须表尊敬，因此都只能使用「びっくりする」，不能使用「びっ
くりされる」。

综上所述，在表示心理动作"惊讶"时，应该使用「びっくりする」，还是「びっ
くりされる」，其使用条件基本如下：

① 当经验者作主语，需要表达主语感到惊讶的心理活动，而且无须表尊敬
时，只能使用「びっくりする」，不能使用「びっくりされる」。

② 当受影响者作主语,需要表达由于他人的惊讶行为,主语受到事件的影
　响,并蕴含意外、困惑或受害等义时,只能使用「びっくりされる」,不能使
　用「びっくりする」。

4.9 应该使用「吹く」,还是「吹かれる」?

「吹く」既可以用作及物动词,如「口笛を吹く」「薄い霜を渡る風がつらく肌を吹く時分になって……」,又可以用作不及物动词,如「突風が吹く」。[①]此外,我们也经常可以看到「吹く」构成的被动句。例如:

(1) 中田もすぐにパスを出せずに、サポーターからも度々、不満を示す口笛が吹かれた。(『毎日新聞』2001)

(2) 10日午前10時15分ごろ、岐阜市橋本町、JR岐阜駅北口駅前広場の歩道工事現場で、突風に吹かれて鉄製のフェンス1枚が歩道側に倒れ、各務原市在住の女性(74)に覆いかぶさった。(『毎日新聞』2009)

例句(1)中的「吹く」作及物动词,构成直接被动句。例句(2)究竟是「吹く」作及物动词构成的直接被动句,还是作不及物动词构成的间接被动句,对日语学习者来说难以判断。「吹く」的及物动词用法构成主动句和被动句时分别需要满足什么使用条件,「吹く」的不及物动词用法与及物动词用法如何界定,不及物动词用法能否构成间接被动句,这些问题经常困扰日语学习者。在『YUKタグ付き中国語母語話者日本語学習者作文コーパス』中,我们可以看到如下偏误用法:

(3) あっという間に、駅に着いて、バスを降りると、海の近くのしょっぱい空気が顔に〈吹かれてきました→吹いてきました〉。出口は、乗客でとても込んでいました。(学部2年生/学習歴2年/滞日0/作文)

(4) 蝋燭の火は風に〈吹いて→吹かれて〉消えた。(学部3年生/学習歴2年半/滞日0/翻訳)

例句(3)中只能使用「吹く」,不能使用「吹かれる」;例句(4)正好相反,句中只能使用「吹かれる」,不能使用「吹く」。那么,使用「吹く」和「吹かれる」有什么不同呢?

小泉等编(1989:452)认为「ふく」可以写作「吹く」「噴く」,有5种用法(见表1)。

---

① 参照北原編(2021:1434)。

表1　「ふく」的用法

用法	句式	例句
① 自然风在空间内移动	［風］{が/は}（［方向］から）吹く	（5）風が南から<u>吹く</u>。
② 自然风吹到某物体上	［風］{が/は}［ほお/人］を吹く	（6）春風がほおを<u>吹く</u>。
③ 气势强劲地从内部喷涌出来	① ［蒸気/物］{が/は}［容器］から噴く ② ［容器］{が/は}噴く ③ ［火山/植物］{が/は}［火/芽］をふく	（7）かまから蒸気が<u>噴いている</u>。 （8）やかんが<u>噴いている</u>。 （9）木が芽を<u>ふく</u>。
④ 通过口腔或细管吹出	［人］{が/は}［物］を吹く	（10）子供はろうそくの火を<u>吹いて</u>消した。
⑤ 吹奏乐器或吹口哨儿	［人］{が/は}［楽器/楽曲/作曲者］を吹く	（11）恵子がフルートを<u>吹いている</u>。

　　从表1中可以看出，「ふく」与「を」共现时，动词与「NPを」的语义关系并不相同。例如，例句（6）「春風が<u>ほお</u>を吹く」和例句（9）「木が<u>芽</u>をふく」都用来表示一种自然现象，而不是主语「春風」「木」的意志性动作行为。与此相反，例句（10）和例句（11）就不同了。例句（10）「子供は<u>ろうそくの火</u>を吹いて消した」表示作主语的施事「子供」主动"吹蜡烛"的动作行为，而不是自然现象。例句（11）也一样，「恵子が<u>フルート</u>を吹いている」表示作主语的施事「恵子」主动"吹奏长笛"的动作行为，也不是自然现象。例句（6）「春風が<u>ほお</u>を吹く」和例句（9）「木が<u>芽</u>をふく」虽然都是及物动词的用法，但功能上都十分接近不及物动词。正因为如此，当需要使用「ふく」的被动形式时，往往容易出错。

　　小泉等编（1989：452）认为「ふく」表用法①"自然风在空间内移动"和用法③"气势强劲地从内部喷涌出来"时，不能构成直接被动句，构成间接被动句也是不自然的。表用法②"自然风吹到某物体上"、用法④"通过口腔或细管吹出"、用法⑤"吹奏乐器或吹口哨儿"时，既可以构成直接被动句，如例句（12）和例句（13），又可以构成间接被动句，如例句（14）和例句（15）。

　　（12）彼は春風に<u>吹かれて</u>立っていた。（直接被动句）

　　（13）草笛が<u>吹かれた</u>。（直接被动句）

　　（14）彼は春風にほおを<u>吹かれて</u>立っていた。（间接被动句）

　　（15）下手くそにハーモニカを<u>吹かれた</u>。（间接被动句）

（以上例句来自小泉等编，1989：452）

　　例句（12）和例句（13）分别是「彼」「草笛」作主语，表受事。这2个直接被动句分别与主动句「春風が彼を吹く」「（人が）草笛を吹く」相对应，主动句凸显施事的

动作行为,而被动句凸显受事的结果状态。

而例句(14)和例句(15)没有对应的主动句,受影响者作主语,句子表示主语受到「春風がほおを吹く」「(人が)下手くそにハーモニカを吹く」所表事件的影响,「吹く」的施事在被动句中只能使用「に」标记作状语。

实际上,「ふく」的用法①与用法②是具有连续性的,因为都是「風」作主语,但是用法①的「ふく」用作不及物动词,用法②的「ふく」用作及物动词。用法①的「ふく」只表示风的空间移动,不涉及受事,因此句子不表示风力作用于受事。小泉等編(1989:452)认为这种情况下不仅不能构成直接被动句,而且构成间接被动句也是不自然的。虽然「雨が降る」这样的无生物作主语的不及物动词句可以构成间接被动句,如「私は雨に降られて困った」(小泉等編,1989:462)、「花子は雨に降られて、外出できなかった」(杉本,1999:60),但是日语母语者几乎都认为不及物动词句「風が吹く」构成的间接被动句,例如「風に吹かれて困った」「台風に吹かれて外出できなかった」,不能成立或不自然。也就是说,当不涉及风力作用的受事时,「風が吹く」的「吹く」作不及物动词,属于「ものの非意志的な動き(現象)動詞」[①],不能构成间接被动句。

虽然「風が吹く」这个不及物动词句构成间接被动句不自然,但并不是说「風に吹かれる」不成立,我们经常能看到例句(12)这样的被动句。杉本(1999:60)认为「風に吹かれる」与「雨に降られる」不同,「雨に降られる」不一定表示主语直接被雨淋到,但是「風に吹かれる」必须是直接受到风力作用、被风吹到,可以看作直接被动句。[②]也就是说,表示用法②风作用于某受事、用作及物动词的「ふく」,属于「主体動作客体接触動詞」[③]。表示受事受到风力作用的直接被动句很常见,如「あの小さな草が風に吹かれている」(『朝日新聞』1998)、「アヤニは、風に吹かれるままに微笑を湛える」(日和さつき『真夏の夜の夢』)。

由此可见,「吹く」的主动句分为2种情况:

① 用作不及物动词时,不涉及受事,表示主语所表事物的位移运动等。

② 用作及物动词时,施事作主语,受事作宾语,表示施事作用于受事这一动作行为。

正因为「吹く」与「吹かれる」的表义功能不同,所以两者可以共现在同一语段中,各表其义。例如:

(16) 台風が去った後も、いつまでも風が吹いていた。道の上に散乱している葉っぱや枝が風に吹かれて舞うたびに、台風一過のまぶしすぎ

---

① 工藤(1995:75)。
② 志波(2009:283)也认为「風に吹かれる」构成的是直接被动句。
③ 工藤(1995:76)。

る光に刺され、きらめく渦になる。(『毎日新聞』2019)

在例句(16)的主动句「台風が去った後も、いつまでも風が吹いていた」中，「風」作主语，表示位移主体，不涉及受事，「吹く」用作不及物动词，句子表示"一直刮着风"。而在被动句「道の上に散乱している葉っぱや枝が風に吹かれて舞う」中，「葉っぱや枝」作主语，表受事，这个被动句与主动句「風が……葉っぱや枝を吹いて」相对应，因此是「吹く」用作及物动词构成的直接被动句，表示的不是施事「風」的动作行为，而是受事「葉っぱや枝」的结果状态，即"路上散落的枝叶被风吹起，翩翩起舞"。

根据上述「吹く」与「吹かれる」的使用条件，现在我们来分析一下例句(3)和例句(4)的偏误用法。例句(3)「あっという間に、駅に着いて、バスを降りると、海の近くのしょっぱい空気が顔に〈吹かれてきました→吹いてきました〉」需要表达"海边咸咸的空气扑面而来"，「空気」作主语，表示位移主体，因此需要使用「吹く」，不能使用「吹かれる」。例句(4)「蝋燭の火は風に〈吹いて→吹かれて〉消えた」需要表达"蜡烛的火被风吹灭了"，即受事的结果状态，「蝋燭の火」作主语，表受事，「風」用「に」标记，表施事，所以也只能使用「吹く」，不能使用「吹かれる」。

综上所述，应该使用「吹く」，还是「吹かれる」，其使用条件基本如下：

① 当「風」等位移主体或施事作主语，需要表达主语的位移运动，或施事"吹（到）"某受事上，且无须表尊敬时，应该使用「吹く」，不能使用「吹かれる」。

② 当受事作主语，需要表示受事的结果状态时，应该使用「吹かれる」，不能使用「吹く」。

③ 当受影响者作主语，需要表示主语由于某施事实施「吹く」这个动作行为而受到影响时，应该使用「吹かれる」，不能使用「吹く」。

4.10　应该使用「見える」，
还是「見えられる」?

　　第3章讨论过「見える」与「見られる」表可能义时的区别，那么「見える」这个不及物动词能不能构成被动句呢？实际上，我们在日语语料库中也能看到使用「見えられる」的例句。例如：

（1）嵯峨さんを探しに、弟の水野さんの車でね、盛岡には寄らなかった——そのことで小野寺さんが<u>見えられた</u>んでしょう?（高橋克彦『写楽殺人事件』）

（2）宮崎の歴史の中で捉えないといけません。1960年に島津久永・貴子夫妻が<u>見えられ</u>、青島、霧島、桜島の「三島ルート」が有名になった。2年後に当時の皇太子殿下と美智子妃が<u>見えられ</u>、新婚旅行ブームが来る。（『朝日新聞』2014）

　　从例句（1）和例句（2）中可以看出，「見えられる」这种形式是存在的。但是，「見えられる」的使用受到严格的语义和语法制约，如果没有掌握好它的使用条件，就容易出错。例如：

（3）真っ暗な南廟と高い塀がかすかに〈<u>見えられる→見える</u>〉。（学部2年生/学習歴1年半/滞日0/作文）

（4）そのチームは弱虫でかわいそうに見えるだけであった。何の反抗力もなく、敵にやられ放題の状態にしか〈<u>見えられない→見えない</u>〉。（学部4年生/学習歴3年半/滞日0/卒論）

　　例句（3）和例句（4）中只能使用「見える」，不能使用「見えられる」。那么，使用「見える」和「見えられる」有什么不同呢？

　　小泉等編（1989:488）认为「見える」有4种用法（见表1）。

表1　「見える」的用法

用法	例句
① 颜色、形状、状态等自然而然映入眼帘	（5）窓から海が<u>見える</u>。
② 视觉上能感知到事物	（6）猫は夜でも目が<u>見える</u>。
③ 从外观上进行判断和推测	（7）選手たちに疲れが<u>見える</u>。 （8）ここは昔の競技場に<u>見える</u>。
④ 「来る」的敬语	（9）お客さんが<u>見えました</u>。

　　在表1中，「見える」虽然用法各有不同，但是从例句（5）—（9）中可以看出一个共同的特点：「見える」用作不及物动词，有受事共现时，受事需要作主语，句子都是表示一种自然而然的结果状态，蕴含"能看到/能看见"这样一种可能义。[①]

　　「見える」不能构成直接被动句，构成间接被动句也是不自然的。这是为什么呢？

　　三上（1972：104-107）认为动词可以分为「能動詞」和「所動詞」，「能動詞」可以构成被动句，而「所動詞」不能构成被动句，「所動詞」通常表示自然结果、可能、价值等，例如「ある」「見える」「（匂いが）する」「できる」「飲める」「読める」等。「見える」属于「所動詞」，因此不能构成被动句。

　　在第3章我们分析过，不及物动词只能构成间接被动句，不能构成直接被动句。影山（1996：31）将不及物动词分为非作格不及物动词和非宾格不及物动词。非作格不及物动词表示主语的意志性动作行为及人的生理活动，作主语的名词表示施事或经验者；非宾格不及物动词表示主语发生某种自然而然的变化或处于某种状态，作主语的名词表示受事。非作格不及物动词能构成间接被动句，但是非宾格不及物动词通常不能构成间接被动句。从表1中可以看出，「見える」都要求受事作主语，表示一种自然而然的结果状态，属于非宾格不及物动词，因此不仅不能构成直接被动句，也不能构成间接被动句。

　　那么，例句（1）和例句（2）为什么能使用「見えられる」呢？这是因为在例句（1）「そのことで小野寺さんが<u>見えられた</u>んでしょう？」和例句（2）「1960年に島津久永・貴子夫妻が<u>見えられ</u>、青島、霧島、桜島の『三島ルート』が有名になった。2年後に当時の皇太子殿下と美智子妃が<u>見えられ</u>」中，「見える」都是作「来る」的敬语。北原編（2021：1571）认为「見える」作「来る」的敬语时，再后缀尊敬助动词「られる」构成「見えられる」，是一种惯用的敬语表达方法。例句（1）和例句

―――――――――――

[①] 详见第3章。特别是关于用法④"「来る」的敬语"，田，泉原，金编著（1998：107）认为「見える」原本表示「誰かが姿を現したのが見える」。

(2)中使用「見えられる」表示对主语「小野寺さん」「島津久永・貴子夫妻」「当時の皇太子殿下と美智子妃」的尊敬。也就是说「見えられる」不表被动，只是「来る」的敬语用法。

根据上述「見える」与「見えられる」的使用条件，现在我们来分析一下例句(3)和例句(4)的偏误用法。例句(3)「真っ暗な南廟と高い塀がかすかに〈見えられる→見える〉」需要表述"能隐约看到昏暗的南庙和高高的围墙"，无须敬语表达，因此不能使用「見えられる」，只能使用「見える」。例句(4)「そのチームは弱虫でかわいそうに見えるだけであった。何の反抗力もなく、敵にやられ放題の状態にしか〈見えられない→見えない〉」需要表达的是从外观上进行判断和推测，即"看起来……"，也无须敬语表达，因此不能使用「見えられる」，只能使用「見える」。

与例句(3)和例句(4)相似的偏误还有：

(10) 日本語を通じて日本という国〈が学べられた→を学べた〉のが最も嬉しい。(学部3年生/学習歴2年半/滞日0/作文)

(11) それは〈欠かせられない→欠かせない〉仕事である。(学部4年生/学習歴3年半/滞日0/作文)

(12) 杜牧が書いた「南朝四百八十寺、多少楼台煙雨中」という詩から、南朝の戦乱と仏教の隆盛が一部〈伺えられる→伺える〉のではないか。(M3/学習歴6年/滞日0/修論)

(13) 「夫婦別姓」になると、このような複雑な手続きや心理的な負担などが〈省けられます→省けます〉。(D2/学習歴10年/滞日2年半/作文)

(14) プレゼントがもらえるし、可愛い誕生日ケーキも食べられるからです。そして、大人になったらハイヒールも〈履けられ→履け〉、口紅もつけられます。(日本語教員/学習歴11年半/滞日3年半/作文)

例句(10)—(14)的偏误都是「及物动词可能形＋られる」，动词可能形表达的是一种状态[1]，相当于「所動詞」、非宾格不及物动词，通常不能构成被动句，因此例句(10)—(14)中都不能使用「及物动词可能形＋られる」这种可能与被动共现的方式。

综上所述，应该使用「見える」，还是「見えられる」，其使用条件基本如下：

① 当需要表达可能义，如视觉上"能看见"、事物具备"看得清晰/看得远"等性质，或表示说话人从外观上进行的判断推测"某事物看起来……"时，只能使用「見える」，不能使用「見えられる」。

② 当需要作「来る」的敬语时，可以使用「見える」，也可以使用「見えられる」表达更高的敬意。

---

① 日本語記述文法研究会編(2009a：281)。

参考文献

汉语文献

熊仁芳,2017. 试析汉日保留宾语被动句的成立条件:兼论与"主题句"的关系
　　[C]//汉日对比语言学研究会. 汉日语言对比研究论丛:第8辑. 上海:华东理
　　工大学出版社:79-91.
于康,2013. 三价动词"保留宾语被动句"中保留宾语的条件:从汉日对比的视角
　　出发[J]. 日语学习与研究(4):8-13.
于康,2018. 不及物动词的作格化与及物性[J]. 东北亚外语研究(2):32-38.

日语文献

相原茂,2006. 講談社日中辞典[M]. 東京:講談社.
天野みどり,1987. 状態変化主体の他動詞文[J]. 国語学(151):97-110.
池上嘉彦,1981.「する」と「なる」の言語学:言語と文化のタイポロジーへの試
　　論[M]. 東京:大修館書店.
池上嘉彦,2011. 日本語と主観性・主体性[M]//澤田治美. ひつじ意味論講座第
　　5巻:主観性と主体性. 東京:ひつじ書房:339-356.
石綿敏雄,1999. 現代言語理論と格[M]. 東京:ひつじ書房.
井上和子,1976a. 変形文法と日本語:上[M]. 東京:大修館書店.
井上和子,1976b. 変形文法と日本語:下[M]. 東京:大修館書店.
于康,2007. 日本語の存在構文とその存在構文からみた動詞の意味と構文の意
　　味とのかかわり[J]. 国文学攷(192/193):1-13.
于康,2012.「目的語残存受身文」における目的語残存の条件について:中国語
　　との対照という視点から[J]. 国文学攷(214):1-14.
江口泰生,1989. 漢語サ変動詞の自他性と態[C]//奥村三雄教授退官記念論文集
　　刊行会. 国語学論叢:奥村三雄教授退官記念. 東京:桜楓社:765-784.
奥津敬一郎,1983. 何故受身か?〈視点〉からのケース・スタディ[J]. 国語学

（132）：65-80.

奥津敬一郎，1992. 日本語の受身文と視点[J]. 日本語学（8）：4-11.

尾谷昌則，二枝美津子，2011. 構文ネットワークと文法：認知文法論のアプローチ[M]. 東京：研究社.

影山太郎，1996. 動詞意味論：言語と認知の接点[M]. 東京：くろしお出版.

影山太郎，2001. 日英対照動詞の意味と構文[M]. 東京：大修館書店.

影山太郎，2006. 日本語受身文の統語構造：モジュール形態論からのアプローチ[J]. レキシコンフォーラム（2）：179-231.

影山太郎，2021. 点と線の言語学：言語類型から見えた日本語の本質[M]. 東京：くろしお出版.

岸本秀樹，2010. 受身の意味を表す「受ける」の語彙概念構造[J]. レキシコンフォーラム（5）：201-218.

北原保雄，2021. 明鏡国語辞典[M]. 3版. 東京：大修館書店.

木山幸子，玉岡賀津雄，2011. 自他両用の「－化する」における自動詞用法と他動詞用法の比較：新聞コーパスの用例に基づく多変量解析[J]. 言語研究（139）：29-56.

金水敏，1992. 場面と視点：受身文を中心に[J]. 日本語学（8）：12-19.

金水敏，2020. 事態把握と受動文[M]//岸本秀樹，于康. 日語語法研究：上. 北京：外语教学与研究出版社：546-558.

金田一春彦，池田弥三郎，1980. 学研国語大辞典[M]. 2版. 東京：学習研究社.

工藤真由美，1990. 現代日本語の受動文[C]//言語学研究会. 言語学研究会の論文集4：ことばの科学. 東京：むぎ書房：47-103.

工藤真由美，1995. アスペクト・テンス体系とテクスト：現代日本語の時間の表現[M]. 東京：ひつじ書房.

久野暲，1978. 談話の文法[M]. 東京：大修館書店.

倉石武四郎，折敷瀬興，2001. 岩波 日中辞典[M]. 2版. 東京：岩波書店.

栗原由加，2005. 定位のための受身表現：非情物主語の二受身文の一類型[J]. 日本語文法（2）：180-195.

グループ・ジャマシイ，1998. 教師と学習者のための日本語文型辞典[M]. 東京：くろしお出版.

小泉保，船城道雄，本田晶治，仁田義雄，塚本秀樹，1989. 日本語基本動詞用法辞典[M]. 東京：大修館書店.

国際交流基金，1982. 教師用日本語教育ハンドブック4：文法Ⅱ 助動詞を中心にして[M]. 東京：凡人社.

国立国語研究所，1997. 日本語における表層格と深層格の対応関係[M]. 東京：

三省堂.

小林英樹,2000. 漢語動名詞の自他[J]. 日本語教育(107):75-84.

五味政信,今村和宏,石黒圭,2006. 日中語の品詞のズレ：二字漢語の動詞性をめぐって[J]. 一橋大学留学生センター紀要(9):3-13.

澤西稔子,2002. 伝聞における判断性、及びその特性：「そうだ」「らしい」「とのことだ」「ということだ」「と聞く」の談話表現を中心に[J]. 日本語・日本文化(28):29-49.

志波彩子,2009. 現代日本語の受身文の体系：意味・構造的なタイプの記述から[D]. 東京：東京外国語大学.

志波彩子,2015. 現代日本語の受身構文タイプとテクストジャンル[M]. 大阪：和泉書院.

柴田武,山田進,2002. 類語大辞典[M]. 東京：講談社.

柴谷方良,2000. ヴォイス[M]//仁田義雄,村木新次郎,柴谷方良,矢澤真人. 文の骨格. 東京：岩波書店:117-186.

須賀一好,1995. 自他違い：自動詞と目的語,そして自他の分類[M]//須賀一好,早津恵美子. 動詞の自他. 東京：ひつじ書房:122-136.

杉村泰,2013. 対照研究から見た日本語教育文法：自動詞・他動詞・受身の選択[J]. 日本語学(7):40-48.

杉本武,1999.「雨に降られる」再考[J]. 文藝言語研究：言語篇(35):49-62.

鈴木英夫,1985.「ヲ＋自動詞」の消長について[J]. 国都と国文学(5):104-117.

高橋圭介,2003. 類義語「しる」と「わかる」の意味分析[J]. 日本語教育(119):31-40.

高見健一,2011. 受身と使役：その意味規則を探る[M]. 東京：開拓社.

田窪行則,1986.「―化」[J]. 日本語学(3):81-84.

谷部弘子,2002. 日本語中級段階の漢語運用に関する一考察：漢語動名詞の機能動詞結合を中心に[J]. 東京学芸大学紀要：第2部門 人文科学(53):147-155.

張威,1998. 結果可能表現の研究：日本語・中国語対照研究の立場から[M]. 東京：くろしお出版.

角田太作,2009. 世界の言語と日本語：言語類型論から見た日本語[M]. 改訂版. 東京：くろしお出版.

寺村秀夫,1982. 日本語のシンタクスと意味：第1巻[M]. 東京：くろしお出版.

田忠魁,泉原省二,金相順,1998. 類義語使い分け辞典：日本語類似表現のニュアンスの違いを例証する[M]. 東京：研究社.

時枝誠記,吉田精一,1983. 角川国語大辞典[M]. 蔵書版. 東京：角川書店.

中村明,2010. 日本語語感の辞典[M]. 東京:岩波書店.

仁田義雄,1989. 文型・文法情報についての解説[M]//小泉保,船城道雄,本田畠治,等. 日本語基本動詞用法辞典. 東京:大修館書店:xxiv.

仁田義雄,村木新次郎,柴谷方良,矢澤真人,2000. 文の骨格[M]. 東京:岩波書店.

日本語記述文法研究会,2008. 現代日本語文法6:複文[M]. 東京:くろしお出版.

日本語記述文法研究会,2009a. 現代日本語文法2:格と構文 ヴォイス[M]. 東京:くろしお出版.

日本語記述文法研究会,2009b. 現代日本語文法7:談話 待遇表現[M]. 東京:くろしお出版.

日本語教育学会,1982. 日本語教育事典[M]. 新版. 東京:大修館書店.

日本語教育学会,2005. 日本語教育事典[M]. 新版. 東京:大修館書店.

日本語文法学会,2014. 日本語文法事典[M]. 東京:大修館書店.

野村雅昭,1978. 接辞性字音語基の性格[J]. 電子計算機による国語研究(9):102-138.

橋本進吉,1969. 助詞・助動詞の研究[M]. 東京:岩波書店.

早津恵美子,1987. 対応する他動詞のある自動詞の意味的・統語的特徴[J]. 言語学研究(6):79-109.

早津恵美子,1990. 有対他動詞の受身表現について:無対他動詞の受身表現との比較を中心に[J]. 日本語学(5):67-83.

広瀬正宜,庄司香久子,1994. 日本語学習使い分け辞典[M]. 東京:講談社.

堀川智也,1992. 現代日本語の自発について[J]. 言語文化部紀要(22):171-184.

益岡隆志,1987. 命題の文法:日本語文法序説[M]. 東京:くろしお出版.

益岡隆志,2019. 主観性から見た日本語受動文の特質[M]//澤田治美,仁田義雄,山梨正明. 場面と主体性・主観性. 東京:ひつじ書房:339-356.

三上章,1972. 現代語法序説[M]. 東京:くろしお出版.

村木新次郎,1983. 迂言的なうけみ表現[J]. 研究報告集(4):1-40.

村木新次郎,1991. 日本語動詞の諸相[M]. 東京:ひつじ書房.

森敦子,2013.「見える」を好む日本語学習者:可能の意味を表す「見える」と「見られる」の使い分けに関するアンケート調査からわかること[J]. 研究と教育(36):89-100.

森田良行,1989. 基礎日本語辞典[M]. 東京:角川書店.

森田良行,2006. 日本語の類義表現辞典[M]. 東京:東京堂出版.

森田良行,2007. 助詞・助動詞の辞典[M]. 東京:東京堂出版.

森山卓郎,1988.日本語動詞述語文の研究[M].東京:明治書院.

森山卓郎,1995.ト思ウ、ハズダ、ニチガイナイ、ダロウ、副詞〜∅[M]//宮島達夫,仁田義雄.日本語類義表現の文法:上.東京:くろしお出版:171-182.

安田章,2006.文章表現のための類語類句辞典[M].東京:三省堂.

山田忠雄,柴田武,酒井憲二,等,2017.新明解国語辞典[M].7版.東京:講談社.

姚艶玲,2007.日本語のヲ格名詞句を伴う自動詞構文の成立条件:認知言語学的観点からのアプローチ[J].日本語文法(1):3-19.

后　记

　　我一直觉得自己是一个无比幸运的人。加入"日语偏误与日语教学研究丛书"的执笔团队，撰写《日语被动句的偏误研究》一书，于渺渺众生之一的我来说，没有巨人肩膀的托举，是不可能实现的。

　　2019年春，我有幸考入日本关西学院大学语言交际文化研究科，进入于康教授的门下，攻读博士学位。多年来，于老师无论教学任务、学校事务多忙，每周都会风雨无阻地为我们上2天集中研讨课。从逻辑思维的训练到论文写作中的实践指导，从汉日语言学基础的剖析到研究前沿的最新动态解读，于老师的每一堂课都深入浅出、妙趣横生。可以说，每次于老师为中国国内高校做在线讲座的爆满情景都只是我们日常课堂的缩影。每当看到有人由于腾讯会议参会人数达到上限无法参加于老师讲座而遗憾不已时，我们都会感慨自己能拥有这样的日常是何其有幸！

　　于老师开发的『YUKタグ付き中国語母語話者日本語学習者作文コーパス』为我们的研究提供了无限可能。《日语被动句的偏误研究》中的每个研究课题都是从该语料库中筛选出来的，选取的偏误例句也都是出错较多且具有代表性的句子。通过该语料库，我们观察到很多平时没有引起注意但是容易出错的知识点，而且有不少地方是现有研究尚未涉及之处，这些都值得我们琢磨深挖。本书是日本学术振兴会「2022年度研究活動スタート支援」科研项目「日本語受身文の誤用メカニズムの究明—中国語母語話者日本語学習者を対象に—」（项目编号：JP22K20011）的阶段性成果，书中主要讨论了日语学习者被动句的主要偏误类型及相关句式的使用条件，对汉语和日语在认知方式及表达倾向上的不同稍有言及，而关于偏误机制的细致探讨将在今后的研究中进一步深入开展。

　　在平时的研究和写作中，我还得到了西南大学彭玉全老师、浙江师范大学李坤老师、大阪人间科学大学田中良老师、关西学院大学肥田栞奈老师和西阪亮老

师的指导,关西学院大学博士研究生孙之依、奥中淳未和鱼澄真穗也给予了很多帮助和建议。在校稿过程中,我还得到了北京交通大学张亚峰老师,关西学院大学博士研究生徐筱琦和张梦华、硕士研究生李雅欣和张家玮的无私帮助。在此向各位老师和同人表示诚挚的感谢。由于本人水平有限,书中难免有不足和谬误之处,一切责任皆由本人承担,敬请不吝赐教。

任　霞

2023 年 5 月